A INVENÇÃO DAS MULHERES

**CONSTRUINDO UM SENTIDO AFRICANO
PARA OS DISCURSOS OCIDENTAIS DE GÊNERO**

OYÈRÓNKẸ́ OYĚWÙMÍ

A INVENÇÃO DAS MULHERES

CONSTRUINDO UM SENTIDO AFRICANO PARA OS DISCURSOS OCIDENTAIS DE GÊNERO

TRADUÇÃO
wanderson flor do nascimento

POSFÁCIO
Claudia Miranda

©Regents of the University of Minnesota, 1997
©desta edição, Bazar do Tempo, 2021

Título original: *The Invention of Women: Making an African Sense of Western Gender Discourse*

Todos os direitos reservados e protegidos pela lei n. 9610, de 12.2.1998.
Proibida a reprodução total ou parcial sem a expressa anuência da editora.

Este livro foi revisado segundo o Acordo Ortográfico da Língua Portuguesa de 1990, em vigor no Brasil desde 2009.

Edição
Ana Cecilia Impellizieri Martins

Tradução
wanderson flor do nascimento

Assistente editorial
Meira Santana

Copidesque
Elisabeth Lissovsky

Revisão
Maria Clara Antonio Jeronimo

Capa e projeto gráfico
Leticia Antonio

Diagramação
Cumbuca Studio

CIP-BRASIL. CATALOGAÇÃO NA PUBLICAÇÃO
SINDICATO NACIONAL DOS EDITORES DE LIVROS, RJ

O98a
Oyěwùmí, Oyèrónkẹ́
A invenção das mulheres: construindo um sentido africano para os discursos ocidentais de gênero / Oyèrónkẹ́ Oyěwùmí; tradução wanderson flor do nascimento. – 1. ed. – Rio de Janeiro: Bazar do Tempo, 2021.
324 p.; 23 cm.
Tradução de: The Invention Of Women: Making an African Sense Of Western Gender Discourses
Inclui bibliografia e índice
ISBN 978-65-86719-49-9

1. Mulheres – Condições sociais. 2. Mulheres – Iorubá – História. 3. Iorubá (Povo africano). 4. Filosofia iorubá. 5. Corpo humano – Aspectos sociais – Nigéria. I. nascimento, wanderson flor do. II. Título.
21-69705   CDD: 305.48896333
                 CDU: 316.346.2-055.2=432.561

Leandra Felix da Cruz Candido – Bibliotecária – CRB-7/6135

6ª reimpressão, outubro 2023

Rua General Dionísio, 53 - Humaitá
22271-050   Rio de Janeiro - RJ
contato@bazardotempo.com.br
www.bazardotempo.com.br

Para minha prole,
a fonte de vida e inspiração:
Ọlásúnbọ̀
Akínbóyè
e
Mapaté

Ọmọlayọ̀
Ọmọlaṣọ
Ọmọniyì
Ọmọnidẹ

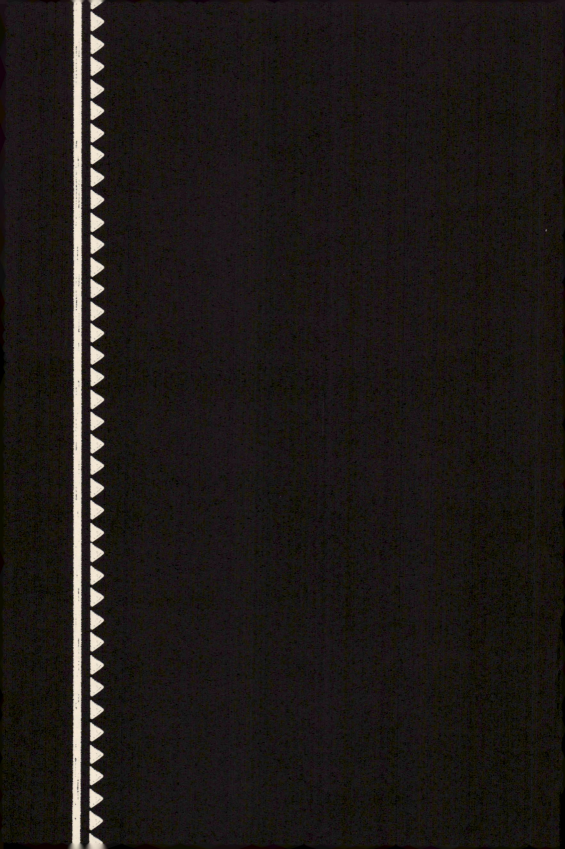

NOTA DE TRADUÇÃO

A tarefa de traduzir é sempre desafiadora. Essa dimensão se acirra quando a própria tradução é um dos temas problematizados na obra traduzida. Esse é o caso do livro de Oyěwùmí, que chama a atenção para a função que teve a tradução cultural e linguística para os processos de colonização e inserção do gênero na sociedade iorubá.

Ela discute a tensão entre uma língua isenta de gênero, o iorubá, e outra, que seria estruturada em torno do gênero, o inglês. Se na língua inglesa já há uma forte presença da lógica e sentidos do gênero, no português, o fenômeno é ainda mais intenso. Não apenas os pronomes e substantivos são marcados pelo gênero, mas a maior parte das palavras designativas das qualidades, funções e atividades humanas também o são.

Por isso, esta tradução optou por tentar, *tanto quanto possível*, evitar o uso do masculino como signo de neutralidade de gênero, sobretudo no que diz respeito às atividades humanas, embora, na maioria das vezes, o gênero das palavras comprometesse essa escolha na medida em que a concordância nominal o impedia.

Oyěwùmí optou por inserir diversos trechos em língua iorubá no livro, além de ter termos centrais de seu argumento nesse idioma. E ela nos alerta para o fato de que o iorubá é uma língua tonal, ou seja, o modo como uma tonalidade é utilizada é parte do conjunto de sentidos estruturais da língua. Entretanto, para uma pessoa que fala o português, nem sempre essa tonalidade é percebida pela grafia, sistematizada por missionários cristãos na Iorubalândia. Por isso, quando houvesse uma grafia abrasileirada de termos iorubás, já de uso corrente, optamos por utilizá-la, pois houve um esforço em manter a entonação original nas formas brasileiras de grafar a palavra.[1*]

Por exemplo, utilizamos as palavras "Xangô", "Oxum", "Oduduá" e "babalaô" na correspondência da aparição dos termos *"Sàngó"*, *"Ọ̀sùn"*, *"Òdùdùwà"* e *"bàbáláwo"*, respectivamente. O caso da palavra "ìyàwó" é excepcional, não apenas por se tratar de um termo fundamental, mas por ter um significado particular no argumento da autora, muitas vezes diferente do uso no Brasil, o que motivou que se mantivesse a grafia original. Alguns outros termos foram mantidos por não serem de uso corrente na forma brasileira de utilizar palavras oriundas da língua iorubá.

Outra opção da tradução foi evitar termos que fizessem alusão à lógica visual do pensamento ocidental, que, para a autora desta obra, está na base de distinções de gênero e raça. Embora nem sempre sendo possível, buscou-se manter o texto mais longe possível de palavras como "claro", "ver" e "perspectiva", quando se apresentam como metáforas visuais para significar movimentos do pensar.

Essas estratégias, muitas vezes, comprometeram a elegância do texto em português. Mas esperamos que isso seja um exercício para que possamos nos aproximar do que a autora sustenta, não apenas em seu conteúdo, mas também por meio da forma da escrita.

wanderson flor do nascimento

SUMÁRIO

Prefácio...15

Visualizando o corpo:
Teorias ocidentais e sujeitos africanos..............................27

    A ordem social e a biologia: naturais ou construídas?.........36

    A "sororarquia": o feminismo e sua "outra" 40

    Hegemonia ocidental nos Estudos Africanos.....................48

    Escrevendo os povos iorubás em inglês:
    propagando o Ocidente 61

(Re)constituindo a cosmologia e as instituições
socioculturais Oyó-Iorubás...69

    Articulando a cosmopercepção iorubá 69

    Colocando a mulher em seu devido lugar.........................71

    Distinções necessárias sem diferença 73

    Senioridade: o vocabulário da cultura e a linguagem
    do status..80

    Hierarquias de Linhagem: o *Ilé*, cônjuges jovens
    e irmã(os) de mais idade 85

    Descendência: agnática ou cognática?..............................93

    Casamento: um assunto de família 94

    Aya e alguns aspectos da estrutura social.........................100

    Debates estruturados a partir do gênero: dote,
    poligamia, acesso e controle sexual.................................104

Visões generificadas: espaços, rostos e lugares na divisão do trabalho 112

Questionando a estrutura de gênero 120

Decompondo o conceito de uma divisão generificada do trabalho 124

Gênero como construção teórica e ideológica 129

Fazendo história, criando gênero: a invenção de homens e reis na escrita das tradições orais de Oyó 133

Encontrando o rei em cada homem 137

Falando a história: escutando os homens 140

Retransmitindo a história: a veiculação dos homens 147

Interpretando a história: criando homens 158

A residualização das "mulheres" e a feminização da Ialodê 167

Imagens da história: arte oyó e o olho generificado 173

Colonizando corpos e mentes: gênero e colonialismo 185

O Estado do patriarcado 188

Aprimorando os machos: discriminação sexual na educação colonial 195

Masculinizando os orixás: preconceito sexual em lugares divinos 204

Mulheres sem terra 212

Tornando costumeiro o direito consuetudinário 218

Os salários da colonização 222

Tornando-se mulher, sendo invisível..............................226

A tradução das culturas: generificando a linguagem,
a oralitura e a cosmopercepção iorubás............................233

Traduzindo culturas..240
Fazendo gênero: uma pesquisa arriscada...........................247
Iorubá: uma língua sem gênero em um mundo
repleto de gênero..255
Os semelhantes e diferentes mundos de gênero 257

Agradecimentos...263

Notas..267

Posfácio – Uma obra referencial para a afirmação
do pensamento e dos modos de existências africanos |
Claudia Miranda..287

Bibliografia 301

Índice remissivo...317

PREFÁCIO

Este livro trata da mudança epistemológica ocasionada pela imposição das categorias de gênero ocidentais sobre o discurso iorubá. Considerando que exista uma nítida fundação epistemológica para o conhecimento cultural, a primeira tarefa do estudo é entender a base epistemológica das culturas iorubá e ocidental. Este é um esforço arqueológico, na medida em que se preocupa em revelar os pressupostos mais básicos e mais ocultos, tornando explícito o que estava meramente implícito e desenterrando os pressupostos subjacentes, assumidos nos conceitos e teorias de pesquisa. Apenas quando tais pressupostos são expostos, podem ser debatidos e problematizados.

Este livro não aborda a chamada questão da mulher. Este é um tema derivado do Ocidente – uma herança da velha somatocentralidade do pensamento ocidental. Trata-se de um problema importado e não autóctone para os povos iorubás. Se este se tornou um tema relevante nos estudos iorubás, a história desse processo precisa ser contada. Este estudo tornou-se parte dessa história. Quando iniciei a pesquisa, acreditei que me seria possível fazer um estudo sobre gênero em uma comunidade iorubá contemporânea, que principalmente abordaria a questão a partir de uma abordagem local. Logo ficou nítido para mim que, em função da prática acadêmica de depender de teorias e debates conceituais originados e dominados pelo Ocidente, muitas das questões que orientaram o projeto de pesquisa inicial não foram (e não poderiam ser) geradas nas condições locais. Mas segui acreditando que o problema poderia ser superado durante o processo.

Na medida em que meu trabalho e meu pensamento progrediam, percebi que a categoria "mulher" – que é fundacional nos discursos de gênero ocidentais – simplesmente não existia na Iorubalândia antes do contato mantido com o Ocidente. Não havia um tal grupo caracterizado por interesses partilhados, desejos ou posição social. A lógica cultural das categorias sociais ocidentais é baseada em uma ideologia do determinismo biológico: a concepção de que a biologia fornece a base lógica para a organização do mundo social. Assim, essa lógica cultural é, na realidade, uma *"bio-lógica"*. Categorias sociais como "mulher" são baseadas em um tipo de corpo e são elaboradas em relação, e em oposição, a outra categoria: homem. A presença ou ausência de alguns órgãos determina a posição social. Não é surpreendente, então, que a socióloga feminista Dorothy Smith tenha notado que, em sociedades ocidentais, "um corpo de homem dê credibilidade a seus enunciados, ao passo que o corpo de uma mulher o afasta dos dela".[1] Judith Lorber também nota a profundidade e a ubiquidade das noções da biologia no domínio social quando escreve que "o gênero é algo tão penetrante em nossa sociedade [ocidental] que assumimos sua criação em nossos genes".[2] Diante disso, é óbvio que se alguém quisesse aplicar esta "bio-lógica" ocidental ao mundo social iorubá (ou seja, utilizar a biologia como uma ideologia para a organização do mundo social) teria que, primeiro, inventar a categoria "mulher" no discurso iorubá.

A afirmação de que a "mulher" como categoria social não exista em comunidades iorubás não deveria ser lida como uma hermenêutica antimaterialista, um modo de desconstrução pós-estruturalista do corpo em dissolução. Longe disso – o corpo foi (e ainda é) bastante material em comunidades iorubás. Mas, antes da instalação de noções ocidentais na cultura iorubá, o corpo não era a base de papéis sociais, inclusões ou exclusões; não foi o fundamento do pensamento e da identidade sociais. Entretanto, a maioria dos estudos acadêmicos sobre os povos iorubás assumiu que o "raciocínio corporal" esteve presente na cultura autóctone iorubá. Tais estudos assumiram as construções ocidentais como universais, o que levou a um uso acrítico dessas categorias baseadas no corpo para interpretar, historicamente e no presente, a sociedade iorubá.

Consequentemente, a fim de analisar como e por que o gênero é construído na sociedade iorubá (e, de fato, em outras sociedades africanas contemporâneas), o papel e o impacto do Ocidente são de extrema importância, não apenas porque a maioria das sociedades africanas estava sob o domínio europeu até o final do século XIX, mas também em função do domínio contínuo do Ocidente na produção do conhecimento. Nos Estudos Africanos, historicamente e atualmente, a criação, constituição e produção do conhecimento continuaram sendo privilégio do Ocidente. Por esse motivo, o raciocínio corporal e a bio-lógica que derivam do determinismo biológico inerente ao pensamento ocidental foram impostos às sociedades africanas. A presença das construções de gênero não pode ser separada da ideologia do determinismo biológico. Esquemas e teorias conceituais ocidentais tornaram-se tão difundidos que a quase totalidade do conhecimento acadêmico, mesmo de pessoas africanas, os utiliza sem reservas.

Este livro surgiu da compreensão do domínio ocidental nos Estudos Africanos. Essa compreensão tornou necessária a realização de um reexame dos conceitos subjacentes aos discursos dos Estudos Africanos, conscientemente tendo em consideração as experiências africanas. Nitidamente, todos os conceitos trazem consigo suas próprias bagagens culturais e filosóficas, muitas daquelas das quais se tornam distorções forâneas quando aplicadas a culturas diferentes das quais derivam. Portanto, como um primeiro passo para mapear a lógica cultural de uma sociedade africana como a iorubá, categorias conceituais e formulações teóricas que derivam de experiências ocidentais tiveram de ser desveladas.

Após essas considerações, descobri que já não era possível que eu fizesse um estudo de "gênero" (uma categoria biologicamente concebida) em um espaço iorubá. De início, tive de escrever uma história dos discursos de gênero nos estudos iorubás. Ficou explícito para mim que, em analogia com a explicação de Michel Foucault sobre a história da sexualidade, a história do gênero – isto é, a história do que funciona no discurso acadêmico como um específico campo da verdade – deve, inicialmente, ser escrita desde a abordagem de uma história dos discursos.[3] Além disso, uma análise de parte da reorganização material ocorrida como resultado da colonização britânica precisou ser feita. Minha explicação sobre a colonização, entretanto, não repousa apenas sobre o período formal da colonização. Assumo o período do tráfico escravagista atlântico como uma parte integrante desse processo. Na história iorubá, não existe maneira lógica de separar esses dois períodos. Logicamente, eles foram um processo desenvolvido durante vários séculos. Sem atenção ao domínio material global do Ocidente, não pode haver uma compreensão ajustada para sua hegemonia contínua nas ideias e na produção de conhecimento. Por isso, este estudo é, também, sobre a sociologia do conhecimento.

Este estudo, então, procura documentar por que e como o gênero veio a ser construído na sociedade iorubá do sudoeste da Nigéria (a Iorubalândia foi formalmente colonizada pelos britânicos entre 1862 e 1960) e como o gênero é constituído como uma categoria fundamental nos estudos acadêmicos sobre os povos iorubás. A principal questão abordada é a seguinte: quais são as relações entre, por um lado, as distinções bioanatômicas e as diferenças de gênero como parte da realidade social e, por outro, as construções de gênero como algo que quem observa traz para uma situação particular observada?

Questiono as maneiras pelas quais as suposições ocidentais sobre diferenças sexuais são usadas para interpretar a sociedade iorubá e, nesse processo, criam um sistema local de gênero. Minha análise problematiza várias ideias, algumas mencionadas acima, comuns em muitos escritos feministas ocidentais:

1. As categorias de gênero são universais e atemporais e estão presentes em todas as sociedades, em todos os tempos. Muitas vezes, a ideia é expressa em um tom bíblico, como se sugerisse que "no princípio era o gênero".

2. O gênero é um princípio organizador fundamental em todas as sociedades e, portanto, é sempre proeminente. Em qualquer sociedade, o gênero está em todo lugar.

3. Há uma categoria essencial e universal, "mulher", que é caracterizada pela uniformidade social de seus membros.

4. A subordinação das mulheres é um universal.

5. A categoria "mulher" é pré-cultural, fixada no tempo histórico e no espaço cultural, em antítese a outra categoria fixada: "homem".

Proponho que essas suposições resultam do fato de que, nas sociedades ocidentais, os corpos físicos são *sempre* corpos sociais. Como consequência, não há verdadeiramente uma distinção entre sexo e gênero, apesar das muitas tentativas feministas de distingui-los. No Ocidente, as categorias sociais têm uma longa história de incorporação e, portanto, de "generificação"[4]. De acordo com a antropóloga Shelly Errington, "Sexo (com um 'S' maiúsculo) é o sistema de gênero do Ocidente". Ela continua: "Mas o Sexo não é a única maneira de classificar os corpos humanos nem a única maneira de significar o sexo. É fácil imaginar diferentes classificações e justificativas culturais para categorias de gênero, cenários diferentes que igualmente levem em consideração as evidências que nossos corpos fornecem."[5]

O caso iorubá oferece um cenário bem diferente; e, mais do que isso, mostra que o corpo humano não precisa ser constituído como generificado ou ser percebido como evidência para a classificação social em todos os tempos. Na sociedade iorubá pré-colonial, o tipo de corpo não era a base da hierarquia social: machos e fêmeas não eram estratificados de acordo com a distinção anatômica. A ordem social exigia um tipo diferente de mapa, e não um mapa de gênero que supõe a biologia como a base para a classificação social.

Uso os conceitos de "sexo" e "gênero" como sinônimos. Com relação à sociedade iorubá no período pré-colonial, entretanto, cunhei os termos "*sexo anatômico*", "*macho anatômico*" e "*fêmea anatômica*" para enfatizar a atitude não generificada na relação entre o corpo humano e os papéis sociais, posições e hierarquias. Em alguns lugares, encurtei esses termos para "*anassexo*", "*anamacho*" e "*anafêmea*". Meu propósito ao qualificar esses termos com "anatômico" (ou "ana-") é mostrar que as distinções [corporais] iorubás eram superficiais e não assumiram nenhuma dimensão hierárquica social, como no Ocidente (as categorias sociais ocidentais derivam essencialmente de um dimorfismo sexual percebido no corpo humano). O gênero simplesmente não era inerente à organização social humana.

Embora a lógica cultural iorubá pré-colonial não utilizasse o corpo humano como base para a classificação social (em nenhuma situação na sociedade iorubá, um macho foi, em virtude de seu tipo de corpo, inerentemente superior a uma fêmea), a sociedade iorubá era organizada hierarquicamente, de pessoas escravizadas a governantes. A classificação dos indivíduos dependia, em primeiro lugar, da senioridade, geralmente definida pela idade relativa. Outra diferença fundamental entre as categorias sociais iorubás e ocidentais envolve a natureza altamente situacional da identidade social iorubá. Na sociedade iorubá, antes da instalação forçada das categorias ocidentais, as posições sociais das pessoas mudavam constantemente em relação a com quem estavam interagindo; consequentemente, a identidade social era relacional e não era essencializada. Em muitas sociedades europeias, ao contrário, machos e fêmeas têm identidades de gênero decorrentes da elaboração de tipos anatômicos; portanto, homem e mulher são essencializados. Essas identidades essenciais de gênero nas culturas ocidentais estão ligadas a todos os compromissos sociais, não importando quão distantes estejam das questões de reprodução que tais empreendimentos possam ter. O exemplo clássico é que, por muitos anos, as mulheres não podiam votar apenas porque eram mulheres. Outro exemplo é a generificação das profissões, na medida em que os vocábulos profissionais contêm frases como "mulher piloto", "mulher presidente" e "professora emérita" [*professor emerita*], como se o que essas mulheres fazem nessas ocupações fosse diferente do que os homens fazem nas mesmas profissões.

Diante do exposto, argumentarei que a concentração das pesquisas feministas sobre o status das mulheres – uma ênfase que pressupõe a existência da "mulher" como uma categoria social que sempre foi entendida como impotente, desfavorecida, controlada e definida pelos homens – pode levar a sérios equívocos quando aplicada à sociedade Oyó-Iorubá.[6] De fato, meu argumento central é que não havia mulheres – definidas em termos estritamente generificados – naquela sociedade. Mais uma vez, o conceito "mulher", usado e invocado nas pesquisas, é derivado da experiência e história ocidentais, uma história enraizada em discursos filosóficos sobre as distinções entre corpo, mente e alma, em ideias sobre determinismo biológico e ligações entre o corpo e o "social".

A Iorubalândia abrange uma vasta área e, apesar dos fatores de homogeneização como linguagem e experiências históricas recentes, pode-se discernir algumas especificidades culturais e institucionais significativas em determinados locais. Por exemplo, Ondo e várias unidades políticas no leste da Iorubalândia manifestam especificidades culturais diferentes das presentes na cultura Oyó-Iorubá.[7] Para os meus propósitos, então, era necessário limitar um pouco a área a ser estudada. Minha principal unidade de análise é a cultura Oyó-Iorubá. Dito isto, deve-se notar que essas especificidades culturais locais foram mais pronunciadas antes das mudanças radicais que ocorreram na guerra civil e nos períodos colonial e posteriores ao século XIX. Como o objetivo da minha pesquisa era capturar as amplas e profundas mudanças institucionais trazidas pela dominação europeia, fazia sentido, em alguns lugares, abrir minha abordagem para além da cultura Oyó-Iorubá. Devo acrescentar aqui que a linguagem é central para o meu estudo, e meu engajamento é com a língua iorubá falada pelos Oyós.[8]

Embora esteja nítido que as conclusões deste estudo são aplicáveis a algumas outras sociedades africanas, hesito em aplicá-las amplamente, sobretudo porque não quero cair na armadilha comum de apagar uma multiplicidade de culturas africanas fazendo generalizações fáceis, processo que resulta em homogeneização injustificada. O apagamento de culturas africanas, um importante defeito de muitos estudos sobre a África, motiva meus esforços para não fazer um caso de generalização simplista sobre a África a partir do exemplo iorubá. Há duas maneiras comuns pelas quais as culturas africanas são desprezadas, mesmo em estudos que são supostamente sobre sociedades africanas. A primeira é através da imposição acrítica, sobre culturas africanas, de categorias conceituais supostamente objetivas e teorias cuja origem e constituição estão ligadas à cultura ocidental. A segunda é o que chamo de teoria amalgamada da África – cujo resultado é a homogeneização desenfreada das culturas africanas, mesmo quando está nítido que essas culturas não compartilham instituições ou histórias idênticas. Não há dúvidas de que os africanos têm muitas coisas em comum e que algumas generalizações são possíveis. Mas é preciso ter cuidado ao decidir como essas afirmações devem ser feitas e em que nível elas serão aplicadas, dada a insuficiência de estudos detalhados, historicamente fundamentados e culturalmente informados das muitas sociedades africanas.

Outra preocupação deste trabalho é historicizar e explicar o androcentrismo no estudo da história e cultura iorubá. A suposição do privilégio masculino em muitos desses escritos e em partes da vida iorubá hoje é questionada porque há evidências de que isso nem sempre foi o caso. Além disso, proponho que, embora a dominação masculina esteja presente na pesquisa acadêmica e na escrita popular sobre os povos iorubás, tal domínio na vida iorubá, tanto historicamente como hoje, não pode ser considerado como algo implícito no mesmo grau, em todos os lugares, instituições e situações. Por exemplo, em 1996 havia duas *baálè* (lideranças da aldeia) femininas em Ògbómòsó. Essas mulheres eram as portadoras da sua herança familiar de governo. Tive o privilégio de conduzir uma série de entrevistas com uma delas – Baálè Máyà (consultar cap. 3). O que é impressionante é que essas mulheres não recebam a notoriedade que merecem, mesmo na era das conferências internacionais de mulheres – a ênfase é, erroneamente, em como a tradição vitimiza as mulheres.

O grau com o qual a hierarquia de gênero se manifesta hoje nas instituições do Estado é diferente do grau em que aparece na família ou nas religiões autóctones. Quão difundida é, quão profunda entre quais grupos sociais, quando e onde se manifestam são questões empíricas que exigem pesquisas, e não suposições inquestionáveis. Uma questão relacionada é que quem pesquisa assumiu que os "costumes" atuais que encontram estão sempre enraizados em antigas tradições. Eu sugiro que a atemporalidade não deve ser tida como natural; algumas delas são "novas tradições".

Outro tema, mencionado acima, é o papel de quem pesquisa no processo de formação de gênero. Argumento que conceitos e formulações teóricas são ligados à cultura e que as pessoas que pesquisam não meramente registram ou observam no processo de pesquisa; elas também são participantes. Penso, portanto, que, mesmo quando a pesquisa africana procura validar a especificidade da experiência africana, ela o faz dentro dos quadros das categorias de conhecimento derivadas da Europa. Assim, embora as origens do raciocínio corporal possam ser encontradas no pensamento europeu, suas influências estão em toda parte, incluindo a diversidade de disciplinas nos Estudos Africanos. Meramente por analisar uma sociedade particular com construtos de gênero, quem pesquisa cria categorias de gênero. Dizendo de outro modo: escrevendo sobre qualquer sociedade por meio de uma abordagem de gênero, quem investiga necessariamente escreve o gênero nessa sociedade. O gênero, como a beleza, está frequentemente nos olhos de quem vê. A ideia de que, ao lidar com os construtos de gênero, necessariamente contribui para sua criação, é evidente na alegação de Judith Lorber de que "o principal paradoxo do gênero é que, para desmantelar a instituição, você deve, primeiro, torná-la bastante visível".[9] Efetivamente, tornar o gênero visível também é um processo de criação do gênero.

Assim, a investigação acadêmica está implicada no processo de criação do gênero. Em um estudo histórico da sociedade zulu na África do Sul, Keletso Atkins objetou, à moda teórica na academia da imposição de construções de gênero, de modo descontextualizado. Resumindo diversos textos históricos sobre zulus, Atkins observa:

> Até onde se pode dizer, esses incidentes não podem ser tornados inteligíveis, relacionando-os a conceitos na moda dos dias atuais. Não há alusões às relações de gênero nos textos supracitados; em nenhum lugar há uma discussão que delineie empregos que caiam dentro do limite do trabalho das mulheres. Insistir, então, nesses incidentes como, de alguma forma, ligados a questões de gênero, seria grosseiramente interpretar mal as passagens, atribuindo a elas um significado nunca pretendido.[10]

O presente estudo chama a atenção para as armadilhas da interpretação de "fatos biológicos" e "evidências estatísticas" fora do quadro cultural de referência do qual derivam. Não é exagerado afirmar que, nos Estudos Africanos, uma avaliação cuidadosa da genealogia de conceitos e formulação teórica deva ser parte integrante da pesquisa. Em última análise, sobre os esforços de pesquisa, defendo uma interpretação cultural e dependente do contexto da realidade social. O contexto inclui a identidade social de quem pesquisa, a localização espacial e temporal da pesquisa e os debates na literatura acadêmica. Há, obviamente, a questão fundamental da relação entre pesquisa e realidade social, uma questão importante, dada a tendência política da pesquisa – particularmente em estudos sobre mulheres.

As conexões entre identidade social, experiências pessoais e a natureza da pesquisa e abordagem são complexas; muitas vezes as ligações são imprevisíveis e não lineares. No entanto, apesar dos muitos tratados pós-modernistas desconstruindo identidades sociais, eu afirmaria que sou iorubá. Nasci em uma numerosa família; e as idas e vindas de minhas muitas relações constituíram uma importante introdução aos modos de vida iorubás. Em 1973, meu pai ascendeu ao trono e tornou-se o *Ṣọ̀ún* (monarca) de Ògbómọ̀sọ́, uma importante unidade política Oyó-Iorubá, de certo significado histórico. Desde então, e até o presente, *ààfin Ṣọ̀ún* (o palácio) tem sido o lugar que chamo de lar. Diariamente, escutei percussionistas de tambor e ouvi os *orikis* (poesias laudatórias) dos meus antepassados recitados enquanto as mães reais ofereciam os poemas a membros da família como saudações, enquanto passávamos pelo *saarè* – o pátio no qual foram sepultados monarcas que já faleceram. As nossas pessoas ancestrais ainda estão muito conosco.

O palácio esteia a cidade antiga, que é cercada por todos os lados pelos dois mercados (Ọjà Igbó e Ọjà Jagun), mercados que se preenchem de glória à noite. O *ààfin Ṣọ̀ún* é o centro de rituais diários e de um fluxo constante de pessoas da cidade que prestam homenagem e trazem suas várias histórias para meu pai e minha mãe. Passar tempo com minha mãe, Ìgbàyílolá – a *olorì* (esposa real de mais idade) –, cuja "corte" é o primeiro porto de escala para muitos dos *ará ìlú* (gente da cidade), acrescentou ainda outra posição privilegiada para ver esse mundo dinâmico. Todos esses acontecimentos proporcionaram ampla oportunidade para que eu observasse e refletisse sobre os aspectos pessoais e públicos da cultura viva.

Os festivais anuais, como o Egúngún, o Ọ̀ọ̀lẹ̀ e o Ìgbé, me ensinaram a reconhecer a continuidade cultural e me fizeram apreciar as instituições autóctones, mesmo em meio a mudanças espantosas. Durante o festival Òòlè, o Egúngún (mascarado) dos cinco ramos da família real se apresentaria. Quero acreditar que todos esses eventos e processos foram significativos em moldar minha abordagem e algumas das questões com as quais lido neste livro. Com isso, não posso deixar de enfatizar as contribuições das conversas que tive com meus pais, prole mais velha e mais jovem de meus pais, as muitas mães e pais no palácio e a família em geral no curso dos muitos anos desta pesquisa.

O capítulo 1 deste estudo analisa como o pensamento social ocidental está enraizado na biologia, usando o corpo como fundamento da ordem social. Também examina o domínio do Ocidente na constituição do conhecimento sobre a África e as implicações dessa posição privilegiada como referência nos Estudos Africanos. O capítulo 2 examina a sociedade Oyó-Iorubá em seus próprios termos – isto é, com a consciência de que ver essa sociedade através das lentes de gênero do Ocidente é uma causa de percepção distorcida. O capítulo 3 discute como quem pesquisa aplica os paradigmas ocidentais sobre gênero em seu próprio trabalho sobre a África e usa a história recebida da Velha Oyó como um ponto de entrada na questão da reconstrução do passado e do problema de generificar a história. O capítulo 4 analisa a colonização como um processo multifacetado que estimulou a institucionalização das categorias de gênero na Iorubalândia. O capítulo 5 interroga o impacto do bilinguismo iorubá/inglês sobre a sociedade iorubá e da tradução da oralitura iorubá para o inglês, dado que o inglês é uma língua especificamente generificada e o iorubá não é. O mundo em que vivemos hoje – ou seja, multicultural e monocultural – é, portanto, problematizado. Em certo sentido, este livro pretende levantar muitas questões, enquanto responde apenas algumas – algumas das questões empíricas só podem ser resolvidas por pesquisas futuras. Espero que as afirmações feitas e as questões levantadas gerem debates e pesquisas sobre as sociedades africanas que, conscientemente, questionem as premissas acadêmicas embutidas.

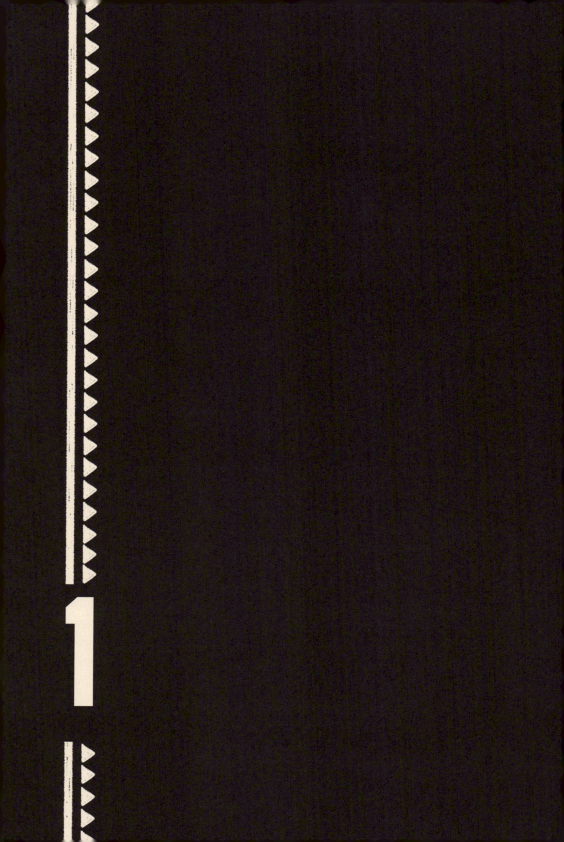

VISUALIZANDO O CORPO: TEORIAS OCIDENTAIS E SUJEITOS AFRICANOS

A ideia de que a biologia é o destino – ou, melhor, o destino é a biologia – tem sido um marco do pensamento ocidental por séculos.[1] Seja na questão de quem é quem na pólis[2] de Aristóteles ou quem é pobre nos Estados Unidos no fim do século XX, a noção de que diferença e hierarquia na sociedade são biologicamente determinadas continua a gozar de credibilidade, mesmo entre cientistas sociais que pretendem explicar a sociedade humana em outros termos que não os genéticos. No Ocidente, as explicações biológicas parecem ser especialmente privilegiadas em relação a outras formas de explicar diferenças de gênero, raça ou classe. A diferença é expressa como degeneração.

Ao traçar a genealogia da ideia de degeneração no pensamento europeu, J. Edward Chamberlin e Sander Gilman notaram a maneira como ela era usada para definir certos tipos de diferença, no século XIX em particular. "Inicialmente, a degeneração reuniu duas noções de diferença, uma científica – um desvio de um tipo original – e a outra moral, um desvio de uma norma de comportamento. Mas eram essencialmente a mesma noção, de uma degradação, *um desvio do tipo original*".[3] Consequentemente, quem está em posições de poder acha imperativo estabelecer sua biologia como superior, como uma maneira de afirmar seu privilégio e domínio sobre os "Outros". Quem é diferente é visto como geneticamente inferior e isso, por sua vez, é usado para explicar sua posição social desfavorecida.

A noção de sociedade que emerge dessa concepção é a de que a sociedade é constituída por corpos e como corpos – corpos masculinos, corpos femininos, corpos judaicos, corpos arianos, corpos negros, corpos brancos, corpos ricos, corpos pobres. Uso a palavra "corpo" de duas maneiras: primeiro, como uma metonímia para a biologia e, segundo, para chamar a atenção para a fisicalidade pura que parece estar presente na cultura ocidental. Refiro-me tanto ao corpo físico como às metáforas do corpo.

Ao corpo é dada uma lógica própria. Acredita-se que, ao olhar para ele, podem-se inferir as crenças e a posição social de uma pessoa ou a falta delas.

Como Naomi Scheman aponta em sua discussão sobre o corpo político na Europa pré-moderna:

> As maneiras pelas quais as pessoas conheciam seus lugares no mundo estavam relacionadas com seus corpos e as histórias desses corpos, e quando violavam as prescrições para esses lugares, seus corpos eram punidos, muitas vezes, de forma espetacularizada. O lugar de alguém no corpo político era tão natural quanto a localização dos órgãos em um corpo e a desordem política (era) tão antinatural quanto a mudança e o deslocamento desses órgãos.[4]

De modo semelhante, Elizabeth Grosz observa o que ela chama de "profundidade" do corpo nas sociedades ocidentais modernas:

> Nossas formas corporais (ocidentais) são consideradas expressões de um interior, e não inscrições em uma superfície plana. Ao construir uma alma ou psique por si mesma, o "corpo civilizado" forma fluxos libidinais, sensações, experiências e intensifica as necessidades, os desejos "(...) O corpo se torna um texto, um sistema de signos a serem decifrados, lidos e interpretados. A lei social é encarnada, 'corporalizada'; correlativamente, os corpos são textualizados, lidos por outros como expressão do interior psíquico de um sujeito". Um depósito de inscrições e mensagens entre as fronteiras externas e internas (do corpo) gera ou constrói os movimentos do corpo como "comportamento", que então (tem) significados e funções interpessoais e socialmente identificáveis dentro de um sistema social.[5]

Consequentemente, uma vez que o corpo é o alicerce sobre o qual a ordem social é fundada, o corpo está sempre em vista e à vista. Como tal, invoca um olhar, um olhar de diferença, um olhar de diferenciação – o mais historicamente constante é o olhar generificado. Há um sentido em que expressões como "o corpo social" e "o corpo político" não sejam apenas metáforas, mas possam ser lidas literalmente. Não surpreende, portanto, que, quando o corpo político precisou ser purificado na Alemanha nazista, certos tipos de corpos tiveram de ser eliminados.[6]

A razão pela qual o corpo tem tanta presença no Ocidente é que o mundo é percebido principalmente pela visão.[7] A diferenciação dos corpos humanos em termos de sexo, cor da pele e tamanho do crânio é um testemunho dos poderes atribuídos ao "ver". O olhar é um convite para diferenciar. Distintas abordagens para compreender a realidade, então, sugerem diferenças epistemológicas entre as sociedades. Em relação à sociedade iorubá, que é o foco deste livro, o corpo aparece com uma presença exacerbada na conceituação ocidental da sociedade. O termo "cosmovisão", que é usado no Ocidente para resumir a lógica cultural de uma sociedade, capta o privilégio ocidental do visual. É eurocêntrico usá-lo para descrever culturas que podem privilegiar outros sentidos. O termo "cosmopercepção"[8] é uma maneira mais inclusiva de descrever a concepção de mundo por diferentes grupos culturais. Neste estudo, portanto, "cosmovisão" só será aplicada para descrever o sentido cultural ocidental, e "cosmopercepção" será usada ao descrever os povos iorubás ou outras culturas que podem privilegiar sentidos que não sejam o visual ou, até mesmo, uma combinação de sentidos.

Isso dificilmente representa a visão recebida da história e do pensamento social ocidentais. Muito pelo contrário: até recentemente, a história das sociedades ocidentais tem sido apresentada como uma documentação do pensamento racional em que as ideias são enquadradas como agentes da história. Se os corpos aparecem, eles são articulados como o lado degradado da natureza humana. O foco preferido tem sido na mente, elevada acima das fraquezas da carne. No início do discurso ocidental, surgiu uma oposição binária entre corpo e mente. O tão falado dualismo cartesiano era apenas uma afirmação de uma tradição[9] na qual o corpo era visto como uma armadilha da qual qualquer pessoa racional deveria escapar. Ironicamente, mesmo quando o corpo permaneceu no centro das categorias e discursos sociopolíticos, muitas das pessoas que pensaram sobre isso negaram sua existência para certas categorias de pessoas, mais notavelmente elas mesmas. A "ausência do corpo" tem sido uma precondição do pensamento racional. Mulheres, povos primitivos, judeus, africanos, pobres e todas aquelas pessoas que foram qualificadas com o rótulo de "diferente", em épocas históricas variadas, foram consideradas como corporalizadas, dominadas, portanto, pelo instinto e pelo afeto, estando a razão longe delas. Elas são o Outro, e o Outro é um corpo.[10]

Ao apontar a centralidade do corpo na construção da diferença na cultura ocidental, não se nega necessariamente que tenha havido certas tradições no Ocidente que tentaram explicar as diferenças segundo critérios diversos em relação à presença ou ausência de certos órgãos: a posse de um pênis, o tamanho do cérebro, a forma do crânio ou a cor da pele. A tradição marxista é especialmente notável a esse respeito, na medida em que enfatizava as relações sociais como uma explicação para a desigualdade de classes. Contudo, a crítica ao androcentrismo marxista por numerosas escritoras feministas sugere que esse paradigma também está implicado na somatocentralidade ocidental.[11] Da mesma forma, o surgimento de disciplinas como a sociologia e a antropologia, que pretendem explicar a sociedade com base nas interações humanas, parece sugerir o ostracismo do determinismo biológico no pensamento social. Entretanto, em um exame mais detalhado, descobre-se que dificilmente o corpo fora banido do pensamento social, sem mencionar seu papel na constituição do status social. Isso pode ser ilustrado na sociologia. Em uma monografia sobre o corpo e a sociedade, Bryan Turner lamenta o que ele percebe como a ausência do corpo nas investigações sociológicas. Ele atribui esse fenômeno dos "corpos ausentes"[12] ao fato de que "a sociologia emergiu como uma disciplina que tomou o significado social da interação humana como seu principal objeto de investigação, afirmando que o significado das ações sociais nunca pode ser reduzido à biologia ou à fisiologia".[13]

É possível concordar com Turner sobre a necessidade de separar a sociologia da eugenia e da frenologia. No entanto, dizer que os corpos estão ausentes das teorias sociológicas é desconsiderar o fato de que os grupos sociais, que são objeto da disciplina, são essencialmente entendidos como enraizados na biologia. São categorias baseadas em percepções da presença da diferença física de vários tipos de corpo. Nos EUA contemporâneos, enquanto quem exerce a sociologia lida com as chamadas categorias sociais como subclasse, suburbanos, trabalhadores, fazendeiros, eleitores, cidadãos e criminosos (para mencionar algumas categorias que são entendidas historicamente, e no ethos cultural, como representações de específicos tipos de corpos), não há como fugir da biologia. Se o reino social é determinado pelos tipos de corpos que o ocupam, então até que ponto existe um campo social, dado que ele é concebido para ser biologicamente determinado? Por exemplo, ninguém que ouve a expressão "executivos corporativos" supõe que sejam mulheres; e nas décadas de 1980 e 1990, ninguém associaria espontaneamente os brancos aos termos "subclasse" ou "gangues"; de fato, se alguém construísse uma associação entre os termos, seus significados teriam que ser mudados. Consequentemente, qualquer pessoa que exerça a sociologia e estude essas categorias não pode escapar de uma subjacente insidiosidade biológica.

Essa onipresença de explicações biologicamente deterministas nas ciências sociais pode ser demonstrada com a categoria de criminoso ou delinquente na sociedade estadunidense contemporânea. Troy Duster, em um excelente estudo sobre o ressurgimento do determinismo biológico evidente nos círculos intelectuais, desdenha da ânsia de muitas pessoas que realizam pesquisas em associar a criminalidade à herança genética; ele prossegue argumentando que outras interpretações da criminalidade são possíveis:

> A interpretação econômica predominante explica as taxas de criminalidade em termos de acesso a emprego e desemprego. Uma interpretação cultural tenta mostrar os diferentes ajustes culturais entre a polícia e aqueles presos por crimes. Uma interpretação política vê a atividade criminal como interpretação política ou pré-revolucionária. Uma interpretação do conflito a vê como um conflito de interesses por recursos escassos.[14]

Nitidamente, em face disso, todas essas explicações da criminalidade são não biologicistas; no entanto, enquanto a "população", ou o grupo social que elas tentam explicar – neste caso, os criminosos negros e/ou pobres –, é vista como representando um agrupamento genético, as suposições subjacentes sobre a predisposição genética dessa população ou grupo estruturarão as explicações apresentadas, se são baseadas no corpo ou não. Isso está ligado ao fato de que, em função da história do racismo, a questão de pesquisa subjacente (mesmo que não seja declarada) não é o motivo pelo qual certos indivíduos cometem crimes: efetivamente, na verdade, é por que os negros têm tal propensão. A definição do que é atividade criminosa está muito ligada a quem (negro, branco, rico, pobre) está envolvido na atividade.[15] Da mesma forma, a polícia, como um grupo, é assumida como branca. Similarmente, quando são feitos estudos sobre liderança na sociedade estadunidense, quem pesquisa "descobre" que a maioria das pessoas em cargos de liderança são machos brancos; não importa que tipo de interpretação dão para este resultado, suas declarações serão lidas como explicações para a predisposição desse grupo para a liderança.

Não questiono aqui a integridade de quem pesquisa; meu propósito não é rotular qualquer grupo dedicado à pesquisa como intencionalmente racista. Pelo contrário, desde o movimento pelos direitos civis, a pesquisa científico-social tem sido usada para formular políticas que reduzam – ou que procurem acabar com – a discriminação contra grupos subordinados. O que deve ser ressaltado, no entanto, é como a produção e a disseminação de conhecimento nos Estados Unidos estão inevitavelmente embutidas no que Michael Omi e Howard Winant chamam de "senso comum cotidiano da raça: uma maneira de compreender, explicar e agir no mundo".[16] A raça é, então, um princípio organizador fundamental na sociedade estadunidense. É institucionalizada e funciona independentemente da ação de atores individuais.

No Ocidente, as identidades sociais são todas interpretadas através do "prisma da hereditariedade",[17] para tomar emprestada a expressão de Duster. O determinismo biológico é um filtro através do qual todo o conhecimento sobre a sociedade funciona. Como mencionado no prefácio, refiro-me a esse tipo de pensamento como raciocínio corporal;[18] é uma interpretação biológica do mundo social. O ponto, novamente, é que enquanto atores sociais como gestores, criminosos, enfermeiros e pobres sejam apresentados como grupos e não como indivíduos, e desde que tais agrupamentos sejam concebidos como geneticamente constituídos, então não há como escapar do determinismo biológico.

Nesse contexto, a questão da diferença de gênero é particularmente interessante no que diz respeito à história e à constituição da diferença na prática e no pensamento social europeus. A longa história da corporificação de categorias sociais é sugerida pelo mito fabricado por Sócrates para convencer cidadãos de diferentes classes a aceitarem qualquer status que lhes fosse imposto. Sócrates explicou o mito a Gláucon nos seguintes termos:

> Cidadãos, diremos a eles em nossa história, vocês são irmãos, mas Deus os moldou de maneira diferente. Alguns de vocês têm o poder de comando e, na composição destes, misturaram ouro, portanto também têm a maior honra; outros ele fez de prata, para ser auxiliares; outros, novamente, que devem ser lavradores e artesãos, Ele compôs de bronze e ferro; e as espécies geralmente serão preservadas nas crianças... Um Oráculo diz que quando um homem de bronze ou ferro proteger o Estado, ele será destruído. Tal é a história; existe alguma possibilidade de fazer nossos cidadãos acreditarem nela?[19]

Gláucon responde: "Não na geração atual; não há como realizar isso; mas seus filhos podem ser levados a acreditar na história, e os filhos de seus filhos, e a posteridade depois deles".[20] Gláucon estava enganado sobre a aceitação do mito só poder ser alcançada na geração seguinte: o mito daqueles nascidos para governar já estava em operação; mães, irmãs e filhas – mulheres – já foram excluídas da consideração em qualquer desses grupamentos. Em um contexto em que as pessoas eram classificadas de acordo com a associação com certos metais, as mulheres eram, por assim dizer, feitas de madeira e, portanto, nem sequer eram consideradas. Stephen Gould, um historiador da ciência, chama de profecia à observação de Gláucon, uma vez que a história mostra que a narrativa de Sócrates foi promulgada e aceita pelas gerações subsequentes.[21] A questão, no entanto, é que mesmo nos tempos de Gláucon era mais do que uma profecia: já era uma prática social excluir mulheres das classes de governantes.

Paradoxalmente, no pensamento europeu, apesar do fato de que a sociedade era vista como habitada por corpos, apenas as mulheres eram percebidas como corporificadas; os homens não tinham corpos – eram mentes caminhantes. Duas categorias sociais que emanaram dessa construção foram o "homem da razão" (o pensador) e a "mulher do corpo", e elas foram construídas de maneira opositiva. A ideia de que o homem de razão frequentemente tinha a mulher do corpo em sua mente, nitidamente, não era bem recebida. Como sugere a *História da sexualidade* de Michel Foucault, no entanto, o homem de ideias frequentemente tinha a mulher e outros corpos em sua mente.[22]

Nos últimos tempos, graças, em parte, à pesquisa feminista, o corpo está começando a receber a atenção que merece como local e como material para a explicação da história e do pensamento europeus.[23] A contribuição característica do discurso feminista para nossa compreensão das sociedades ocidentais é que ele explicita a natureza generificada (e, portanto, corporificada) e androcêntrica de todas as instituições e discursos ocidentais. As lentes feministas desnudam o homem de ideias para todos verem. Mesmo os discursos como os da ciência, considerados objetivos, foram mostrados como masculinamente tendenciosos.[24]

A extensão em que o corpo está implicado na construção de categorias e epistemologias sociopolíticas não pode ser subestimada. Como observado anteriormente, Dorothy Smith escreveu que nas sociedades ocidentais "o corpo de um homem confere credibilidade a seus enunciados, enquanto o corpo de uma mulher o afasta dos dela".[25] Escrevendo sobre a construção da masculinidade, R. W. Connell observa que o corpo é inescapável nessa construção e que uma fisicalidade gritante fundamenta as categorias de gênero na cosmovisão ocidental: "Em nossa cultura [ocidental], pelo menos, a sensação física de masculinidade e feminilidade é central para a interpretação cultural do gênero. O gênero masculino é (entre outras coisas) uma certa sensação na pele, certas formas e tensões musculares, certas posturas e modos de se movimentar, certas possibilidades no sexo".[26]

Desde as pessoas da antiguidade até as da modernidade, o gênero tem sido uma categoria fundamental sobre a qual as categorias sociais foram erguidas. Assim, o gênero foi ontologicamente conceituado. A categoria cidadão, que tem sido a pedra angular de grande parte da teoria política ocidental, era masculina, apesar das muito aclamadas tradições democráticas ocidentais.[27] Elucidando a categorização dos sexos feita por Aristóteles, Elizabeth Spelman escreve: "Uma mulher é uma fêmea que é livre; um homem é um macho que é um cidadão".[28] As mulheres foram excluídas da categoria de cidadãos porque "a posse do pênis"[29] era uma das qualificações para a cidadania. Londa Schiebinger observa, em um estudo sobre as origens da ciência moderna e a exclusão das mulheres das instituições científicas europeias, que "as diferenças entre os dois sexos eram reflexos de um conjunto de princípios dualistas que penetravam o cosmos e os corpos de homens e mulheres".[30] Diferenças e hierarquias, portanto, estão consagradas nos corpos; e os corpos consagram as diferenças e a hierarquia. Assim, dualismos como natureza/cultura, público/privado e visível/invisível são variações sobre o tema dos corpos masculinos/femininos hierarquicamente ordenados, diferencialmente colocados em relação ao poder, e espacialmente distanciados um do outro.[31]

No transcurso da história ocidental, as justificativas para a elaboração das categorias "homem" e "mulher" não permaneceram as mesmas. Pelo contrário, elas foram dinâmicas. Embora as fronteiras estejam se deslocando e o conteúdo de cada categoria possa mudar, as duas categorias permaneceram hierárquicas e em oposição binária. Para Stephen Gould, "a justificativa para classificar os grupos pelo valor inato variou com os fluxos da história ocidental. Platão fiou-se na dialética, a igreja sobre o dogma. Nos últimos dois séculos, as alegações científicas tornaram-se o principal agente de validação do mito de Platão".[32] A constante nessa narrativa ocidental é a centralidade do corpo: dois corpos à mostra, dois sexos, duas categorias persistentemente vistas – uma em relação à outra. Essa narrativa trata da elaboração inabalável do corpo como o local e a causa de diferenças e hierarquias na sociedade. No Ocidente, desde que a questão seja a diferença e a hierarquia social, o corpo é constantemente colocado, posicionado, exposto e reexposto como sua causa. A sociedade, então, é vista como um reflexo preciso do legado genético – aqueles com uma biologia superior são inevitavelmente aqueles em posições sociais superiores. Nenhuma diferença é elaborada sem corpos posicionados hierarquicamente. Em seu livro *Making Sex*, Thomas Laqueur traz uma história ricamente contextualizada da construção do sexo desde a Grécia clássica até o período contemporâneo, observando as mudanças nos símbolos e as transformações nos significados. O ponto, no entanto, é a centralidade e a persistência do corpo na construção de categorias sociais. Em vista dessa história, a afirmação de Freud de que a anatomia é destino não foi original ou excepcional; ela foi apenas mais explícita que as de muitos de seus predecessores.

A ORDEM SOCIAL E A BIOLOGIA: NATURAIS OU CONSTRUÍDAS?

A ideia de que o gênero é socialmente construído – de que as diferenças entre machos e fêmeas devem estar localizadas em práticas sociais, e não em fatos biológicos – foi uma compreensão importante que emergiu no início da pesquisa feminista da segunda onda. Essa descoberta foi, compreensivelmente, considerada radical em uma cultura em que a diferença, particularmente a diferença de gênero, foi sempre articulada como natural e, portanto, biologicamente determinada. O gênero como construção social tornou-se o pilar de muitos discursos feministas. A noção foi particularmente atraente porque era interpretada para significar que as diferenças de gênero não seriam ordenadas pela natureza; elas seriam mutáveis e, portanto, transformáveis. Isso, por sua vez, levou à oposição entre o construcionismo social e o determinismo biológico, como se fossem mutuamente excludentes.

No entanto, tal apresentação dicotômica é injustificada, porque a onipresença das explicações biologicamente enraizadas para a diferença no pensamento e nas práticas sociais ocidentais é um reflexo da extensão do modo como as explicações biológicas são consideradas convincentes.[33] Em outras palavras, quando a questão é a diferença (seja porque as mulheres amamentam bebês ou porque não poderiam votar), antigas biologias serão encontradas ou novas biologias serão construídas para explicar a desvantagem das mulheres. A preocupação ocidental com a biologia continua a gerar construções de "novas biologias", mesmo quando alguns dos antigos pressupostos biológicos são desalojados. De fato, na experiência ocidental, a construção social e o determinismo biológico têm sido dois lados da mesma moeda, uma vez que ambas as ideias continuam se reforçando mutuamente. Quando categorias sociais como gênero são construídas, novas biologias da diferença podem ser inventadas. Quando as interpretações biológicas são consideradas convincentes, as categorias sociais extraem sua legitimidade e poder da biologia. Em suma, o social e o biológico se retroalimentam.

A biologização inerente à articulação ocidental da diferença social não é, no entanto, universal. O debate feminista sobre quais papéis e quais identidades são naturais e quais aspectos são construídos só tem sentido em uma cultura na qual as categorias sociais são concebidas como não tendo uma lógica própria independente. Este debate, certamente, desenvolveu-se a partir de certos problemas; portanto, é lógico que em sociedades nas quais tais problemas não existem não deveria haver tal debate. Mas, então, devido ao imperialismo, esse debate foi universalizado para outras culturas; e seu efeito imediato é introduzir problemas ocidentais onde tais questões originalmente não existiam. Mesmo assim, esse debate não nos leva muito longe nas sociedades em que os papéis sociais e as identidades não são concebidos como enraizados na biologia. Da mesma forma, em culturas nas quais o sentido visual não é privilegiado, e o corpo não é lido como um modelo da sociedade, as invocações da biologia são menos prováveis de ocorrer porque tais explicações não têm muita importância no campo social. O fato de muitas categorias de diferença serem socialmente construídas no Ocidente pode sugerir a mutabilidade das categorias, mas também é um convite a construções intermináveis de biologias – na medida em que não há limite para o que pode ser explicado por meio do apelo ao corpo. Assim, a biologia é dificilmente mutável; é muito mais uma combinação da Hidra e da Fênix da mitologia grega. A biologia é sempre mutante, não mutável. Em última análise, o ponto mais importante não é que o gênero seja socialmente construído, mas o grau em que a própria biologia é socialmente construída e, portanto, inseparável do social.

A maneira pela qual as categorias conceituais sexo e gênero funcionavam no discurso feminista baseava-se no pressuposto de que concepções biológicas e sociais poderiam ser separadas e aplicadas universalmente. Assim, o sexo foi apresentado como a categoria natural e gênero como a construção social do natural. Mas, posteriormente, ficou explícito que até o sexo tem elementos de construção. Depois disso, em muitos escritos feministas, o sexo serviu como a base e o gênero, como a superestrutura.[34] Apesar de todos os esforços para separar os dois, a distinção entre sexo e gênero é enganosa. Na conceituação ocidental, o gênero não pode existir sem o sexo, já que o corpo está diretamente na base de ambas as categorias. Apesar da preeminência do construcionismo social feminista, que reivindica uma abordagem social determinista da sociedade, o fundacionismo biológico,[35] senão o reducionismo, ainda está no centro dos discursos de gênero, assim como está no centro de todas as outras discussões sobre a sociedade no Ocidente.

No entanto, a ideia de que o gênero é socialmente construído é significativa a partir de uma abordagem transcultural. Em um dos primeiros textos feministas a afirmarem a tese construcionista e sua necessidade de fundamentação transcultural, Suzanne J. Kessler e Wendy McKenna escreveram que "ao considerar o gênero como uma construção social, é possível ver descrições de outras culturas como evidência de concepções alternativas, mas igualmente reais, do que significa ser mulher ou homem".[36] Contudo, paradoxalmente, uma suposição fundamental da teoria feminista é que a subordinação das mulheres é universal. Essas duas ideias são contraditórias. A universalidade atribuída à assimetria de gênero sugere uma base biológica no lugar de cultural, uma vez que a anatomia humana é universal, enquanto as culturas falam por meio de uma miríade de vozes. Que o gênero seja socialmente construído significa que os critérios que compõem as categorias masculino e feminino variam em diferentes culturas. Se isto é assim, então se problematiza a noção de que existe um imperativo biológico em funcionamento. Então, a partir dessa abordagem, as categorias de gênero são mutáveis e, como tal, o gênero é desnaturalizado.

De fato, a categorização das mulheres nos discursos feministas como um grupo homogêneo, bioanatomicamente determinado, sempre constituído como desempoderado e vitimizado, não reflete o fato de que as relações de gênero são relações sociais e, portanto, historicamente fundamentadas e culturalmente vinculadas. Se o gênero é socialmente construído, então não pode se comportar da mesma maneira no tempo e no espaço. Se o gênero é uma construção social, então devemos examinar os vários locais culturais/arquitetônicos onde foi construído, e devemos reconhecer que vários atores localizados (agregados, grupos, partes interessadas) faziam parte da construção. Devemos ainda reconhecer que, se o gênero é uma construção social, então houve um tempo específico (em diferentes locais culturais/arquitetônicos) em que foi "construído" e, portanto, um tempo antes do qual não o foi. Desse modo, o gênero, sendo uma construção social, é também um fenômeno histórico e cultural. Consequentemente, é lógico supor que, em algumas sociedades, a construção de gênero não precise ter existido.

Partindo de uma abordagem transcultural, a importância dessa observação consiste em que não se pode supor que a organização social de uma cultura (inclusive do Ocidente dominante) seja universal ou que as interpretações das experiências de uma cultura expliquem outra. Por um lado, em um nível global geral, a construção do gênero sugere sua mutabilidade. Por outro lado, no nível local – isto é, dentro dos limites de qualquer cultura particular – o gênero só é mutável se for construído socialmente como tal. Porque, nas sociedades ocidentais, as categorias de gênero, como todas as outras categorias sociais, são construídas com tijolos biológicos, e sua mutabilidade é questionável. A lógica cultural das categorias sociais ocidentais é fundada em uma ideologia do determinismo biológico: a concepção de que a biologia fornece a lógica para a organização do mundo social. Desse modo, como apontado anteriormente, essa lógica cultural é, na verdade, uma "bio-lógica".

A "SORORARQUIA": O FEMINISMO E SUA "OUTRA"

Por uma abordagem transcultural, as implicações da bio-lógica ocidental são de grande alcance quando se considera o fato de que os construtos de gênero na teoria feminista tiveram origem no Ocidente, onde homens e mulheres são concebidos de forma oposta e projetados como categorias sociais corporificadas e derivadas geneticamente.[37] Assim, a questão é esta: em que bases as categorias conceituais ocidentais podem ser exportadas ou transferidas para outras culturas que possuem uma lógica cultural diferente? Essa questão emerge porque, apesar da maravilhosa compreensão sobre a construção social do gênero, a forma como dados interculturais têm sido usados por muitas escritoras feministas enfraquece a noção de que culturas diferentes podem construir categorias sociais diferentemente. Sobretudo, se culturas diferentes necessariamente sempre constroem o gênero como o feminismo propõe que elas *devam fazer*, então a ideia de que o gênero é socialmente construído não se sustenta.

Portanto, o valor potencial do construcionismo social feminista ocidental permanece, em grande parte, irrealizado porque, para interpretar o mundo social, o feminismo – como a maioria das outras estruturas teóricas ocidentais – não pode se afastar do prisma da biologia que necessariamente percebe as hierarquias sociais como naturais. Consequentemente, nos estudos de gênero transculturais, as teóricas impõem as categorias ocidentais às culturas não ocidentais e, então, projetam essas categorias como naturais. O modo como as construções diferentes do mundo social em outras culturas são usadas como "evidências" para a construção do gênero e a insistência de que essas construções interculturais são categorias de gênero, na medida em que operam no Ocidente anula as alternativas oferecidas pelas culturas não ocidentais e enfraquecem a afirmação de que gênero é uma construção social.

As ideias ocidentais são impostas quando categorias sociais não ocidentais são assimiladas pela estrutura de gênero que emergiu de uma tradição sócio-histórica e filosófica específica. Um exemplo é a "descoberta" do que foi nomeado como "terceiro gênero" ou "gêneros alternativos"[38] em várias culturas não ocidentais. O fato de que o "casamento africano de mulheres",[39] o nativo americano "berdache"[40] e a "hijra" sul-asiática[41] sejam apresentados como categorias de gênero e os incorporar à estrutura bio-lógica e generificada do Ocidente sem a explicação de suas próprias histórias e construções socioculturais. Várias questões são pertinentes aqui. Essas categorias sociais são generificadas para as culturas em questão? Em qual abordagem elas são generificadas? De fato, até mesmo a pertinência de chamá-las de "terceiro gênero" é questionável, pois o sistema cultural ocidental, que usa a biologia para mapear o mundo social, exclui a possibilidade de mais de dois gêneros porque gênero é a elaboração do dimorfismo sexual percebido no corpo humano e projetado no domínio social. A trajetória do discurso feminista nos últimos 25 anos foi determinada pelo ambiente cultural ocidental de sua fundação e desenvolvimento.

Assim, no início do feminismo da segunda onda na Europa e nos Estados Unidos, o sexo foi definido como os fatos biológicos dos corpos masculino e feminino, e o gênero foi definido como as consequências sociais que fluíam desses fatos. Na realidade, assumiu-se que cada sociedade possuía um sistema de sexo/gênero.[42] O ponto mais importante foi que sexo e gênero estão inseparavelmente ligados. Com o tempo, o sexo tendia a ser entendido como a base e o gênero, como a superestrutura. Posteriormente, porém, depois de muito debate, até mesmo o sexo foi interpretado como socialmente construído. Kessler e McKenna, uma das primeiras equipes de pesquisa nessa área, escreveram que "usam gênero, em vez de sexo, mesmo quando se referem a aspectos como ser mulher (menina) ou homem (menino) que foram vistos como biológicos. Isso servirá para enfatizar nossa posição de que o elemento da construção social é primordial em todos os aspectos de ser macho ou fêmea".[43] Judith Butler, escrevendo quase 15 anos depois, reitera, ainda mais fortemente, a interconexão entre sexo e gênero:

> Se o sexo é, ele próprio, uma categoria tomada em seu gênero, não faz sentido definir o gênero como a interpretação cultural do sexo. O gênero não deve ser meramente concebido como a inscrição cultural de significado num sexo previamente dado (uma

concepção jurídica); tem de designar também o aparato mesmo de produção mediante o qual os próprios sexos são estabelecidos. Resulta daí que o gênero não está para a cultura como o sexo para a natureza; ele também é o meio discursivo/cultural pelo qual "a natureza sexuada" ou "um sexo natural" é produzido.[44]

Dada a inseparabilidade entre sexo e gênero no Ocidente, que resulta do uso da biologia como uma ideologia para mapear o mundo social, os termos "sexo" e "gênero", como observado anteriormente, são essencialmente sinônimos. Dito de outro modo: já que nas construções ocidentais os corpos físicos são sempre corpos sociais, não há realmente distinção entre sexo e gênero.[45] Na sociedade iorubá, pelo contrário, as relações sociais derivam sua legitimidade dos fatos sociais e não da biologia. Os meros fatos biológicos da gravidez e parto importam apenas em relação à procriação, como devem ser. Fatos biológicos não determinam quem pode se tornar monarca ou quem pode negociar no mercado. Na concepção autóctone iorubá, essas questões eram questões propriamente sociais, e não biológicas; portanto, a natureza da anatomia não definia a posição social de uma pessoa. Consequentemente, a ordem social iorubá requer um tipo diferente de mapa, e não um mapa de gênero que pressupõe a biologia como a base do social.

As sutilezas sobre a relação entre gênero e sexo, o debate sobre essencialismo, os debates sobre as diferenças entre as mulheres[46] e a preocupação com a inclinação/combinação de gênero[47] que caracterizaram o feminismo são, na verdade, versões feministas do extenso debate sobre natureza *versus* criação, inerente ao pensamento ocidental e à lógica de suas hierarquias sociais. Essas preocupações não são necessariamente inerentes ao discurso sobre a sociedade como tal, mas são uma preocupação e uma questão de uma especificidade cultural. A partir de uma abordagem transcultural, o ponto mais interessante é o grau em que o feminismo, apesar de sua postura local radical, exibe as mesmas características etnocêntricas e imperialistas dos discursos ocidentais que buscava subverter. Isso colocou sérias limitações à sua aplicabilidade fora da cultura que o produziu. Como Kathy Ferguson nos lembra:

As questões que podemos fazer sobre o mundo são possibilitadas, e outras questões são impedidas, pelo quadro que ordena o questionamento. *Quando nos ocupamos em discutir sobre as questões que aparecem no interior de um determinado quadro, o próprio quadro se torna invisível; nós nos enquadramos nele.*[48]

Embora, na origem, por definição – e pela prática –, o feminismo seja um discurso universalizante, as preocupações e questões que o informaram são ocidentais (e seu público também é aparentemente considerado composto apenas por ocidentais, dado que muitas das teóricas tendem a usar a primeira pessoa do plural "nós" e "nossa cultura" em seus escritos). Assim sendo, o feminismo permanece enquadrado pela visão limitada e pela bio-lógica de outros discursos ocidentais.

A sociedade iorubá do sudoeste da Nigéria sugere um cenário diferente, no qual o corpo nem sempre é recrutado como base para a classificação social. A partir de uma posição iorubá, o corpo parece ter uma presença exagerada no pensamento e na prática social ocidentais, incluindo as teorias feministas. No mundo iorubá, particularmente na cultura Oyó prévia ao século XIX,[49] a sociedade era concebida para ser habitada por pessoas em relação umas com as outras. Ou seja, a "fisicalidade" da masculinidade ou feminilidade não possuía antecedentes sociais e, portanto, não constituía categorias sociais. A hierarquia social era determinada pelas relações sociais. Como apontado anteriormente, a maneira como as pessoas estavam situadas nos relacionamentos mudava dependendo de quem estava envolvida e da situação particular. O princípio que determinava a organização social era a senioridade, baseada na idade cronológica. Os termos de parentesco iorubá não denotam gênero; e outras categorias sociais não familiares também não eram especificamente marcadas por gênero. O que essas categorias iorubás nos dizem é que o corpo nem sempre está em vista e à vista da categorização. O exemplo clássico é a fêmea que desempenhava os papéis de *ọba* (governante), *ọmọ* (prole), *ọkọ*, *aya*, *ìyá* (mãe) e *aláwo* (sacerdotisa-adivinhadora), tudo em um só corpo. Nenhuma dessas categorias sociais, seja de parentesco ou não, tem especificidade de gênero. Não se pode localizar as pessoas nas categorias iorubás apenas olhando para elas. O que se ouve pode ser a sugestão mais importante. A senioridade como fundamento da relação social iorubá é relacional e dinâmica; e, ao contrário do gênero, não é focada no corpo.[50]

Se o corpo humano é universal, por que o corpo parece ter uma presença exagerada no Ocidente em relação à Iorubalândia? Uma estrutura comparativa de pesquisa revela que uma diferença importante deriva de qual dos sentidos é privilegiado na apreensão da realidade – a visão, no Ocidente, e uma multiplicidade de sentidos ancorados na audição, na Iorubalândia. A tonalidade da língua iorubá predispõe a pessoa a uma apreensão da realidade que não pode marginalizar o auditivo. Consequentemente, em relação às sociedades ocidentais, há uma necessidade mais forte de uma contextualização mais ampla para dar sentido ao mundo.[51] Por exemplo, a divinação Ifá, que também é um sistema de conhecimento na Iorubalândia, tem componentes tanto visuais quanto orais.[52] Mais fundamentalmente, a distinção entre os povos iorubás e o Ocidente, simbolizada pelo foco em diferentes sentidos na apreensão da realidade, envolve mais do que a percepção – para os povos iorubás e, na verdade, para muitas outras sociedades africanas, trata-se de "uma presença particular no mundo – um mundo concebido como um todo, no qual todas as coisas estão ligadas".[53] Refere-se aos muitos mundos que os seres humanos habitam; não privilegia o mundo físico sobre o metafísico. Um foco na visão como o principal modo de compreender a realidade eleva o que pode ser visto sobre o que não é aparente aos olhos; perde os outros níveis e as nuances da existência. A comparação entre a visão e o sentido da audição, feita por David Lowe, resume algumas das questões para as quais desejo chamar a atenção. Ele escreve:

> Dos cinco sentidos, a audição é a mais difundida e penetrante. Digo isso, embora muitos, de Aristóteles na *Metafísica* a Hans Jonas em *The Phenomenon of Life*, tenham dito que a visão é o mais nobre. Mas a visão é sempre direcionada para o que está à frente. E a visão não pode virar uma esquina, pelo menos sem a ajuda de um espelho. Por outro lado, o som nos chega, nos envolve momentaneamente em um espaço acústico, cheio de timbre e nuances. É mais próximo e sugestivo que a visão. A visão é sempre a percepção da superfície a partir de um ângulo particular. Mas o som é

aquela percepção capaz de penetrar abaixo da superfície. A fala é a comunicação que liga uma pessoa com outra. Portanto, a qualidade do som é fundamentalmente mais vital e mais móvel do que a visão.[54]

Do mesmo modo como foi explicitamente demonstrado o privilégio ocidental do visual sobre os outros sentidos, também pode ser apresentado o domínio do auditivo na Iorubalândia.

Em um interessante artigo intitulado "The Mind's Eye", as teóricas feministas Evelyn Fox Keller e Christine Grontkowski fazem a seguinte observação: "Nós [euro-estadunidenses] falamos de conhecimento como iluminação, conhecer como ver, verdade como luz. Poderíamos perguntar então, como a visão tornou-se um modelo de conhecimento tão adequado? E tendo-a aceito como tal, como a metáfora coloriu nossas concepções de conhecimento?"[55] Essas teóricas passam a analisar as implicações do privilégio da visão sobre os outros sentidos para a concepção de realidade e conhecimento no Ocidente. Elas examinam as ligações entre o privilégio da visão e o patriarcado, observando que as raízes do pensamento ocidental no visual produziram uma lógica masculina dominante.[56] Explicando a observação de Jonas de que "para obter a visão apropriada, tomamos a distância apropriada",[57] elas notam a natureza passiva da visão, na qual o sujeito do olhar é passivo. Elas ligam a distância que a visão acarreta ao conceito de objetividade e à falta de compromisso entre o "eu" e o investigado – o Si e o Outro.[58] De fato, no Ocidente, o Outro é melhor descrito como outro corpo – separado e distante.

O feminismo não escapou da lógica visual do pensamento ocidental. O foco feminista na diferença sexual, por exemplo, deriva desse legado. A teórica feminista Nancy Chodorow notou a primazia e as limitações dessa concentração feminista sobre a diferença:

> De nossa parte como feministas, mesmo quando queremos eliminar a desigualdade, hierarquia e diferença de gênero, esperamos encontrar tais características na maioria dos contextos sociais. Partimos do pressuposto de que o gênero é sempre uma característica marcante da vida social, e não temos abordagens teóricas que enfatizem as semelhanças sexuais em relação às diferenças.[59]

Consequentemente, a suposição e o desdobramento do patriarcado e das "mulheres" como universais em muitos escritos feministas são etnocêntricos e demonstram a hegemonia do Ocidente em relação a outros agrupamentos culturais.[60] A emergência do patriarcado como uma forma de organização social na história ocidental é uma função da diferenciação entre corpos masculinos e femininos, uma diferença enraizada no visual, uma diferença que não pode ser reduzida à biologia e que deve ser entendida como sendo constituída dentro de realidades históricas e sociais particulares. Não estou sugerindo que as categorias de gênero sejam necessariamente limitadas ao Ocidente, particularmente no período contemporâneo. Pelo contrário, estou sugerindo que as discussões sobre categorias sociais deveriam ser definidas e fundamentadas no meio local, em vez de baseadas em achados "universais" feitos no Ocidente. Diversas estudiosas feministas questionaram a hipótese do patriarcado universal. Por exemplo, as editoras de um volume sobre mulheres hauçás do norte da Nigéria escrevem: "Uma suposição preconcebida de assimetria de gênero na verdade distorce muitas análises, pois impede a exploração do gênero como um componente fundamental das relações sociais, da desigualdade, de processos de produção e reprodução e ideologia".[61] Além da questão da assimetria, no entanto, uma noção preconcebida de gênero como uma categoria social universal é igualmente problemática. Se quem investiga assumir o gênero, as categorias de gênero serão encontradas, independentemente de existirem ou não.

O feminismo é uma das recentes modas teóricas ocidentais a serem aplicadas às sociedades africanas. Seguindo a abordagem única (ou melhor, a abordagem única ocidental) da teorização intelectual, o feminismo assumiu seu lugar em uma longa série de paradigmas ocidentais – incluindo o marxismo, o funcionalismo, o estruturalismo e o pós-estruturalismo – imposta a sujeitos africanos. Pessoas da academia se tornaram uma das forças hegemonizantes internacionais mais eficazes, não por produzir experiências sociais homogêneas, mas uma homogeneidade de forças hegemônicas. As teorias ocidentais tornam-se ferramentas de hegemonia na medida em que são aplicadas universalmente, partindo do pressuposto de que as experiências ocidentais definem o humano. Por exemplo, um estudo com residentes Gãs de um bairro de Acra, Gana, começa assim: "É preciso melhorar nossa análise das mulheres e da formação de classes para refinar nossas percepções".[62] Mulheres? Que mulheres? Quem se qualifica para ser mulher nesse ambiente cultural e em quais bases elas devem ser identificadas? Tais questões são legítimas se quem pesquisa leva a sério a construção das categorias sociais e tem em conta as concepções locais da realidade. As armadilhas das noções preconcebidas e do etnocentrismo tornam-se óbvias quando a autora do estudo admite:

> Fui forçada a mudar um outro viés com o qual comecei. Antes de começar o trabalho de campo, eu não estava particularmente interessada no nexo causal, ou de outro tipo, em economia. Mas na época em que tentei uma sondagem inicial..., a importância arrogante das atividades comerciais em permear todos os aspectos da vida das mulheres fez com que a economia fosse considerada imperativa. E quando chegou a hora de analisar os dados em profundidade, as explicações mais convincentes eram muitas vezes econômicas. Comecei trabalhando com mulheres; terminei trabalhando com comerciantes.[63]

Em primeiro lugar, por que Claire Robertson, autora deste estudo, começou com mulheres e que distorções foram introduzidas por isso? E se ela tivesse começado com comerciantes? Ela teria terminado com mulheres? Os começos são importantes; a adição de outras variáveis no meio do caminho não impede ou resolve distorções e mal-entendidos. Como muitos estudos sobre pessoas africanas, metade do estudo de Robertson parece ter sido concluída – e as categorias já estavam postas – antes de conhecer o povo Gã. A monografia de Robertson não é atípica em Estudos Africanos; na verdade, é uma das melhores, particularmente porque, ao contrário de um grande número de pessoas que pesquisam, ela está ciente de alguns de seus vieses. O viés fundamental que muitas pessoas ocidentais, incluindo Robertson, trazem para o estudo de outras sociedades é o "raciocínio corporal", a suposição de que a biologia determina a posição social. Como "mulheres" é uma categoria baseada no corpo, ela tende a ser privilegiada, nas pesquisas ocidentais, em relação a "comerciantes", que não é baseada no corpo. Mesmo quando pessoas comerciantes são levadas a sério, são incorporadas de tal forma que a categoria comerciante, que em muitas sociedades da África Ocidental não tem especificidade de gênero, é transformada em "mulheres do mercado", como se a explicação para seu envolvimento nessa ocupação fosse encontrada em seus seios ou, para dizê-lo mais cientificamente, no cromossomo X.[64] Quanto mais a bio-lógica ocidental é adotada, mais essa estrutura baseada no corpo é inscrita conceitualmente e na realidade social.

Não está explícito que o corpo seja um local de tal elaboração do social na cosmopercepção do povo Gã ou em outras culturas africanas. Antes que se possa tirar conclusões, estas investigações garantem a inscrição do gênero nas culturas africanas. Por que os Estudos Africanos permaneceram tão dependentes das teorias ocidentais e quais são as implicações para a constituição do conhecimento sobre as realidades africanas? Ao contrário dos princípios mais básicos do raciocínio corporal, todos os tipos de pessoas, independentemente do tipo de corpo, estão implicados na construção desse discurso biologicamente determinista. O raciocínio corporal é uma abordagem cultural. Suas origens são facilmente localizáveis no pensamento europeu, mas seus tentáculos se tornaram ubíquos. A hegemonia ocidental aparece de muitas maneiras diferentes nos Estudos Africanos, mas a ênfase aqui estará nas teorias de segunda mão que são usadas para interpretar as sociedades africanas sem qualquer consideração sobre adequações ou sobre tais teorias terem se tornado irregulares.

HEGEMONIA OCIDENTAL NOS ESTUDOS AFRICANOS

Uma avaliação dos Estudos Africanos como um campo interdisciplinar revelará que eles são, em geral, "reacionários".[65] A reação, em essência, tem sido ao mesmo tempo a força motriz dos Estudos Africanos e sua limitação em todas as suas ramificações. Não importa se alguém que os estuda em particular está reagindo a favor ou contra o Ocidente; o ponto é que o Ocidente está no centro da produção africana de conhecimento. Por exemplo, toda uma geração de quem produziu a história africana a reconstruiu, repleta de reis, impérios e até guerras, para refutar as alegações europeias de que os povos africanos são sem história.[66] Em outros campos, muita tinta foi derramada (e árvores derrubadas) para refutar ou apoiar afirmações sobre se alguns povos africanos têm Estados ou são povos sem Estado. Recentemente, nos últimos anos do século XX, sem dúvida o debate mais acalorado nos Estudos Africanos é se haveria filosofia em África antes do contato com a Europa ou se uma descrição melhor seria a de povos "sem filosofia".[67] Essa talvez seja a fase mais recente de uma velha preocupação ocidental com o status do primitivismo africano, para a qual os índices passaram da falta de história para a ausência de Estado e, agora, para a ausência de filosofia.

Quer a discussão se concentre na história ou em sua ausência, em ter um Estado ou não o ter, é claro que o Ocidente é a norma contra a qual os povos africanos continuam a ser medidos por outros e muitas vezes por si mesmos. As questões que informam a pesquisa são desenvolvidas no Ocidente, e as teorias e conceitos operativos são derivados de experiências ocidentais. As experiências africanas raramente informam a teoria em qualquer campo de estudo; na melhor das hipóteses, essas experiências são excepcionais. Consequentemente, os Estudos Africanos continuam sendo "ocidentocêntricos", um termo que vai além do "eurocêntrico", para incluir os Estados Unidos. A presença de pessoas africanas na academia é valiosa em si e tornou possíveis algumas mudanças importantes. Entretanto, não trouxe transformações fundamentais – apesar da tese da sociologia do conhecimento e da política de identidade.[68] Que a pesquisa euro-estadunidense seja ocidentocêntrica dispensa comentários. Mas o que explica o persistente ocidentocentrismo de muitos estudos africanos?

Esta questão é colocada no contexto de um debate entre pessoas africanas que realizam pesquisas sobre a incapacidade de muitos estudos conduzidos por pessoas africanas de lidar com as questões reais que os países africanos enfrentam. Várias pessoas africanas dedicadas ao pensamento tentaram explicar por que muitos estudos conduzidos por pessoas africanas fracassam em lidar com essas questões. Argumentou-se que muitos escritos de pessoas africanas são muito focados em exibir a África como diferente da Europa, em vez de lidar com essas questões reais. A África está indubitavelmente no meio de uma crise de proporções globais, e este fato deu uma urgência ao autoexame de intelectuais do continente africano. Chamarei a um dos grupos de intelectuais de antinativista[69] em função de sua postura bastante crítica em relação a qualquer defesa de uma cultura africana. O outro grupo, que acolhe uma noção de um modo de ser africano, é referido como nativista[70] em sua orientação. Para o grupo antinativista, o problema de evitar as questões centrais decorre do fato de que muitas pessoas africanas dedicadas ao pensamento são nacionalistas culturais; a acusação é de que não estão dispostas a reconhecer os fracassos da África e a superioridade tecnológica europeia e, assim, concentrarem-se simplesmente em como a África é diferente do Ocidente. O grupo antinativista argumenta ainda que nativistas se diferenciam do Ocidente para sustentar sua autoestima. O crítico literário Abiola Irele resume muito bem esta abordagem antinativista:

> Todo o movimento no pensamento moderno africano tem consistido em definir essa identidade (identidade africana, localizada na cultura tradicional). A reação intelectual à nossa humilhação sob o sistema colonial e à nossa desvalorização consistiu em *afirmar nossa diferença em relação ao homem branco, o europeu. Este esforço consciente de diferenciação produziu as bem conhecidas ideologias da personalidade africana* e da negritude. Na formulação de Senghor, a ideia da identidade africana assume a forma de uma essência irredutível da raça, cujo correlato objetivo é a cultura tradicional. Essa essência serve para atribuir um valor estimável ao nosso passado e justificar nossa reivindicação de uma existência separada. Todo o movimento do pensamento no nacionalismo cultural negro, de Blyden a Senghor, leva a uma mística das formas tradicionais de vida.[71]

No artigo, "In Praise of Alienation", Irele sugere que a intelectualidade africana está excessivamente apegada à sua cultura. Sua solução é aceitar a derrota e a "alienação" da África e abraçar a Europa em toda a sua grandeza e capacidade científica. Só então a África terá as ferramentas modernas para enfrentar seus apertos. Embora ninguém possa negar a miríade de problemas que a África enfrenta hoje e a necessidade de liderança, intelectual e de outras formas, pessoas dedicadas ao pensamento crítico, como Irele, diagnosticaram erroneamente a origem do problema africano. A solução que elas oferecem, portanto, é suspeita. A base do problema da África é sua estreita identificação com a Europa, que é a fonte e a razão para a contínua dominação ocidental dos povos africanos e do pensamento africano.

Meu ponto aqui, então, é que o pensamento africano (de Blyden a Senghor; passando por Kagame, Mbiti e Idowu; a Irele, Hountondji, Bodunrin, Oruka e Wiredu), seja nativista ou antinativista, sempre se concentrou não na *diferença* em relação ao Ocidente, mas na *identidade* com o Ocidente. É precisamente porque a intelectualidade africana aceita e se identifica tanto com o pensamento europeu que criou versões africanas de coisas ocidentais. Ela parece pensar que a mentalidade europeia é universal e que, portanto, uma vez que os povos europeus descobriram a maneira como o mundo funciona e lançaram os alicerces do pensamento, tudo o que os povos africanos precisam fazer é adicionar seus próprios tijolos sobre a fundação. A negritude senghoriana, por exemplo (um dos primeiros movimentos intelectuais africanos modernos), longe de ser um exercício de diferença, é na verdade resultado da aceitação de Senghor das categorias europeias de essência, raça e razão e das ligações entre as três. Senghor afirma que, como os africanos são uma raça como os europeus, devem ter sua própria essência. O fato de que são categorias euroderivadas não recebeu suficiente consideração. O raciocínio corporal – ou racial –, afinal, não é racional; não é racional ou razoável considerar alguém um criminoso apenas olhando para seu rosto, algo que os racistas fazem implacavelmente. Stanislas Adotevi está correto quando escreve que "a negritude é o último filho nascido de uma ideologia de dominação…. É o *modo negro de ser branco*".[72]

O problema de importar conceitos e categorias ocidentais para os estudos e sociedades africanos faz um giro decisivo no trabalho de várias estudiosas feministas africanas. Considero este desenvolvimento particularmente lamentável, porque esta nova geração de pesquisadoras tem o potencial de transformar radicalmente os Estudos Africanos, que em grande parte espelhou o androcentrismo das suas origens europeias. Usando todo tipo de modelos ocidentais, escritoras como Tola Pearce e Molara Ogundipe-Leslie caracterizaram a sociedade iorubá como patriarcal. Sua maestria em relação ao marxismo, feminismo e estruturalismo é deslumbrante, mas sua compreensão da cultura iorubá é seriamente deficitária. Samuel Johnson, um intelectual iorubá pioneiro, escreveu sobre a Iorubalândia do final do século XIX que "as pessoas nativas das terras iorubás estão bem familiarizados com a história da Inglaterra, de Roma e da Grécia, mas da história de seu próprio país, nada sabem!".[73] Mais de um século depois, o lamento de Johnson continua relevante. Mais recentemente, a filósofa e historiadora da arte Nkiru Nzegwu definiu nitidamente o problema afirmando que quando um número de pesquisadoras feministas africanas se apressou em caracterizar a sociedade autóctone "como implicitamente patriarcal, a questão da legitimidade do patriarcado como categoria de análise com validade transcultural nunca fora levantada. (…) O problema em avaliar as culturas igbô e iorubá com base em seu outro cultural (o Ocidente) é que as sociedades africanas são deturpadas, sem antes apresentar suas posições".[74]

A descrição da família iorubá feita por Pearce, consistindo de "um patriarca, suas esposas e seus filhos com suas esposas",[75] soa como uma representação do *pater familias* dos romanos[76] ou uma descrição da família de Abraão na Bíblia e me faz questionar se ela já observou uma linhagem autóctone iorubá ou leu os registros anteriores da família iorubá realizados por N. A. Fadipe[77] ou Johnson.[78] Ogundipe-Leslie, em uma coletânea de 1994, com ensaios em sua maioria desatualizados, define a instituição iorubá *ilémosú* como aquela em que as mulheres são deixadas na prateleira do casamento (*ilémosú* é uma instituição pela qual as filhas retornam às suas famílias natais após o casamento e fazem da residência familiar o seu lar pelo resto da vida). Ela diz, metaforicamente, que a instituição deixa as mulheres "em casa com fungos crescendo em seus corpos".[79] É difícil explicar sua interpretação de *ilémosú*; que, no entanto, mostra sua atitude superficial em relação à cultura iorubá – já que ela não se preocupou em verificar a natureza e o significado da instituição. A principal limitação da coletânea de ensaios de Ogundipe-Leslie é que ela não fornece nenhum contexto cultural para suas alegações. Como o gênero é preeminentemente um construto cultural, não pode ser teorizado em um vácuo cultural, como muitas das pessoas dedicadas à pesquisa tendem a fazer. De fato, uma das coisas úteis que as feministas africanas podem aprender com suas "irmãs" ocidentais é a meticulosa abordagem arqueológica com a qual muitas delas realizaram pesquisas que elucidaram a cultura ocidental de maneiras antes inimagináveis. As feministas africanas podem aprender muito com os métodos da investigação feminista à medida que foram aplicados ao Ocidente, mas deveriam desprezar métodos de africanistas feministas ocidentais imperiais, que impõem o feminismo às "colônias". Pessoas africanas dedicadas à pesquisa precisam fazer um trabalho sério, detalhando e descrevendo as culturas autóctones africanas de dentro para fora, e não de fora para dentro. Até hoje, muito pouco foi escrito sobre as sociedades africanas em e por elas mesmas; em vez disso, a maior parte dos estudos é um exercício de propor um ultramoderno, ou algum outro, modelo ocidental. O quadro de referência de uma cultura deve ser identificado e descrito em seus próprios termos antes que se possa fazer o tipo de alegações gratuitas que estão sendo feitas sobre o patriarcado e outras mazelas sociais.

Nos estudos sobre os povos iorubás, a manifestação dessa preocupação em encontrar equivalentes africanos das coisas europeias não se originou com as feministas. Isso é bastante perceptível no trabalho de uma geração anterior de pessoas dedicadas à pesquisa, como o teólogo E. Bolaji Idowu. Sobre a religião, ele escreve que "se eles [europeus] têm Deus, nós temos Olodumare; se eles têm Jesus Cristo, temos Ela, o deus da salvação, igual a eles".[80] O tema se manifesta no trabalho de anti-nativistas quando descrevem o pensamento africano como pré-filosófico e pré-científico ou afirmam que a África está atrasada com relação à filosofia. Quer a acusação seja de que para a África é cedo ou tarde demais para fazer filosofia, a ideia é que o tipo ocidental de filosofia é um universal humano. Tal pensamento sugere que a África é o Ocidente em latência ou que a África é como o Ocidente, ainda que seja pré-formado ou deformado. Com essa tendência evolucionista, antinativistas antropologizam a África e negam sua coetaneidade com o Ocidente.[81] Não há nada de errado em pessoas africanas afirmarem sua humanidade e uma humanidade comum com seus opositores (ou seja, os ocidentais); essa afirmação foi, de fato, necessária. O problema é que muitas pessoas africanas dedicadas à escrita assumiram que as manifestações ocidentais da condição humana são a própria condição humana. Colocando de outra maneira: elas entenderam erroneamente a natureza dos universais humanos.

Muitas pessoas africanas dedicadas à pesquisa, então, simplesmente falharam em distinguir entre universais e particulares ocidentais. Que grupos humanos tenham um passado rememorado é um universal; que os povos sumérios desenvolvessem a escrita e produzissem história escrita, em um determinado período do tempo, é uma manifestação particular disso. Que os povos se organizem é um universal; que o façam sob a estrutura de um Estado, ou alguma outra forma específica de organização, é um particular. Que organizem a produção e a reprodução (casamento) é um universal; que em certos lugares ou durante certas épocas, a produção e a reprodução pareçam ser separadas e separáveis é um particular. A troca sempre foi o universal; sexo, búzios, ouro, dinheiro e cartões de crédito são algumas das suas particularidades. A autorreflexão é parte integrante da condição humana, mas é errado supor que sua manifestação ocidental – a filosofia escrita – seja o universal. Na era do capitalismo global, a Coca-Cola é universal, mas dificilmente é inerente à condição humana. Como auxílio para evitar essa confusão, uma distinção linguística deve ser feita entre *"universal" como um termo metafísico* que se refere a uma verdade inerente e *"universal" como um termo descritivo*.

Os Estudos Africanos modernos permaneceram dominados pelos modos ocidentais de apreender a realidade e a produção de conhecimento por várias razões. De uma abordagem materialista, o domínio ocidental sobre pessoas dedicadas à pesquisa é apenas um reflexo do domínio econômico e cultural global do Ocidente. Mas essa não é uma explicação adequada, porque há regiões não ocidentais no mundo além da África, onde estudos e preocupações de base autóctone se desenvolveram em um grau considerável.[82] No caso da África, as explicações sobre essa dependência do Ocidente se concentraram na mentalidade colonial da intelectualidade africana, a política de financiamento da pesquisa e os interesses comuns de classe ou posição privilegiada desta intelectualidade, onde quer que se encontrem. Essas explicações são válidas. No entanto, há outro motivo, que raramente é reconhecido, e mesmo quando é destacado, seu efeito é subestimado: isto é, a natureza da academia, especialmente sua lógica, estrutura e práticas. No centro do problema está a maneira pela qual os negócios são conduzidos nas instituições produtoras de conhecimento; o modo como as questões fundamentais que informam a pesquisa são geradas no Ocidente; o modo como teorias e conceitos são gerados a partir de experiências ocidentais; e a maneira pela qual quem se dedica à academia tem que trabalhar no interior das disciplinas, muitas das quais foram constituídas para estabelecer o domínio sobre a África e têm lógicas próprias, distintas das questões sobre a identidade social de quem realiza as pesquisas. O ponto é que, enquanto pessoas africanas considerarem as categorias ocidentais, como universidades, disciplinas e teorias limitadas, como óbvias e se estruturarem em torno delas – a favor ou contra, não importa –, não poderá haver diferença fundamental na investigação entre tais praticantes do conhecimento, não importa quais sejam seus pontos de origem.

Minha afirmação aqui pode ser ilustrada com referência ao debate sobre a filosofia africana. Em uma antologia intitulada *African Philosophy: The Essential Readings*, Tsenay Serequeberhan, editor do volume, nota que apenas pessoas africanas dedicadas à pesquisa estão representadas no livro; ele continua defendendo o que ele chama de política exclusionista:

Em minha percepção, esta abordagem exclusionista é necessária – pelo menos neste ponto do desenvolvimento da Filosofia Africana – precisamente porque os filósofos africanos precisam formular as suas diferentes posições no confronto e no diálogo *entre si, isto é, sem mediadores/moderadores estrangeiros ou intermediários*. Os filósofos africanos devem se envolver em um esmiuçamento teórico no confronto e no diálogo por conta própria.[83]

Analisando os artigos da coletânea, independentemente de sua orientação ideológica, descobre-se que eles citam Lévy-Bruhl, Descartes, Kant, Platão e Tempels, para mencionar apenas alguns nomes. Esses autores não são, obviamente, africanos. Em outras palavras, os europeus não foram excluídos; eles podem ser europeus mortos, mas eles ainda estão definindo a agenda e, consequentemente, os termos do discurso. De fato, a pergunta deve ser feita sobre quem formou essa congregação de pessoas africanas dedicadas à filosofia. Como foram iniciadas? Pelas chamadas figuras mediadoras e intermediárias?[84] Estas questões são pertinentes, uma vez que algumas exclusões reais, sem nome e não reconhecidas, foram praticadas na construção da antologia. Essas outras exclusões devem ser parte da discussão porque sublinham muito graficamente os dilemas da pesquisa africana.

Essa prática de excluir pessoas não africanas como colaboradoras e, ao mesmo tempo, aceitar os termos acadêmicos/ocidentais do discurso como dados é problemática e irrealista. Deveria ser óbvio que é quase impossível criar um espaço teórico africano quando a base do discurso tem sido povoada pelos HEBM – homens, europeus, brancos, mortos.[85] As "guerras culturais" sobre o que deveria ser incluído no cânone e no currículo nas universidades dos Estados Unidos nos anos 1980 enfatizavam esse ponto. Deixe-me precisar minha preocupação aqui: Não é que as pessoas africanas não devam ler o que bem entenderem – na verdade, precisamos ler muito a fim de podermos enfrentar os desafios impostos pelo capitalismo global do final do século XX. O ponto é que os fundamentos do pensamento africano não podem repousar nas tradições intelectuais ocidentais, que têm como uma de suas características persistentes a projeção dos africanos como o Outro e nossa consequente dominação.

No nível da produção intelectual, devemos reconhecer que as teorias não são ferramentas mecânicas; elas afetam (e alguém dirá, determinam) como pensamos, sobre quem pensamos, o que pensamos e quem pensa conosco. Às vezes, quem investiga parece esquecer que as ferramentas intelectuais estruturam a pesquisa e o pensamento. Enquanto o "culto a ancestrais"[86] da prática acadêmica não for questionado nos Estudos Africanos, pessoas dedicadas à pesquisa serão obrigadas a produzir estudos que não se concentrem principalmente na África – pois tais "ancestrais" não eram apenas não africanas, mas hostis aos interesses africanos. As questões fundamentais da pesquisa em muitas disciplinas são geradas no Ocidente. Uma recente antologia intitulada *Africa and the Disciplines* faz a pergunta de modo muito ocidentocêntrico e grotesco: O que a África contribuiu para as disciplinas?[87] (Seguindo a lógica da questão, consideremos o que as pessoas africanas contribuíram para a craniometria – nossas cabeças; e para a *anthropologie* francesa, nossas bundas!)[88] A questão mais importante para a África é o que as disciplinas e as pessoas praticantes de disciplinas, como a antropologia, fizeram à África.[89]

Em geral, pessoas africanas dedicadas ao pensamento parecem subestimar ou não compreender as implicações das práticas acadêmicas para a produção de conhecimento. Pesquisa, ensino e aprendizagem em instituições acadêmicas não são negócios práticos inócuos. Kwame Anthony Appiah explica este ponto em um ensaio em que reflete sobre as limitações do que ele chama de crítica nativista do Ocidente no campo da literatura africana: "O imperador ocidental ordenou aos nativos que trocassem suas batas por calças: seu ato de resistência é insistir em costurá-las a partir de material feito em casa. Dada a sua argumentação, nacionalistas culturais não vão suficientemente longe; são cegos para o fato de que suas demandas nativistas habitam uma arquitetura ocidental."[90] A aceitação descarada e acrítica do Ocidente por Appiah e sua rejeição da África são compreensíveis, dadas suas linhas de ascendência matrilinear,[91] mas isso dificilmente é a justificativa para outras pessoas africanas pesquisadoras, cuja *abusua* (matrilinearidade) está localizada em solo africano, e não na Inglaterra. É notável que, apesar da postura antinativista de Appiah em relação à cultura africana, ele seja um nativista sem remorso. Appiah é um euronativista; ele se opõe ao nativismo africano. Ao privilegiar as categorias europeias de seu pensamento e prática (como a patrilinearidade) sobre a matrilinearidade akan em seu livro *Na casa de meu pai*, atesta seu apagamento das normas da casa de seu pai (normas africanas) e a imposição dos valores da casa de sua mãe (normas anglo-saxônicas) na África.[92]

De modo válido, no entanto, Appiah aponta que muitas pessoas africanas críticas do Ocidente não percebem que a aceitação da "arquitetura" ocidental em algum nível significa necessariamente abraçar também o "mobiliário". Em suma, certas coisas acompanham o território – acadêmico ou não. Pensar que se pode habitar o território e depois mudar as regras é uma falácia porque as regras e o território não são separáveis; eles são mutuamente constituintes. Um não existe sem o outro.

Dito isto, a posição de Appiah, e de outras pessoas antinativistas, é ainda profundamente falha, em parte devido a um enorme descuido. A exortação antinativista de que a África deveria abraçar o Ocidente como uma nova estratégia para o futuro é falha porque, na verdade, isso é o que lideranças africanas fizeram no passado e assim permanecemos até o presente: isto é, no abraço perigoso ao Ocidente. Abraçar o Ocidente não é novidade; na verdade, é um programa de ação fracassado. A ideia de que a África pode escolher se quer ou não abraçar o Ocidente é uma metáfora inapropriada. O ponto é que a África já está presa em um abraço com o Ocidente; o desafio é como nos libertarmos. É um problema fundamental porque, sem esse afrouxamento necessário, continuamos a confundir o Ocidente com o Eu e, portanto, nos vemos como o Outro.

Appiah afirma que o apelo nativista pela afrocentricidade na leitura e escrita da literatura africana falha em apreciar a multiplicidade da herança dos escritores africanos modernos e, portanto, falha em perceber que, por exemplo, "a referência de Soyinka a Eurípides é tão real quanto seu apelo a Ogum".[93] No entanto, Appiah falha em entender a natureza das referências de Soyinka a Ogum e Eurípides. O problema não é o apelo de Soyinka a Eurípides; o problema é o fracasso de Appiah em compreender que os apelos de Soyinka a Eurípides e Ogum não são da mesma ordem.[94] Para aceitar uma sugestão da cultura iorubá: na prática da religião iorubana, apesar dos 401[95] orixás (divindades) às quais qualquer pessoa pode apelar, todas as linhagens e indivíduos têm seu próprio orixá a quem reverenciam antes de apelar para outras divindades. Garantem sua própria base primeiro; e é somente depois disso que podem se juntar ao culto de outras divindades. Não há dúvida de que as pessoas podem mudar e mudam suas divindades; a falácia aqui é a ideia de que se pode começar com múltiplas divindades. Há sempre um privilégio, seja ele reconhecido ou não. Ogum e Eurípides não podem ser entendidos como uma expressão de tipo "por um lado e por outro (*otoh-botoh*)" – um deve ser um "deus" fundacional.

Fundamentalmente, Appiah não compreende que quase todas as pessoas africanas dedicadas à pesquisa, institucionalmente privilegiadas, são formadas na tradição ocidental; quase não há formação no nível acadêmico em tradições e culturas africanas. Por causa disso, é raro, se não impossível, encontrar intelectuais que possam discutir Ogum com a mesma sofisticação e profundidade de conhecimento com que discutem Zeus. Não é de admirar que, para muitas pessoas africanas dedicadas ao pensamento, a África continue a ser apenas uma ideia. A experiência do filósofo V. Y. Mudimbe diz o suficiente. Em sua avaliação de textos antropológicos sobre os povos Luba, Mudimbe coloca a seguinte questão: "De onde vem minha autoridade?". Ele responde:

> É verdade que não sou antropólogo e não pretendo sê-lo. Passei pelo menos dez anos da minha vida estudando grego e latim antigos em uma média de doze horas por semana, com mais do que esse tempo dedicado às culturas francesa e europeias, antes de estar apto para um doutorado em filologia (grego, latim e francês) na Universidade de Louvain. Não conheço muitos antropólogos que pudessem demonstrar publicamente uma experiência semelhante sobre sua especialidade, a ponto de fundar sua autoridade em Estudos Africanos.[96]

A questão mais interessante é esta: em que consiste a reivindicação de autoridade de Mudimbe nos Estudos Africanos? Ele confessa que essa autoridade repousa sobre "minha mãe Luba-Lulua, meu pai Songye, o contexto cultural Suaíli de minha educação em Katanga (Shaba), o meio Sanga de minha educação secundária".[97] O contraste entre suas fontes de conhecimento sobre o Ocidente, por um lado, e a África, por outro, são impressionantes. O conhecimento sobre o Ocidente é cultivado ao longo de décadas, mas o conhecimento sobre a África deve ser absorvido, por assim dizer, através do leite materno. Eu não tenho nada contra mães (eu mesma sou uma). Mas enquanto nós, como pessoas africanas dedicadas à academia, estamos ocupadas revelando a "mãe de todos os cânones", quem supomos que desenvolverá a base de conhecimento para transformar a África? É óbvio que não se pode descartar o conhecimento da cultura adquirida durante os anos formativos cruciais. Tampouco a posse da língua materna pode ser superestimada como chave para a compreensão de uma cultura. Mesmo assim, muitas pessoas africanas educadas no ocidente não ficam tempo suficiente com suas mães para absorver os elementos essenciais de uma educação africana. Como Mudimbe, muitas ingressam em internatos ou mosteiros de origem europeia desde cedo, embarcando em um longo processo de absorção das culturas europeias às custas das suas próprias. Como Appiah, elas podem ter ficado escondidas atrás da "cerca de hibisco" e, subsequentemente, enviadas para a escola na Europa enquanto a África se desdobrava na marcha da história.

É crucial que o nosso conhecimento da África seja continuamente cultivado e desenvolvido; não deve ser reduzido ao nível do instintivo ou primordial (primitivo), como algumas pessoas antinativistas/euronativistas gostariam. Muitas pessoas africanas demonstram falta de conhecimento das culturas africanas, enquanto se deleitam com o conhecimento dos clássicos europeus e das línguas mortas. O próprio Mudimbe observou que pessoas que eram suas "codiscípulas" europeias passaram pelo mesmo tipo de treinamento que ele para a especialização em filologia.[98] Aparentemente, o leite de suas mães não era suficiente como fonte de conhecimento sobre sua cultura europeia; eles ainda tinham que passar a vida estudando isso.

Como prólogo de seu aclamado livro *A invenção da África*, Mudimbe dissemina o que ele chama de "boas-novas" – que a pessoa africana tem agora "a liberdade de pensar em si mesma como ponto de partida de um discurso absoluto".[99] Sua afirmação é surpreendente, dado que o conteúdo de seu livro não deriva epistemologicamente da África e é fortemente dependente do pensamento europeu. Esta não é a herança multicultural que Appiah quer que acreditemos nos Estudos Africanos. É claramente uma herança ocidental e explica por que Ogum não tem chances contra Zeus e por que a África continua sendo apenas uma ideia na mente de muitas pessoas africanas dedicadas ao pensamento. É claro que, na realidade, a África continua a se desdobrar na marcha da história. A autêntica história humana!

ESCREVENDO OS POVOS IORUBÁS EM INGLÊS: PROPAGANDO O OCIDENTE

Para demonstrar concretamente as implicações da aceitação acadêmica acrítica das categorias e questões ocidentais no estudo das sociedades africanas, abordarei agora um discurso regional específico, os estudos iorubás.[100] O discurso sobre os povos iorubás em inglês é um lugar particularmente profícuo para examinar os problemas do ocidentocentrismo na determinação das questões de pesquisa, porque as pessoas de origem iorubá dedicadas à pesquisa estão muito bem representadas. Como afirmou um antropólogo em uma recente monografia, "pessoas ocidentais dedicadas à pesquisa não escrevem *sobre* os povos iorubás; escrevem *com* os povos iorubás".[101] Deixando as preposições de lado – o contrário é mais o caso –, pessoas iorubás dedicadas à pesquisa escrevem com o Ocidente sobre os povos iorubás. Isso é revelado no fracasso em levar a língua iorubá a sério na pesquisa iorubá – a língua é a do Ocidente. A falta de interesse na língua iorubá para além do "trabalho de campo" não é surpreendente, uma vez que os Estudos Africanos são uma das poucas áreas da academia em que alguém pode se afirmar ser especialista sem o subsídio da competência linguística.[102] Afirmam-se as nacionalidades africanas baseadas em grupos linguísticos, mas a marginalização da linguagem nos Estudos Africanos desmente este fato. Alguém pode se perguntar se a resistência à nebulosa categoria "África" como a unidade de análise em muitos estudos está relacionada a esses fatos. Sem dúvida, há algumas pesquisas que exigem o uso da África como unidade de análise; entretanto, neste ponto da história da pesquisa, a África, como Paulin J. Hountondji observa, é melhor usada como termo geográfico descritivo.[103]

Os estudos regionais baseados em grupos culturais particulares são essencialmente exercícios de tradução em diferentes níveis: tradução do oral para o escrito; tradução de uma cultura para outra; e, finalmente, tradução de um idioma para outro. Cada categoria – escrita, oralidade, cultura, língua – é permeada com todos os tipos de suposições não declaradas, e cada movimento é repleto de potenciais para erros. A língua é crucial, e a observação de Marc Bloch sobre o problema para quem pesquisa a história, de desconsiderar a língua, é relevante: "Que absurda ilogicidade que alguém acesse o tema de sua pesquisa através das palavras apenas pela metade do tempo, que seja permitido, entre outras deficiências, a ignorância dos aportes fundamentais da linguística!"[104] Outro absurdo é que quem pesquisa os povos iorubás continue construindo conhecimento sobre a nossa sociedade em língua inglesa. Esse teatro do absurdo se expande com a percepção de que muitas pessoas africanas só conhecem suas sociedades por meio do que quem pesquisa a antropologia e quem realiza as missões ocidentais escreveram sobre elas.

Neste contexto, a falta de estudos críticos sobre a língua iorubá, apesar da expansão do *corpus*, é chocante. Este não é um problema menor: a falta de compreensão de que a língua traz consigo a cosmopercepção de um povo levou à suposição de que as categorias ocidentais são universais. Na maioria dos estudos sobre os povos iorubás, as categorias autóctones não são examinadas, mas são assimiladas ao inglês. Esta prática levou a sérias distorções e, muitas vezes, a um total equívoco das realidades iorubás. As implicações dessa situação não são apenas semânticas, mas também epistemológicas, na medida em que afetaram o tipo de conhecimento produzido e quem produziu o discurso iorubá escrito. Uma análise aprofundada da língua é essencial para a construção do conhecimento sobre os povos iorubás em inglês. O fato de que isso nunca tenha sido feito põe em dúvida as conclusões de várias disciplinas, e isso será ilustrado nos capítulos seguintes. É verdade que linguistas fizeram alguns estudos sobre a língua iorubá, mas o estudo da língua não pode ser restrito a linguistas. Todas as pessoas dedicadas à pesquisa, independentemente da disciplina, são tradutoras de uma forma ou de outra, e isso deve ser levado em consideração na prática da pesquisa. Nos estudos iorubás, quem pesquisa a história traduz as tradições orais de *arókin* (memorialistas reais); quem analisa a oralitura traduz os *orikis* (poesias laudatórias); pessoas interessadas em religião podem traduzir a divinação Ifá, a poesia ou os cantos de pessoas devotas de Xangô. Estes são apenas alguns exemplos que mostram a futilidade de impor limites disciplinares ocidentais ao conhecimento iorubá.

O filósofo malinês Amadou Hampâté Bâ ressalta a natureza holística das tradições orais africanas: "A tradição oral é a grande escola da vida, todos os aspectos são cobertos e afetados por ela. Pode parecer um caos para aqueles que não penetram em seu segredo; *pode confundir a mente cartesiana, acostumada a dividir tudo em categorias bem definidas. Na tradição oral, de fato, o espiritual e o material não são dissociados*".[105] O problema do gênero e seus construtos na linguagem, na literatura e na prática social iorubás exige atenção imediata. O idioma iorubá é isento em relação ao gênero, o que significa que muitas categorias aceitas em inglês estão ausentes. Não há palavras com especificidades de gênero denotando filho, filha, irmão ou irmã. Os nomes iorubás não têm especificidade de gênero; nem *oko* e *aya* – duas categorias traduzidas como marido e esposa em inglês, respectivamente. Dado que categorias anatômicas não são usadas como categorias sociais, é claro que apreender o gênero de indivíduos ou personagens em um período de tempo diferente e através do espaço é, na melhor das hipóteses, uma aventura ambígua. Na disciplina História, por exemplo, como as listas dinásticas popularmente conhecidas como "listas de reis" (que foram geradas por historiadores para diferentes sistemas iorubás) são interpretadas?

Muitas pessoas contemporâneas dedicadas ao estudo da história assumiram que, com algumas exceções, todos os governantes nas listas são masculinos, mas qual é a sua base para essa suposição? No mínimo, a base da atribuição de sexo a cada governante deve ser explicada para o período durante o qual não havia relatos escritos. Dados os termos sem gênero *oba* (governante) e *aláàfin* (governante), quem pesquisa a história deve fornecer evidências para tais pressupostos de gênero.

O pesquisador iorubá de religião Bolaji Idowu foi forçado a lidar com a questão do gênero em seu estudo da religião iorubá. Ele descobriu que havia duas tradições orais diferentes sobre o sexo de Oduduá, figura progenitora iorubá; em uma tradição, diz-se que ela(e) era macho, e na outra que era fêmea.[106] Idowu sugere que a confusão sobre a identidade sexual de Oduduá pode ser devida em parte à língua que, na liturgia, se refere a Oduduá como mãe e também chama figura progenitora de "senhor" e "marido". Idowu traduz o início desta liturgia da seguinte forma:

> Ó mãe, nós te pedimos para nos libertar;
>
> Cuide de nós, cuide de (nossas) crianças;
>
> Tu, cuja arte se estabeleceu em Ado...

Idowu continua: "Mas ainda assim, quando a trova ritual é recitada, ouvimos expressões como "meu senhor" e "meu marido", e tais expressões indicam fortemente que uma divindade está sendo clamada".[107] É óbvio que Idowu se equivoca ao pensar que a presença da palavra "marido" constituía evidência de masculinidade, uma vez que a palavra iorubá *oko*, traduzida como "marido" em inglês, é uma categoria sem especificidade de gênero, englobando tanto o macho quanto a fêmea. Assim, Oduduá pode ser marido, senhor e mãe. Isto sugere que Idowu aceitou a categoria inglesa inquestionavelmente, apesar de sua própria consciência da cultura iorubá. Idowu não é uma exceção; na verdade, ele exemplifica o processo de patriarcalizar a história e a cultura iorubás. Em muitos escritos acadêmicos, assume-se que o masculino é a norma, assim como no Ocidente. No caso de eventos e personagens históricos, o processo foi alcançado principalmente através da tradução. Que *oba*, que significa "governante" (sem especificidade de gênero) em iorubá, passou a significar "rei" no discurso iorubá (qualquer que seja o período de tempo histórico) é sintomático. Ade Obayemi, outro estudioso dos povos iorubás, demonstra esse problema de forma gritante. Em sua discussão dos registros históricos sobre a figura de Oduduá, ele escreve: "Juntas, as colocações genealógicas ou sexuais existentes de Oduduá não podem e não devem, por si só, levar-nos longe em qualquer tentativa de fixar definitivamente sua posição *vis-à-vis* com outros *heróis*, *reis* ou figuras lendárias".[108] Obviamente, mesmo quando Obayemi declama a fixação da identidade de gênero, ele o faz com a ajuda da língua inglesa.

O gênero, como uma categoria analítica, está agora no coração do discurso iorubá contemporâneo. No entanto, muito pouco foi feito para desvendar esta teia de traduções equivocadas do iorubá para o inglês. O gênero tornou-se importante nos estudos sobre os povos iorubás, não como um artefato da vida iorubá, mas porque a vida iorubá, passada e presente, foi traduzida para o inglês para se adequar ao padrão ocidental de raciocínio corporal. Esse padrão é aquele em que o gênero é onipresente, o masculino é a norma e o feminino é a exceção; é um padrão em que se acredita que o poder é inerente à masculinidade, em si e por si mesmo. É também um padrão que não se baseia em evidências. Com base em uma revisão da literatura existente, não parece que quem estudou os povos iorubás tenha dado muita atenção à divergência linguística entre o iorubá e o inglês e suas implicações para a produção de conhecimento. Essa é uma questão que será explorada nos capítulos subsequentes.

Os modos diferentes de apreensão de conhecimento produzem ênfases diferentes nos tipos e na natureza da evidência para fazer afirmações de conhecimento. De fato, isso também tem implicações para a organização da estrutura social, particularmente a hierarquia social, que legitima quem sabe e quem não sabe. Argumentei que as hierarquias sociais ocidentais, como gênero e raça, são uma função do privilégio do visual sobre outros sentidos na cultura ocidental. Também se observou que o referencial iorubá baseava-se mais em uma combinação de sentidos ancorados pela audição. Consequentemente, a promoção, nos Estudos Africanos, de conceitos e teorias derivadas do modo de pensar ocidental, na melhor das hipóteses, dificulta a compreensão das realidades africanas. Na pior das hipóteses, isso dificulta nossa capacidade de construir conhecimento sobre as sociedades africanas.

67

2

(RE)CONSTITUINDO A COSMOLOGIA E AS INSTITUIÇÕES SOCIOCULTURAIS OYÓ-IORUBÁS

ARTICULANDO A COSMOPERCEPÇÃO IORUBÁ

Indiscutivelmente, o gênero tem sido um princípio organizador fundamental nas sociedades ocidentais. Intrínseca à conceituação de gênero está uma dicotomia na qual macho e fêmea, homem e mulher, são constantemente classificados em relação de uns contra os outros. Está bem documentado que as categorias de macho e fêmea na prática social ocidental não estão livres de associações hierárquicas e oposições binárias nas quais o macho implica privilégio e a fêmea, subordinação. É uma dualidade baseada na percepção do dimorfismo sexual humano inerente à definição de gênero. A sociedade iorubá, como muitas outras sociedades em todo o mundo, foi analisada com conceitos ocidentais de gênero, assumindo que o gênero é uma categoria atemporal e universal. Mas, como Serge Tcherkézoff adverte: "Uma análise que parta de um casal macho/fêmea simplesmente produz mais dicotomias".[1] Portanto, não é de surpreender que quem pesquisa, quando o procura, sempre encontre o gênero.

Neste contexto, mostrarei que, apesar da volumosa pesquisa em contrário, o gênero não era um princípio organizador na sociedade iorubá antes da colonização pelo Ocidente. As categorias sociais "homens" e "mulheres" eram inexistentes e, portanto, nenhum sistema de gênero[2] esteve em vigor. Em vez disso, o princípio básico da organização social era a senioridade, definida pela idade relativa. As categorias sociais "mulheres" e "homens" são construções sociais derivadas da suposição ocidental de que "corpos físicos são corpos sociais",[3] suposição que, no capítulo anterior, nomeei como "raciocínio corporal" e uma interpretação "bio-lógica" do mundo social. O impulso original de aplicar essa suposição transculturalmente está enraizado na noção simplista de que gênero é uma maneira natural e universal de organizar a sociedade e que o privilégio masculino é sua manifestação derradeira. Mas o gênero é socialmente construído: é histórico e ligado à cultura. Consequentemente, a suposição de que um sistema de gênero existiu na sociedade Oyó antes da colonização ocidental é ainda outro caso de domínio ocidental na documentação e interpretação do mundo, que é facilitado pelo domínio material global do Ocidente.

O objetivo deste capítulo é articular a cosmopercepção ou a lógica cultural iorubá e (re)mapear essa ordem social. Ele problematiza a premissa aceita de que gênero foi um princípio organizador fundamental na velha sociedade Oyó.[4] Para este efeito, haverá um exame sobre como os papéis sociais foram articulados em um número de instituições, incluindo língua, linhagem, casamento e mercado. As categorias sociais de *ìyá* (mãe), *bàbá* (pai), *omo*, *aya*, *oko*, *àbúrò* (veja abaixo a tradução desses termos), *ègbón* (prole de mais idade nascida do mesmo casal de pai e mãe em relação a uma determinada pessoa), *aláwo* (quem pratica a divinação), *àgbè* (quem trabalha nas fazendas) e *onísòwò* (comerciante) serão apresentadas e analisadas. Reconhecendo os perigos de erro de tradução dos conceitos-chave, usarei a terminologia iorubá o máximo possível. Usando os vocabulários da cultura iorubá – meu conhecimento da sociedade iorubá adquirido através da experiência e da pesquisa – interrogarei uma série de literaturas feministas, antropológicas, sociológicas e históricas e, no processo, avaliarei criticamente a noção de que o gênero é uma categoria atemporal e universal.

A língua e as tradições orais iorubás representam as principais fontes de informação que constituem a cosmopercepção, mapeando as mudanças históricas e interpretando a estrutura social. Os relatos documentados a que me referirei incluem os escritos do reverendo Samuel Johnson, um pioneiro historiador e etnógrafo iorubá, e as memórias e diários de viajantes e missionários europeus do século XIX. Finalmente, ao conceituar o passado, o presente não é irrelevante. Todas as instituições que descrevo não são arcaicas – são tradições vivas.

COLOCANDO A MULHER EM SEU DEVIDO LUGAR

O gênero é um discurso dicotômico sobre duas categorias sociais binariamente opostas e hierárquicas – homens e mulheres. Em função disso, devo assinalar, desde já, que o habitual destaque das categorias iorubás *obìnrin* e *ọkùnrin*, respectivamente, como "fêmea/mulher" e "macho/homem" é um erro de tradução. Esse erro ocorre porque muitas pessoas dedicadas ao pensamento, ocidentais e iorubás, influenciadas pelo Ocidente, falham em reconhecer que, na prática e no pensamento iorubás, essas categorias não são opostas nem hierarquizadas. A palavra *obìnrin* não deriva etimologicamente de *ọkùnrin*, como "woman" ["mulher"] deriva de "man" ["homem"]. *Rin*, o sufixo comum de *ọkùnrin* e *obìnrin*, sugere uma humanidade comum; os prefixos *obìn* e *ọkùn* especificam a variedade da anatomia. Não há concepção aqui de um tipo humano original contra o qual a outra variedade tenha que ser medida. *Ènìyàn* é uma palavra sem gênero, específica para humanidade. Em contraste, "man" ["homem"], palavra que, em inglês, rotula humanos em geral, supostamente abrangendo machos e fêmeas, na verdade privilegia os machos. Está bem documentado que, no Ocidente, mulheres/fêmeas são o Outro, sendo definidas em antítese a homens/machos, que representam a norma.[5] A filósofa feminista Marilyn Frye capta a essência desse privilégio no pensamento ocidental quando escreve: "A palavra 'mulher' deveria significar fêmea da espécie, mas o nome da espécie era 'homem'."[6]

Na concepção iorubá, *ọkùnrin* não é postulado como a norma, a essência da humanidade, contra a qual o *obìnrin* é o Outro. Nem é *ọkùnrin* uma categoria de privilégio. *Obìnrin* não é classificada em relação a *ọkùnrin*; não tem conotações negativas de subordinação e ausência de poder e, acima de tudo, não constitui em si uma classificação social. Outra razão pela qual *ọkùnrin* e *obìnrin* não podem ser traduzidos para o inglês como "male" ["macho"] e "female" ["fêmea"] é que essas categorias iorubás se aplicam apenas a seres humanos adultos e normalmente não são usadas para *ọmọdé* (crianças) ou *ẹranko* (animais). Os termos *akọ* e *abo* são usados para animais machos e fêmeas, respectivamente. Eles também são aplicados a algumas árvores frutíferas, como o mamão, e à ideia abstrata de um período no tempo, como o ano. Assim, *akọ ìbépẹ* é um mamoeiro que não dá frutos; e *odún t'ó ya 'bo* é um ano frutífero (bom). "Que seu ano seja frutífero (*yabo*)"[7] é uma oração e saudação normal no início do ano novo iorubá, sinalizado pela chegada do "inhame novo".

Como *akọ* e *abo* não são construídas de maneira oposta, o oposto de um ano bom (*abo*) não é um ano *akọ*. Um ano improdutivo é um ano que não é *abo*. Não há concepção de um ano *akọ*. Um mamoeiro sem frutos é uma árvore *akọ*. Um mamoeiro frutífero não é descrito como *abo*; em vez disso, uma árvore frutífera é considerada a norma; portanto, é apenas referida como mamoeiro. Eu cito estes exemplos para mostrar que esses conceitos iorubás, assim como *ọkùnrin* e *obìnrin*, que são usados para humanos, não são equivalentes ao inglês "male" ["macho"] e "female" ["fêmea"], respectivamente. Assim, neste estudo, os termos básicos *ọkùnrin* e *obìnrin* são melhor traduzidos como referindo-se ao macho anatômico e à fêmea anatômica, respectivamente; referem-se apenas a diferenças fisiologicamente marcadas e não têm conotações hierárquicas como os termos ingleses "male/men" e "female/women". As distinções que esses termos iorubás significam são superficiais. Para facilitar o desdobramento, "anatômico" foi encurtado para "ana" e acrescentado às palavras "macho", "fêmea" e "sexo" para ressaltar o fato de que, na cosmopercepção iorubá, é possível reconhecer essas distinções fisiológicas sem projetar inerentemente uma hierarquia das duas categorias sociais. Assim, proponho os novos conceitos *anamacho*, *anafêmea* e *anassexo*. A necessidade de um novo conjunto de construtos surgiu do reconhecimento de que, no pensamento ocidental, mesmo os chamados conceitos biológicos como macho, fêmea e sexo não estão livres de conotações hierárquicas.[8]

De fato, o termo iorubá *obìnrin* não é equivalente a "mulher" porque o conceito de mulher ou fêmea evoca uma série de imagens, incluindo as seguintes:

1. Quem não tem pênis (o conceito freudiano de inveja do pênis decorre dessa noção e foi elucidado em profundidade no pensamento social ocidental e nos estudos de gênero);[9]
2. Quem não tem poder; e
3. Quem não pode participar da arena pública.

Portanto, o que as fêmeas *não são* as definem como mulheres, enquanto o macho é considerado a norma. As imagens acima são derivadas da experiência ocidental e não estão associadas à palavra iorubá *obìnrin*. Como a linguagem conceitual das teorias de gênero é derivada do Ocidente, é necessário considerar essas teorias como *vetores* da questão que elas pretendem explicar. Diferentemente de "macho" e "fêmea" no Ocidente, as categorias de *obìnrin* e *ọkùnrin* são primariamente categorias de anatomia, não sugerindo suposições subjacentes sobre as personalidades ou psicologias que derivem delas. Porque não são elaboradas em uma relação de oposição uma à outra, elas não são sexualmente dimórficas e, portanto, não são generificadas. Na Velha Oyó, elas não indicavam uma classificação social; nem expressavam masculinidade ou feminilidade, porque essas categorias não existiam na vida ou no pensamento iorubás.

DISTINÇÕES NECESSÁRIAS SEM DIFERENÇA

Os termos iorubás *obìnrin* e *ọkùnrin* expressam uma distinção. A reprodução é, obviamente, a base da existência humana e, dada a sua importância, e a primazia do tipo de corpo das anafêmeas, não surpreende que a língua iorubá descreva os dois tipos de anatomia. Os termos *ọkùnrin* e *obìnrin*, no entanto, apenas indicam as diferenças fisiológicas entre as duas anatomias, uma vez que elas se relacionam com procriação e relação sexual. Eles se referem, então, às diferenças fisicamente marcadas e fisiologicamente aparentes entre as duas anatomias. Eles não se referem a categorias de gênero que denotam privilégios e desvantagens sociais. Além disso, não expressam dimorfismo sexual[10] porque a distinção que indicam é específica para questões da reprodução. Para compreender este ponto, seria necessário voltar à diferença fundamental entre a concepção de mundo social iorubá e a das sociedades ocidentais.

No capítulo anterior, argumentei que o determinismo biológico em grande parte do pensamento ocidental advém da aplicação de explicações biológicas na consideração das hierarquias sociais. Isso, por sua vez, levou à construção do mundo social com tijolos biológicos. Assim, o social e o biológico estão completamente entrelaçados. Essa cosmovisão se manifesta nos discursos de gênero de dominância masculina, discursos nos quais as diferenças biológicas femininas são usadas para explicar as desvantagens sociopolíticas da fêmea. A concepção de biologia como estando "em toda parte" torna possível usá-la como uma explicação em qualquer esfera, esteja ela diretamente implicada ou não.[11] Se a questão é por que as mulheres não deveriam votar ou por que amamentam bebês, a explicação é uma e a mesma: elas são biologicamente predispostas a isso.

O resultado dessa lógica cultural é que homens e mulheres são vistos como criaturas essencialmente diferentes. Cada categoria é definida por sua própria essência. Diana Fuss descreve a noção de que as coisas têm uma "essência verdadeira... como uma crença no real, as propriedades invariáveis e fixas que definem a quididade de uma entidade".[12] Consequentemente, se as mulheres estão na sala de parto ou na sala de reuniões, sua essência é utilizada para determinar seu comportamento. Em ambas as arenas, então, o comportamento das mulheres é, por definição, diferente do dos homens. O essencialismo torna impossível confinar a biologia a um único domínio. O mundo social, portanto, não pode, verdadeiramente, ser construído socialmente.

A reação das feministas ao discurso conservador e dominante do sexo masculino foi rejeitá-lo totalmente como um veículo de opressão. As feministas, em seguida, passaram a mostrar que a existência de dois sexos, que tem sido considerada como um "fato irredutível",[13] é na verdade uma construção social. No processo de problematizar o essencialismo dos discursos predominantemente masculinos, muitos escritos feministas trataram todas as distinções entre homens e mulheres como invenções.[14] Assim, o fato de as mulheres darem à luz não recebe a atenção que merece; em vez disso, ele está localizado em um *continuum* das chamadas "diferenças de gênero". A isso é dado o mesmo grau de importância que ao fato de as mulheres terem menos pelos corporais que os homens. Assim, apesar do implacável ataque feminista à abordagem principal do essencialismo, o construcionismo feminista contém em si o próprio problema que procura enfrentar. Como os tradicionais discursos de dominância masculina, o feminismo não cogita a possibilidade de que determinadas diferenças sejam mais fundamentais que outras. Que as mulheres deem à luz exige uma avaliação distinta. Se os discursos conservadores ocidentais esgotam o mundo social na biologia, vendo todas as diferenças observadas entre homens e mulheres como naturais, o feminismo manteve essa falta de limite entre o social e o biológico ao homogeneizar homens e mulheres e insistindo que todas as diferenças observadas são construções sociais. Este é o problema.

Indubitavelmente, em um mundo pós-cromossômico e pós-hormonal em que se diz que os genes determinam o comportamento, e no qual a ciência é a fonte inatacável de sabedoria sobre todas as coisas, é difícil imaginar que a aceitação de papéis reprodutivos distintos para homens e mulheres não levaria a uma criação de hierarquias sociais. O desafio que a concepção iorubá apresenta é um mundo social baseado nas relações sociais, e não no corpo. Isso mostra que é possível reconhecer os papéis reprodutivos distintos para *obìnrin* e *okùnrin* sem usá-los para criar uma classificação social. Na lógica cultural iorubá, a biologia é limitada a questões como a gravidez, que dizem respeito diretamente à reprodução. O fato biológico essencial na sociedade iorubá é que a *obìnrin* procria. Não conduz a uma essencialização de *obìnrin* porque elas permanecem *ènìyàn* (seres humanos), assim como *okùnrin* são humanos também, num sentido não generificado.

Assim, a distinção entre *obìnrin* e *okùnrin* é, na verdade, reprodutiva, e não de sexualidade ou gênero, com ênfase no fato de que as duas categorias desempenham papéis distintos no processo reprodutivo. Essa distinção não se estende além de questões diretamente relacionadas à reprodução e não transborda para outros domínios, como a agricultura ou o palácio de ọba (governante). Chamei a isso de uma distinção sem diferença social. A distinção, na Iorubalândia, entre a maneira como as fêmeas anatômicas devem obediência aos seus superiores e a maneira como os machos anatômicos o fazem é útil na elaboração da consideração distinta, mas não generificada, da gravidez. Quem quer que observasse casualmente notaria que, no período contemporâneo, *obìnrin* geralmente *kúnlẹ̀* (ajoelha-se, com os dois joelhos tocando o chão) ao saudar um superior. Os *ọkùnrin* realizam o *dòbálẹ̀* (prostram-se, deitados no chão, depois levantando seus torsos com os braços, segurando-os em uma pose de flexão). Alguém pode supor que essas duas formas distintas de saudação são construções de gênero, produzindo valorizações e diferenças sociais. Entretanto, uma simples associação de fêmeas anatômicas com o ajoelhar-se e de machos anatômicos com o prostrar-se não elucidará os significados culturais desses atos. É necessário um exame abrangente de todos os outros modos de saudação e reverência, assim como de sua representação em uma multiplicidade de âmbitos e como eles se relacionam entre si.

Quando fêmeas anatômicas prestam reverência a ọba (governante), elas fazem o *yûká* – nesse caso, elas deitam de lado, apoiando-se com um cotovelo de cada vez. Na prática, *íyîká* parece uma abreviação do *idòbálẹ̀*. No passado, parece que *íyîká* era o principal modo de reverência feminina às pessoas superiores. Mas, com o tempo, ajoelhar-se tornou-se dominante. Assim, parece que a posição preferida por todas as pessoas para prestar reverência, seja *obìnrin* ou *ọkùnrin*, é a pessoa "reverenciante" prostrar-se diante da pessoa "reverenciada". Eu afirmaria que as contingências da gravidez levaram à modificação do *íyîká* em função da anatomia de *obìnrin*. É óbvio que até mesmo as *obìnrin* grávidas podem realizar o *yûká*, mas não podem se prostrar facilmente. Johnson oferece um pano de fundo histórico para essa interpretação. No final do século XIX, ele observou que o modo de saudar uma pessoa superior envolvia que "os homens se prostrassem no chão e as mulheres sentassem no chão e se reclinassem sobre o cotovelo esquerdo".[15] O predomínio do ajoelhar-se das *obìnrin* é um desenvolvimento mais recente. De fato, a prostração feminina pode ser vista até hoje.

Eu observei *obìnrin* se prostrando no palácio de *ọba* em Ògbómọ̀sọ́. Além disso, uma postura comum de adoração das divindades é o *ìdòbálẹ̀*, independentemente do tipo anatômico.[16] Portanto, a desvinculação da *obìnrin* da prostração é desnecessária. Da mesma forma, a dissociação de *ọkùnrin* do ajoelhar-se é injustificada.[17]

Na cosmologia iorubá, há a concepção de *àkúnlẹ̀yàn*, literalmente "ajoelhar-se para escolher" – posição que todas as pessoas assumem diante de *Ẹlẹ́dá* (Divindade Criadora) ao escolher seu destino antes de nascer no mundo. Em um exame mais detalhado, fica explícito que o ajoelhar-se é uma posição usada não tanto para homenagear como para se dirigir a uma pessoa superior. Todas as pessoas que escolherem dirigir-se a *ọba*, por exemplo, seja *ọkùnrin* ou *obìnrin*, necessariamente ficarão de joelhos. Isso não é difícil de entender, uma vez que é impraticável envolver-se em longas conversas nas posições *ìyîîká* ou *ìdòbálẹ̀*. De fato, o ditado *ẹni b'ọba jìyàn ô yîô pẹ́ lórí ìkunlẹ̀* (alguém que argumente com a *ọba* deve se preparar para passar muito tempo de joelhos) alude a esse fato. Além disso, sabemos pelos escritos de Johnson que *aláàfin* (governante) de Oyó tradicionalmente teve que se ajoelhar para apenas uma pessoa – uma *obìnrin* funcionária do palácio. Ao explicar a natureza desse posto e deveres dessa funcionária – *ìyámọdẹ* (uma alta autoridade que reside na habitação palaciana) – Johnson escreve:

> Sua função é cultuar os espíritos dos reis que partiram, chamando seus Egúngúns em uma sala em seus aposentos reservada para esse propósito…. O rei olha para ela como para seu pai, e se dirige a ela como tal, sendo a adoradora do espírito de seus ancestrais. *Ele se ajoelha ao saudá-la, e ela também retribui a saudação, ajoelhada, nunca reclinada em seu cotovelo, como é costume das mulheres ao saudar seus superiores.* O rei não se ajoelha para ninguém além dela, e se prostra diante do deus Xangô e diante das pessoas possuídas pela divindade, chamando-as de "pai".[18]

As propiciações e ofertas de agradecimento aos ancestrais da linhagem durante os dois primeiros dias do Egúngún (festival anual de veneração dos antepassados) são chamadas de *ìkúnlẹ̀*.[19] Finalmente, *ìkúnlẹ̀* era a posição preferida para o parto na sociedade tradicional e é central para a construção da maternidade. Esta posição, *ìkúnlẹ̀ abiyamọ* (o ajoelhar-se de uma mãe em trabalho de parto), representa o momento culminante da submissão humana à vontade divina. Talvez o fato de que o modo e o estilo de reverenciar uma pessoa superior não dependam de ser um anamacho ou uma anafêmea indique a estrutura cultural não generificada. Uma pessoa superior assim o é, independentemente do tipo de corpo.

É significativo que, na cosmologia iorubá, quando uma parte do corpo é destacada, é o *orí* (cabeça), que é entendida como a sede do destino individual (*orí*). A palavra *orí* tem, assim, dois significados intimamente entrelaçados – destino e cabeça. *Orí* não tem gênero. A preocupação com a escolha de um *orí* (destino, sina) antes de alguém nascer no mundo é para escolher um bom *orí*. No discurso de Ifá,[20] há um mito sobre três amigos que foram a Ajalá, o oleiro, o criador de cabeças, para escolher seus *orí* (destino, cabeças) antes de realizarem sua jornada para a terra. O anassexo desses três amigos não é a questão deste mito, e não se relaciona com quem fez uma boa escolha e quem não fez. O que é importante é que, devido à impaciência e negligência, dois dos amigos escolheram um *orí* defeituoso, enquanto apenas um deles escolheu um bom *orí*:

> Eles então os levaram para o depósito de cabeças de Ajalá (o oleiro).
>
> Quando Oriseeku entrou,
>
> Ele escolheu uma cabeça recém-feita
>
> Que Ajalá não tinha cozido totalmente.
>
> Quando Orileemere também entrou,
>
> Ele escolheu uma cabeça muito grande
>
> Não sabendo que estava danificada.
>
> Os dois colocaram suas cabeças de barro,
>
> E se apressaram em direção à terra.
>
> Eles trabalhavam, trabalhavam, mas não obtinham ganho.
>
> Se eles negociaram meio centavo,
>
> Isso os levava a perder um centavo e meio.
>
> Os homens sábios disseram-lhes que a culpa estava nas más
>
> cabeças que eles escolheram.

Quando Afùwàpé chegou à terra,

Ele começou a negociar.

E ele fez muito lucro.

Quando Oriseeku e Orileemere viram Afùwàpé, começaram a chorar e disseram o seguinte:

"Não sabemos onde pessoas com sorte escolhem suas cabeças;

Teríamos ido lá para escolher a nossa.

Não sabemos onde Afùwàpé escolheu sua cabeça.

Teríamos ido lá para escolher a nossa".[21]

Afùwàpé respondeu-lhes dizendo, em essência, que, embora nós escolhamos nossas cabeças no mesmo lugar, nossos destinos não são iguais. Rowland Abiodun elabora essa distinção entre *orí-inú* (cabeça interior ou destino) e *orí* físico (cabeça) e, ao discutir a importância de *orí-inú* para cada indivíduo, traz uma série de pontos reveladores:

O *orí-inú* de uma pessoa é tão crucial para uma vida bem-sucedida que ele é cultuado com frequência, e seu apoio e orientação são procurados antes de empreender uma nova tarefa. Por esta razão, os santuários pessoais de Ori são indispensáveis e estão presentes nos lares, *independentemente de sexo*, crença religiosa ou afiliação a cultos, e na realização de virtualmente todos os sacrifícios, adoração ancestral e festivais maiores e menores sendo o que determina seu resultado favorável.[22]

O objetivo das explorações precedentes de algumas distinções aparentes na vida social iorubá é problematizar a ideia de que a distinção entre *obìnrin* e *ọkùnrin* necessariamente diga respeito ao gênero. O gênero não é uma propriedade de um indivíduo ou de um corpo em si mesmo. Até mesmo a noção de identidade de gênero como parte do eu repousa sobre um entendimento cultural. Gênero é uma construção de duas categorias em relação hierárquica entre si e está embutido nas instituições. Gênero é melhor entendido como "uma instituição que estabelece padrões de expectativas para os indivíduos (com base em seu tipo de corpo), ordena os processos sociais da vida cotidiana e é incorporada às principais organizações sociais da sociedade, como economia, ideologia, família e política".[23]

O quadro de referência de qualquer sociedade é uma função da lógica de sua cultura como um todo. Não pode ser alcançado de forma fragmentada, olhando para um local institucional ou prática social de cada vez. As limitações de basear interpretações na observação sem sondar os significados contextualmente tornam-se imediatamente aparentes. Em seguida, a atenção será voltada para instituições específicas da sociedade Oyó, explicando-as para mapear significados culturais e, finalmente, para entender a cosmopercepção que emerge do todo. Em última análise, a compreensão surge ao se totalizar e situar o particular em seu contexto de autorreferência.

SENIORIDADE: O VOCABULÁRIO DA CULTURA E A LINGUAGEM DO STATUS

A linguagem é, antes de tudo, uma instituição social e, como tal, constitui e é constituída pela cultura. Por causa da difusão da linguagem, é legítimo perguntar o que uma língua em particular nos diz sobre a cultura da qual deriva. A linguagem carrega valores culturais dentro de si.[24] Neste estudo, não estou tão interessada em fazer um inventário de palavras quanto em perceber a cosmopercepção projetada em qualquer linguagem particular.

A senioridade é a principal categorização social que é imediatamente aparente na língua iorubá. Senioridade é a classificação social das pessoas com base em suas idades cronológicas. A prevalência da categorização etária na língua iorubá é a primeira indicação de que a relatividade etária é o princípio central da organização social. A maioria dos nomes e todos os pronomes não são generificados. Os pronomes de terceira pessoa *ó* e *wón* fazem distinção entre as pessoas mais velhas e as mais jovens nas interações sociais. Assim, o pronome *wón* é usado para se referir a uma pessoa mais velha, independentemente do sexo anatômico. Como no antigo inglês "thou" ["tu"] ou o pronome francês *vous* [*vós*], *wón* é o pronome de respeito e formalidade. *Ó* é usado em situações de familiaridade e intimidade.[25]

Em interações sociais e conversas, é necessário estabelecer quem tem mais idade, porque isso determina qual pronome usar e se alguém pode se referir a uma pessoa pelo seu nome. Somente pessoas mais velhas podem chamar o nome da outra pessoa. É possível manter uma conversa longa e detalhada sobre uma pessoa sem indicar seu sexo, a menos que a anatomia seja central para a questão em discussão, como nas conversas sobre relações sexuais ou gravidez. Há, no entanto, uma considerável ansiedade em determinar a senioridade em qualquer interação social. É quase um sacrilégio chamar alguém mais velho pelo nome; é considerado deseducado. Na etiqueta, em um encontro inicial de duas pessoas, é a pessoa mais velha que tem a responsabilidade e o privilégio de perguntar primeiro, *Ṣ'álàfià ni*? (Como você está?). Como quem é mais velho ou mais jovem nem sempre é óbvio, o pronome escolhido pelas pessoas que se encontram pela primeira vez é *ẹ*, o pronome formal de segunda pessoa, pelo menos até que a ordem de senioridade seja determinada.

Os termos de parentesco também são codificados pela relatividade etária. A palavra *àbúrò* refere-se a todos os parentes nascidos depois de uma determinada pessoa, incluindo irmãs, irmãos e primas(os). A distinção indicada é de idade relativa. A palavra *ẹ̀gbọ́n* exerce uma função similar. *Ọmọ*, a palavra para "filha(o)", é melhor entendida como "prole". Não há palavras específicas para menino ou menina. Os termos *ọmọkùnrin* (menino) e *ọmọbìnrin* (menina) ganharam circulação na atualidade por indicar o anassexo das crianças (derivadas de *ọmọ ọkùnrin* e *ọmọ obìnrin*, literalmente "criança, macho anatômico" e "criança, fêmea anatômica"); eles mostram que o socialmente privilegiado é a juventude da criança, e não sua anatomia. Essas palavras são uma tentativa recente de generificar a linguagem e refletem a observação de Johnson sobre a Iorubalândia no século XIX. Comentando sobre o novo vocabulário da época, ele observou que "nossos tradutores, em seu desejo de encontrar uma palavra expressando a ideia inglesa de sexo e não de idade, cunharam as… palavras 'arakonrin', ou seja, parente do sexo masculino; e 'arabinrin', parente feminino; essas palavras sempre devem ser explicadas às pessoas iorubás simples e analfabetas".[26]

Ìyá e *bàbá* podem ser descritos como as categorias inglesas "mãe" e "pai", respectivamente e, para os anglófonos, podem parecer categorias de gênero. Mas a questão é mais complicada. O conceito de paternidade está intimamente entrelaçado com a idade adulta. Espera-se que pessoas de certa idade tenham tido descendentes, porque a procriação é considerada a razão de ser da existência humana. É assim que as coisas são e devem ser para que o grupo sobreviva. Embora a singularidade dos papéis *okùnrin* e *obìnrin* na reprodução esteja codificada na linguagem, o atributo mais importante que essas categorias indicam não é gênero; ao contrário, é a expectativa de que pessoas de certa idade deveriam ter procriado. Ao contrário dos conceitos ingleses de mãe e pai, *bàbá* e *ìyá* não são apenas categorias de parentalidade. São também categorias da adultez, uma vez que também são usados para se referir a pessoas idosas em geral. E, mais importante, eles não são opostos de forma binária e não são construídos em relação entre si.

A importância do princípio da senioridade na organização social dos povos iorubás tem sido reconhecida e analisada de forma variada por intérpretes dessa sociedade. É a pedra angular do intercâmbio social. O sociólogo N. A. Fadipe capta o alcance e o escopo desse princípio quando escreve: "O princípio da senioridade se aplica em todas as esferas da vida e em praticamente todas as atividades nas quais homens e mulheres são reunidos. O costume atravessa as distinções de riqueza, de posição e de sexo".[27] Ele prossegue mostrando que senioridade não se refere apenas à civilidade; confere alguma medida de controle social e garante a obediência à autoridade, o que reforça a ideia de liderança.

Deve-se ressaltar, no entanto, que a senioridade não é apenas uma questão de privilégio na vida cotidiana. Também implica responsabilidade. Na socialização de crianças, por exemplo, a mais velha de um grupo é a primeira a ser servida durante as refeições e é considerada responsável em casos de infração no grupo, porque essa criança mais velha deveria ter conduzido melhor o grupo. O insulto supremo é chamar uma pessoa *àgbàyà* (de mais idade para nada). Ele é usado para colocar as pessoas em seus lugares, se elas estão violando um código de senioridade por não se comportarem como deveriam ou não estarem assumindo a responsabilidade. Se uma criança começa a comer da tigela comum primeiro e não deixa um pouco da comida para os mais novos, ela é repreendida com *àgbàyà*. Não há noção de "veado" ou "sapatão".

Ao contrário das línguas europeias, o iorubá não "faz gênero";[28] em vez disso, "faz senioridade". Assim, as categorias sociais – familiares e não familiares – não chamam a atenção para o corpo, como os nomes pessoais em inglês, pronomes de primeira pessoa e termos de parentesco (os termos em inglês são específicos de gênero/corpo). A senioridade é altamente relacional e situacional, pois ninguém está permanentemente em uma posição de uma idade maior ou menor; tudo depende de quem está presente em qualquer situação. A senioridade, ao contrário do gênero, é compreensível apenas como parte dos relacionamentos. Assim, não é rigidamente fixada no corpo, nem dicotomizada.

A importância do gênero na terminologia de parentesco inglês é refletida nas palavras "brother" (irmão) e "sister" (irmã), categorias que requerem qualificadores conscientes na conceituação iorubá. Não há palavras isoladas em iorubá que denotem as categorias inglesas de parentesco generificadas de filho, filha, irmão, irmã. Os qualificadores devem ser adicionados às categorias primárias para tornar aparente o anassexo da relação. A ausência de categorias diferenciadas por gênero na língua iorubá ressalta a ausência de concepções de gênero.

A importância da classificação por senioridade tem atraído a atenção de quem pesquisa a cultura iorubá. O antropólogo americano William Bascom, que realizou trabalho etnográfico na década de 1930, fez a seguinte observação: "A terminologia iorubá de parentesco enfatiza o fator de senioridade, incluindo a idade relativa como uma de suas manifestações, tão importante nas relações entre os membros do clã. O sexo tem uma importância relativamente pequena, sendo usado apenas para distinguir 'pai' e 'mãe'".[29] Da mesma forma, o etnógrafo britânico J. S. Eades, escrevendo cerca de cinquenta anos depois, sublinhou a importância da idade nas interações sociais: "Muitas pessoas iorubás não sabem quando nasceram, mas eles sabem precisamente quem tem mais ou menos idade, porque ter mais idade confere respeito e deferência. Espera-se que os membros mais jovens da habitação assumam as tarefas 'mais sujas' e mais onerosas".[30] A ausência de categorias de gênero não significa que a língua iorubá não possa descrever noções ou transmitir informações sobre diferenças anatômicas de machos e fêmeas. O ponto crítico é que essas diferenças não são codificadas porque não têm muito significado social e, portanto, não se projetam para o domínio social.

As diferenças entre as conceituações iorubás e inglesas podem ser entendidas por intermédio dos seguintes exemplos. Em inglês, à pergunta "Quem estava com você quando você foi ao mercado?", alguém poderia responder: "Com meu filho". Para a mesma pergunta em iorubá, alguém responderia: *Ọmọmìi* (Com minha cria ou prole). Somente se a anatomia da cria fosse diretamente relevante para o tópico em questão, a mãe iorubá acrescentaria um qualificador como, "*Ọmọ mìi ọkùnrin*" (Minha cria, o macho). Caso contrário, a ordem de nascimento seria o ponto de referência mais significativo socialmente. Nesse caso, a mãe iorubá diria: *Ọmọ mìi àkóbí* (Minha cria, nascida primeiro). Mesmo quando o nome da criança é usado, o gênero ainda não é indicado porque a maioria dos nomes iorubás é sem gênero.

Em contraste, nas culturas euro-estadunidenses anglófonas, dificilmente se pode colocar qualquer pessoa em um contexto social sem primeiro indicar o gênero. De fato, apenas mencionando o gênero, os euro-estadunidenses imediatamente deduzem muitas outras coisas sobre as pessoas. No idioma inglês, por exemplo, é difícil continuar se referindo à prole com o termo "criança" sem especificidade de gênero. Não é a norma fazer isso; pode ser considerado estranho ou sugerir uma retenção deliberada de informações. Kathy Ferguson, uma mãe feminista e pesquisadora, reconheceu isso:

> Quando meu filho nasceu, comecei uma campanha determinada para falar com ele de uma maneira não estereotipada. Eu disse a ele muitas vezes que ele é um menino doce, um menino gentil, um menino lindo, assim como um menino esperto e forte. A variedade de adjetivos pode ter sido impressionante, mas havia uma previsibilidade

nos substantivos: qualquer que fosse a variação existente, ela girava em torno daquela palavra de ancoragem: menino. A substituição de substantivos neutros em termos de gênero ("você é uma criança tão formidável, uma criança tão adorável, uma criança tão maravilhosa") era insustentável.[31]

Uma mãe iorubá não precisa se preocupar com essas coisas. O problema da constante discriminação e estereótipos de gênero não aparece na língua iorubá. A palavra de ancoragem em iorubá é *ọmọ*, não relacionada a gêneros, que denota a descendência, independentemente de idade ou sexo. *Ọmọdé* é o termo mais específico para criança(s) menor(es). Embora *ọmọ* seja frequentemente traduzido como "criança", não mostra nenhuma restrição de idade. Uma mãe de 70 anos se referiria a sua prole de 40 anos como *ọmọ 'mì* (minha criança).

HIERARQUIAS DE LINHAGEM: O *ILÉ*, CÔNJUGES JOVENS E IRMÃ(OS) DE MAIS IDADE

As seções anteriores se concentraram no significado sociocultural de certos conceitos linguísticos para entender a cosmologia iorubá. Nesta e nas seções seguintes, meu foco muda um pouco para um número de instituições e práticas sociais específicas, com o objetivo de documentar ainda mais o mundo social iorubá e sua cosmopercepção. Os povos iorubás foram urbanizados por séculos; vivemos em cidades – assentamentos que são caracterizados por grandes populações engajadas na agricultura, no comércio e em diversas profissões e ofícios especializados. A identidade individual é narrada em relação à cidade ancestral de origem. Na década de 1820, Hugh Clapperton, um viajante europeu que passou por Oyó, identificou pelo nome 35 cidades.[32] O reverendo T. J. Bowen,[33] um missionário batista estadunidense, estimou a população de algumas cidades em 1855: Oyó em 80 mil, Ibadan em 70 mil, Ilorin em 100 mil e Ede em 50 mil. Até sua queda, em 1829, Oyó era dominante, sendo o centro de um império próspero.[34] É em relação a esse contexto que a discussão a seguir se torna mais nítida.

A principal unidade social e política nas cidades Oyó-Iorubás era a *agbo ilé* – uma habitação que abrigava o grupo de pessoas que reivindicavam descendência de um ancestral comum fundador. Era uma unidade sociopolítica proprietária de terras e títulos que, em alguns casos, praticava ofícios especializados como a tecelagem, a tintura ou a metalurgia. Essas unidades foram descritas, na literatura antropológica, como patrilinhagens corporativas.[35] A maioria dos membros de uma linhagem, incluindo cônjuges e sua prole, residia nessas grandes habitações. Como a residência do casamento era, em geral, patrilocal, a presença de anafêmeas e algumas de suas crianças nas habitações tem sido frequentemente desconsiderada na literatura. A rotulagem dessas habitações como patrilinhagens corporativas é o exemplo mais óbvio dessa falta de reconhecimento. As implicações dessa rotulagem reducionista serão discutidas mais adiante.

Todos os membros da *ìdílé* (linhagem), como um grupo, foram chamados de *ọmọ-ilé* e foram classificados por ordem de nascimento. As anafêmeas que se casavam eram agrupadas com o nome de *aya ilé*[36] e eram classificadas por ordem de casamento. Individualmente, *ọmọ-ilé* ocupou a posição de *ọkọ* em relação à chegada de *aya*. Como observei anteriormente, as traduções de *aya* como "esposa" e *ọkọ* como "marido" impõem construções sexuais e de gênero que não fazem parte da concepção iorubá e, portanto, distorcem esses papéis. A justificativa para a tradução dos termos está na distinção entre *ọkọ* e *aya* como proprietária(o)/nativa(o) e não proprietária(o)/forasteira(o) em relação ao *ilé* como um espaço físico e o símbolo da linhagem.[37] Essa relação nativa-forasteira era hierarquizada, com o ocupante da posição nativa possuindo privilégios superiores. Uma anafêmea casada é uma *abilékọ* – alguém que vive na casa do cônjuge. Este termo mostra a centralidade da habitação familiar na definição do status dos residentes. O modo de recrutamento para a linhagem, e não o gênero, era a diferença crucial – nascimento para *ọkọ* e casamento para *aya*. Como não havia equivalentes na lógica cultural ocidental, optei por usar os termos iorubás na maioria dos lugares. Doravante, o sexualmente específico de *aya* em relação a *ọkọ* será ser sua cônjuge.

Em teoria, apenas o cônjuge de *aya* lhe tinha acesso sexual. O restante das(os) *ọkọ*, suas(seus) irmãs(os) e primas(os), independentemente do sexo anatômico, ainda que também fossem suas(seus) *ọkọ*, não se envolviam sexualmente com *aya*. Alguns podem alegar que havia uma possível distinção de gênero entre *ọkọ*, já que, neste mundo heterossexual, apenas os anamachos poderiam copular com uma *aya*. Tal leitura seria incorreta porque no universo de *ọkọ* seria um sacrilégio para os machos anatômicos mais velhos que um cônjuge particular de *aya* estivesse sexualmente envolvido com ela – novamente, o princípio predominante em funcionamento era a senioridade, e não o gênero. De acordo com o sistema de levirato, após a morte do cônjuge de *aya,* integrantes mais jovens da família poderiam herdar direitos e acesso à viúva se ela consentisse. Uma pessoa mais velha não poderia herdar da mais nova. Anafêmeas *ọkọ* não foram deixadas de fora nem mesmo nesta forma de herança; elas também poderiam herdar os direitos da viúva, enquanto os privilégios sexuais eram então transferidos para a própria descendência de anamachos, se necessário. Portanto, é claro que não houve distinção social real entre anafêmeas *ọkọ* e anamachos *ọkọ*. Além disso, por causa da natureza coletiva do contrato de casamento, era possível imaginar um relacionamento conjugal que excluísse o sexo – outros direitos e responsabilidades eram primordiais.

A hierarquia no interior da linhagem foi estruturada sobre o conceito de senioridade. Nesse contexto, a senioridade é melhor entendida como uma organização operando sob o princípio de quem for o primeiro a chegar, será o primeiro a ser servido. Uma "prioridade por reivindicação"[38] foi estabelecida para cada recém-chegada(o), se ela(ele) entrou na linhagem por nascimento ou por casamento. A senioridade baseava-se na ordem de nascimento para *ọmọ-ilé* e na ordem de casamento para *aya-ilé*. As crianças nascidas antes de uma determinada *aya* se juntar à linhagem estavam em posição mais elevada que a dela. As crianças nascidas depois que uma *aya* se juntou à linhagem foram classificadas como inferiores; para este grupo, ela não era *aya*, e sim *ìyá* (mãe). É significativo notar que a classificação de uma *aya* dentro da linhagem era independente da posição de seu cônjuge.

Por exemplo, se um membro antigo se casava com uma *aya* depois que sua própria prole se casou, ela (a *aya* do pai) ocupava uma posição mais baixa que as *aya* de todos os descendentes, porque elas a precederam na linhagem. Isto ocorria independentemente do fato de que ele, como um membro idoso da linhagem, ocupava uma posição mais alta que a de todos os outros. Este fato novamente mostra que a posição de cada pessoa foi estabelecida de forma independente e ressalta minha sinalização de que o tempo de entrada no clã, e não o gênero, determina a classificação.

A hierarquia dentro da linhagem não desmoronou ao longo das linhas anassexuais. Embora as fêmeas que se unissem à linhagem como *aya* estivessem em desvantagem, outras anafêmeas que eram integrantes da linhagem por nascimento não sofriam tal desvantagem. Então, seria incorreto dizer que as fêmeas anatômicas dentro da linhagem eram subordinadas porque eram fêmeas anatômicas. Apenas as *aya* que chegavam na linhagem pelo casamento eram vistas como forasteiras e subordinadas a nativas(os) *ọkọ*. *Ọkọ* compreendia todas(os) *ọmọ-ilé*, anamachos e anafêmeas, incluindo crianças que nasceram antes da entrada de uma determinada *aya* na linhagem. Em certo sentido, as *aya* perderam sua idade cronológica e entraram na linhagem como "recém-nascidas", mas sua classificação melhora com o tempo em relação a outros membros da linhagem que nasceram depois que esta *aya* entrou na linhagem. Este fato se encaixa muito bem com a ideia da cosmologia iorubá de que até pessoas atualmente recém-nascidas já existiam antes de decidirem nascer em uma linhagem específica. Então, o determinante para todos os indivíduos na linhagem foi quando a presença deles foi registrada. A organização era dinâmica, não congelada como as organizações de gênero costumam ser.

Neste contexto, a seguinte declaração da antropóloga Michelle Rosaldo é enganosa e uma distorção da realidade iorubá: "Em certas sociedades africanas, como as iorubás, as mulheres podem controlar boa parte da oferta de alimentos, acumular dinheiro e negociar em mercados distantes e importantes; contudo, quando se aproximam de seus maridos, as esposas devem fingir ignorância e obediência, ajoelhadas para servir os homens enquanto eles se sentam."[39] É óbvio nesta afirmação que a palavra "esposas" é automaticamente universalizada para se referir a todas as anafêmeas, enquanto o termo "homens" é usado como sinônimo de maridos, como nas sociedades ocidentais. Como explicado anteriormente, esses não são os significados dessas categorias na linguagem e na estrutura social iorubás. Tal afirmação falha em apontar que, no contexto iorubá, o termo *oko* (traduzido aqui como "marido") engloba tanto anamachos quanto anafêmeas. Portanto, a situação descrita na citação não pode ser entendida em termos de hierarquia de gênero, como Rosaldo o fez. De fato, as mesmas cortesias, tais como ajoelhar, mencionadas na passagem acima, foram concedidas por *aya* para as *oko* anafêmeas, membras de suas linhagens conjugais, por via de regra. Outra advertência interessante é que as mães usavam *oko 'mì* (literalmente, meu *oko*) como um termo carinhoso para suas próprias crianças, significando que estas, ao contrário de si mesmas, eram nativas e pertenciam à sua linhagem conjugal.

Em um estudo baseado em Lagos, a antropóloga Sandra T. Barnes, usando um arcabouço feminista, supõe que as anafêmeas iorubás são subordinadas aos anamachos. Assim, ela interpreta o diferimento observado de *obìnrin* como uma submissão em relação às figuras de autoridade masculinas. Ela então postula uma contradição entre sua observação e o *ethos* cultural de que "as mulheres são tão capazes quanto os homens".[40] Barnes interpreta mal o que quer que tenha observado. O paradoxo que ela articula aqui é de sua própria responsabilidade, já que, até hoje, a hierarquia e a autoridade, como demonstrei consistentemente, não dependem do tipo de corpo (mais comumente conhecido como gênero). Além disso, a interpretação de Barnes do provérbio *Bọ́kùnrin réjò tobìnrin paà, kéjò ṣáá ti kú* (Se um homem vê uma cobra e uma mulher mata a cobra, o importante é que a cobra esteja morta), que ela cita como prova da cultura *ethos* de igualdade de gênero,[41] é simplista porque ela assume que o provérbio é atemporal. Uma leitura mais atenta do provérbio sugere a presença de categorização de gênero e sugere uma contestação, se quisermos, de reclamações contínuas sobre as capacidades de *okùnrin* e *obìnrin*. Uma leitura mais contextualizada colocaria o provérbio no contexto histórico das recentes transformações coloniais em que, em certos círculos, interesses de grupos estão sendo apresentados no idioma do gênero.

Dentro da linhagem, anamachos e anafêmeas compunham a categoria de membros chamada *okọ*, mas a categoria *aya* parecia ser limitada apenas a anafêmeas. Além da linhagem, no entanto, esse não era o caso. Devotas(os) dos orixás (divindades) eram referidas(os) como *aya* da(o) orixá particular a quem se devotavam. Devotas(os) eram *aya* de um orixá particular porque este gozava do direito de propriedade/filiação, assim como os membros de uma linhagem desfrutavam do direito de filiação *vis-à-vis* no casamento de *aya*. As(os) devotas(os) eram forasteiras(os) ao santuário, que era o lar do orixá. De fato, S. O. Babayemi, historiador social iorubá, observando os devotos da divindade Xangô, observa que os cultuadores masculinos, "como os membros femininos…, são referidos como esposas de Xangô".[42]

A elucidação precedente da ocorrência da categoria social de *aya* anamacho no campo religioso não deve ser desconsiderada relegando-a somente a esse domínio. A sociedade iorubá não era e não é secular; a religião era e é parte do tecido cultural e, portanto, não pode ser confinada a um único domínio social. Como observa Jacob K. Olupona, o historiador da religião: "A religião africana, como outras religiões primordiais, expressa-se em todos os idiomas culturais disponíveis, como música, artes, ecologia. Como tal, não pode ser estudada isoladamente de seu contexto sociocultural".[43]

Dentro da linhagem, a autoridade vai de quem tem mais idade para quem tem menos, estando no comando a pessoa mais antiga da linhagem. Porque, em geral, a maioria das anafêmeas adultas *ọmọ-ilé* eram consideradas casadas e residentes em suas habitações conjugais, há uma tendência na literatura em entender que o membro mais antigo e de mais autoridade da linhagem era invariavelmente um *ọkùnrin*. Isso não está correto por vários motivos. A instituição cultural do *ilémosú* referia-se à presença de anafêmeas adultas *ọmọ-ilé* em suas linhagens natais. *Ilémosú* foi associado com o retorno a linhagens natais de uma fêmea *ọmọ-ilé* depois de muitos anos de matrimônio e permanência em suas habitações conjugais. As *obìnrin* adultas da linhagem eram conhecidas coletivamente como o *ọmọ-ọṣú*.

Se a integrante anafêmea fosse a pessoa mais velha presente na linhagem, ela estaria no ápice da autoridade. A presença de uma anafêmea *ọmọ-ilé* e sua prole em suas linhagens natais não era incomum, dado o fato de que a patrilocalidade não era universal nem um estado permanente em muitos casamentos. Em muitas linhagens privilegiadas, a anafêmea *ọmọ-ilé* não se deslocava necessariamente para suas linhagens conjugais, mesmo após o casamento. Samuel Johnson observou que "algumas garotas de nascimentos nobres se casariam abaixo de sua posição, mas teriam seus filhos educados em sua própria casa, e entre os filhos de seu pai, e adotariam seu totem".[44] Da mesma forma, N. A. Fadipe reconheceu que

> se a família da mãe é influente, uma criança pode se inclinar mais para o tio materno do que para o próprio pai. Quer a família da mãe seja influente ou não, se em algum momento um homem se sentisse fisicamente ou psicologicamente fora de sua própria família estendida, ele seria bem recebido na habitação ocupada pela família de sua mãe.[45]

Embora Fadipe tenha argumentado que os direitos de uma pessoa na família de sua mãe são um pouco mais limitados do que na família de seu pai, o fato de certas linhagens traçarem sua ancestralidade através de uma mãe fundadora sugere que há motivos para contestar essa afirmação. Além disso, existem figuras históricas como Efúnṣetán Aníwúrà, a Ialodê de Ibadan que, no século XIX, era uma das chefas políticas mais poderosas. Ela ascendeu a essa posição de preeminência por ter reivindicado a liderança da linhagem Oluyọlé, que era, na verdade, a linhagem de nascimento de sua mãe.[46] No período contemporâneo, minha própria experiência pessoal e pesquisa corroboram as descobertas de Niara Sudarkasa, que conduziu seu estudo em Aáwẹ, uma cidade de Oyó, no início dos anos 1960. Sudarkasa escreve:

> Quando um homem é criado na habitação de sua mãe e mora lá com suas esposas e filhos, ele geralmente é considerado parte do núcleo masculino da casa, embora ele

pertença à linhagem de seu pai. É o caso de um homem na casa dos sessenta anos, cujo pai habita Ile Alaran no bairro de Odofin, mas vive na habitação de sua mãe (Ile Alagbẹdẹ) desde que era muito jovem. Este homem é um membro da linhagem de seu pai, ele tem direitos de propriedade que resultam da adesão ao idile, e seus filhos adultos podem construir casas na terra em Ile Alaran. No entanto, este homem construiu uma casa de dois andares em Ile Alagbẹdẹ e é o homem mais influente naquela habitação. Ele é referido pelos membros como o Bale... Sempre que um membro do Ile Alagbẹdẹ estiver envolvido em uma disputa com uma pessoa de outra habitação, é com homem que o Bale da outra habitação buscaria a solução do problema.[47]

Não obstante o fato de que, na literatura, a cabeça da família é geralmente descrita como *baálẹ̀* (o anamacho mais velho), há linhagens até hoje que são lideradas por anafêmeas. Em Ògbómọ̀sọ́, em 1996, havia duas chefas de aldeias – Baálẹ̀ Máyà e Baálẹ̀ Àrójẹ – representando suas linhagens e possuindo os títulos hereditários. Essas anafêmeas foram as primeiras cidadãs de ambas as linhagens e da aldeia. É, então, uma deturpação grosseira assumir que a anatomia necessariamente definiu a linha de autoridade no interior da linhagem. Os residentes mais antigos da linhagem eram geralmente as *ìyá* – as mães da linhagem. Essas eram as velhas mães que geralmente estavam em posição de autoridade sobre seus(suas) descendentes, incluindo qualquer *baálẹ̀* que fosse de sua prole. Elas eram conhecidas coletivamente como *àwọn ìyá* (as mães), e nenhuma decisão coletiva importante poderia ser tomada sem sua participação individual e como grupo. Como geralmente eram as integrantes da linhagem que viviam mais tempo, elas controlavam informações e carregavam a memória da linhagem. Considerando que esta era uma sociedade baseada na oralidade, pode-se começar a entender a importância de suas posições.

A posição privilegiada ocupada por *àwọn ìyá* pode ser demonstrada considerando o papel dominante das *ayaba* (mães do palácio) na política da Velha Oyó. O poder associado à longevidade foi institucionalizado no papel da *ayaba* na hierarquia política de Oyó. Discutirei isso no próximo capítulo, mas é importante notar aqui que seu poder derivou da experiência e da memória, "como muitas delas viveram durante o reinado de dois ou mais *aláàfin*".[48] A *ayaba* era a mais próxima, em termos de autoridade, ao *aláàfin*, e exercia o poder de governante na capital e nas províncias. A chefia familiar no território Oyó não deve ser interpretada como liderança de fato e de direito, e que estaria no controle de todas as decisões. Como a linhagem era segmentada e era um grupo de múltiplas camadas e multigeracional, no qual uma variedade de interesses coletivos, às vezes conflitantes e individuais, era representada, a noção de uma chefia de família individual é mais enganosa do que elucidadora. No *agbo ilé* (habitação), o poder estava localizado em uma multiplicidade de locais, e estava ligado a identidades de papéis sociais que eram múltiplas e mutáveis para cada indivíduo, dependendo da situação.

DESCENDÊNCIA: AGNÁTICA OU COGNÁTICA?[49]

Houve considerável discussão sobre a natureza da descendência iorubá. Várias pessoas que realizaram pesquisas antropológicas descreveram o padrão de linhagem como patrilinear. No entanto, Johnson e Fadipe trabalharam seus aspectos cognáticos; suas obras são apoiadas por minha própria pesquisa. Eades também problematiza a ideia de que o sistema de descendência é agnático, postulando que os equívocos dos estudiosos resultam do fato de que eles veem a patrilinhagem como a unidade de análise "natural" sem olhar para a dinâmica intradomiciliar.[50] Eades acerta ao afirmar que, dentro do agregado familiar, há um alto grau de segmentação – o agrupamento primário é o *ọmọ-ìyá*.[51] Isto é semelhante ao que Felicia Ekejiuba chama de "núcleo doméstico"[52] na sociedade Igbô; é composto de uma mãe e sua prole. Na Iorubalândia, pessoas nascidas da mesma mãe têm laços mais fortes, e muitas vezes meias(os)-irmãs(ãos) (que compartilham um pai comum) não se unem tanto se suas mães não têm um relacionamento próximo.

Para voltar à sociedade da Velha Oyó, podemos dizer que o sistema de herança forneceu fortes evidências para a natureza cognática do sistema de parentesco. Uma vez que apenas se herda em função de relações consanguíneas, nem *ọkọ* nem *aya* herdaram propriedades entre si. Irmãs(os) e prole de anamachos e anafêmeas eram as(os) principais beneficiárias(os). Portanto, era necessário que as crianças conhecessem suas relações de ambos os lados. O forte tabu do incesto também exigia a conscientização dos laços de parentesco nos lados materno e paterno da família.

O foco na patrilinhagem por pessoas que realizam pesquisas antropológicas é de particular importância na desconstrução da imposição de gênero na sociedade iorubá. A patrilinhagem concentra-se apenas no papel das anafêmeas como *aya* (que, na realidade, era apenas um papel entre muitos que elas cumpriam na antiga sociedade Oyó), ignorando seus papéis como *ọmọ-ile* (membros da linhagem). Como o casamento não levou à filiação, devemos prestar muita atenção à linhagem de nascimento, que permaneceu como a principal fonte vitalícia de identidade social, acesso e apoio material e outros. De fato, a prole de uma anafêmea retinha seus direitos e obrigações sobre habitação natal materna, quer ela fosse casada ou não, na medida em que sua prole pudesse reivindicar propriedade na habitação ou ter acesso à terra invocando os direitos de sua mãe. Embora uma anafêmea fosse uma *aya* (residente por casamento) e, geralmente, também uma *ìyá* (mãe) em sua linhagem conjugal, ela era, antes de tudo, uma *ọmọ* (prole/membro da linhagem) e uma *ọkọ* (proprietária/membra) em sua casa natal, o que lhe deu acesso aos seus meios de produção. Não olhar para os diferentes papéis e posição de anafêmeas dentro das relações produz um quadro impreciso.

CASAMENTO: UM ASSUNTO DE FAMÍLIA

Na sociedade Oyó-Iorubá, o casamento era essencialmente uma relação entre linhagens. Contratualmente, formalizava a atribuição dos direitos de paternidade da linhagem do noivo à prole nascida no decorrer do casamento. Em troca desse direito, bens e serviços eram transferidos da linhagem do noivo para a da noiva. Os bens eram dados como dote, enquanto os serviços eram prestados ao longo da vida. O pagamento do dote pela família do noivo conferia acesso sexual e paternidade. Não conferia direitos sobre a pessoa ou o trabalho da noiva. O estabelecimento dos direitos de paternidade de modo algum deslocou o direito da mãe e sua linhagem à prole. A aparente necessidade de estabelecer publicamente os direitos de paternidade refletia não o domínio paterno, mas a garantia dos direitos das mães sobre sua prole.

O arranjo contratual chamado casamento envolvia um longo processo, já que, muitas vezes, incluía um período de noivado. Era marcado por uma troca de presentes e várias cerimônias reconhecendo a relação entre as duas linhagens. A jornada da noiva para a habitação do noivo foi descrita como *ìsèyàwó* (a construção da noiva), a partir da percepção da linhagem da noiva. Pela percepção da linhagem do noivo, a jornada foi referenciada como o *ìgbéyàwó* (o deslocamento da noiva). A noiva era levada para a entrada da linhagem pelas *aya* relativamente recém-chegadas, que eram, portanto, mais jovens na hierarquia.[53] Esse ato singular ressaltava a natureza coletiva do casamento e a responsabilidade compartilhada envolvendo diferentes membros e habitantes da linhagem. *Ìyàwó* significa "noiva", embora no período contemporâneo tenha se tornado sinônimo de *aya*, referindo-se a uma esposa anafêmea.

No dia do casamento, a noiva exibia sua aflição, que ressaltava a importância da mudança iminente em seu arranjo de moradia. Sua agitação era simbolizada na dramatização do *ẹkún ìyàwó*, literalmente, as lamentações de uma noiva. Aqui está um exemplo:

> Como se impede a desonra, cria de Lalonpe?
>
> Como se protege contra cometer erros,
>
> Quando alguém chega na casa do marido?
>
> Como se protege contra cometer erros,
>
> Então, aquela que se comporta como uma adulta?
>
> Que quando alguém é solicitado a fazer algo
>
> Isso exige maturidade mental,
>
> Não se comporta como uma criança?[54]

Como um coletivo, a linhagem da noiva ocupava posição mais alta que a do noivo no intercurso social porque, de acordo com a concepção cultural, o primeiro havia feito ao segundo o favor de fornecer acesso à filiação por meio da prole dela. Essa era a razão pela qual todos os membros da família da *aya* podiam ter e mereciam a reverência do *ọkọ* conjugal e de membros de sua linhagem.

O objetivo único do dote era conferir direitos sexuais e de paternidade, e não direitos à pessoa da noiva, sua propriedade ou seu trabalho. É importante notar que não houve acesso de anamachos à paternidade sem assumir obrigações maritais. Mas a paternidade era possível sem o envolvimento conjugal sexual – mesmo os parceiros conjugais impotentes podiam ser pais, desde que tivessem passado pelo processo conjugal, culminando no pagamento do dote. No caso de impotência do parceiro conjugal sexual, a *aya* poderia ter relações sexuais com um membro da família ou um forasteiro. A prole seria considerada de seu companheiro, visto que a paternidade não dependia de ser o pai biológico. O casamento, portanto, era de suma importância para os *ọkùnrin*, já que sem isso os direitos de paternidade não podiam ser estabelecidos. Sua primazia pode ser discernida nos seguintes versos do *corpus* Ifá, no qual o tema da "ausência de esposa" é predominante:

> A divinação Ifá foi realizada para Eji Odi,
>
> Que iria ao mercado de Ejigbomekun,
>
> Chorando porque ele não tinha esposa.
>
> Eji Odi foi instruído a realizar sacrifícios.[55]

Outro verso diz:

> A divinação Ifá foi realizada para Orumilá
>
> Quando ele estava praticando divinação sem uma esposa.
>
> Ele poderia ter uma esposa?
>
> Foi por isso que ele realizou a divinação.[56]

Além do *ìdáàna* (pagamento do dote), o serviço da noiva era também uma característica dos casamentos em Oyó. Denotava os bens e serviços vitalícios que o noivo devia fornecer à parentela legal da noiva, principalmente pai e mãe. N. A. Fadipe, escrevendo há mais de cinquenta anos, descreve o escopo das obrigações de serviço da noiva:

> Entre as muitas obrigações de um homem para com a família de sua noiva, que foram assumidas diretamente no noivado formal do casal, estavam serviços de vários tipos que podem ser classificados da seguinte forma: (1) aqueles que se repetem anualmente; (2) aqueles cuja natureza e extensão eram conhecidas, mas cujo tempo de ocorrência não pode ser facilmente previsto; (3) aqueles cuja natureza e extensão eram conhecidas, mas que eram de caráter contingente, dependendo de circunstâncias fora do controle de qualquer das partes; (4) aqueles cuja natureza e extensão não podiam ser previstas, mas que eram as consequências de um curso de ação por parte dos pais da noiva ou de outros membros de sua família; e (5) obrigações fixas programadas de acordo com o critério do parceiro masculino ou seus parentes durante sua menoridade.[57]

Embora os casamentos monogâmicos fossem a norma, a poligamia representava o idioma dominante por meio do qual o casamento era conceituado. De fato, os casamentos em que havia múltiplas(os) parceiras(os) conjugais representavam apenas uma fração da população. Mas o fato de que todas as *aya* de uma linhagem eram classificadas em uma única hierarquia e em relação umas com as outras como co-*aya* dava a impressão de que todas eram casadas com um único parceiro conjugal. Tendo dito isso, a natureza coletiva do casamento era ressaltada pelo interesse real mantido em um casamento por *ọmọ-ilé* que eram mais jovens que o parceiro sexual de qualquer *aya* particular. Os membros da família tinham interesse em fazer um bom enlace porque o casamento na família errada poderia introduzir doenças hereditárias na família, e isso afetaria suas chances de casamento ou de sua prole. Um bom casamento era importante por causa do sistema de levirato – a transferência de direitos da viúva para outro membro da família após a morte do seu parceiro conjugal (uma transferência que só ocorria se a viúva consentisse). A *ọmọ-ilé* anafêmea tinha interesse semelhante, porque ela também podia herdar os direitos da viúva, cujos aspectos sexuais poderiam ser transferidos para sua própria prole-anamacho, se a viúva aceitasse tal acordo. Além do simbólico, começamos a entender a extensão do interesse coletivo, individual e muito real mantido por todos os membros da linhagem na *aya-ilé*.[58]

O interesse pela poligamia estava diretamente relacionado à necessidade e importância de procriar e salvaguardar a saúde da prole. A principal razão para o casamento foi a procriação. Se o casamento satisfazia outras necessidades da sociedade da Velha Oyó, elas eram secundárias. As crianças eram consideradas *ire* (bênçãos, o bem). Elas eram a *raison d'être* definitiva da existência humana.[59] Portanto, a estabilidade do casamento repousava sobre a produção da prole e a manutenção de sua sobrevivência. Para a noiva, o direito de se tornar mãe superava todas as outras preocupações no casamento. Se um casamento não se tornar fecundo nos primeiros anos, uma fêmea pode ficar preocupada e partir. Como era importante dar à luz, uma vez que as crianças nasciam, sua sobrevivência tornava-se primordial e subsumiu quaisquer outros interesses que fossem percebidos como conflitantes. Consequentemente, a nova mãe praticava a abstinência pós-parto – abstendo-se de relações sexuais desde a gravidez até o momento em que a criança era desmamada (dois a três anos), pois se acreditava que a atividade sexual e a gravidez precoce colocariam em risco a vida da criança. O novo pai poderia ter relações sexuais se tivesse outras parceiras conjugais.

Não há dúvida de que a abstinência pós-parto foi respeitada. Há estudos empíricos suficientes – mesmo no período mais recente, quando a prática não é tão comum – para mostrar que todos a consideravam imperativa para a sobrevivência da criança.[60] Além dessa preocupação, havia razões estruturais para a abstinência. A estrutura da habitação e a alocação de espaço nessa arena densamente povoada significavam que não havia privacidade, especialmente porque, em geral, os interesses pessoais não podiam ser separados dos interesses coletivos.

Como uma ilustração dos possíveis dilemas de viver tão perto de suas relações, vamos supor que um parceiro conjugal estava achando difícil se abster de sexo com a nova mãe. No mínimo, ele precisaria da cooperação dela para quebrar o tabu. A noção de que o parceiro conjugal poderia impor-se à sua *aya* é, na melhor das hipóteses, muito delicada. Devemos lembrar que o casal não compartilhava quartos; o quarto da *aya* era geralmente compartilhado com seus filhos e outras pessoas sob seus cuidados. Além disso, os quartos eram muito pequenos; muitos membros da casa dormiam na varanda. Assim, havia relativamente pouca privacidade, e a privacidade teria sido uma condição necessária para quebrar tabus ou para o abuso conjugal. Consequentemente, a ideia predominante em algumas literaturas feministas de que o casamento foi estabelecido universalmente com o interesse dos homens como primordial[61] não é confirmada nesse contexto cultural. Em vez disso, foram estabelecidos casamentos iorubás para garantir a sobrevivência das crianças, e a cultura concebeu a atividade sexual precoce para uma nova mãe como perigosa para a criança.

A atitude geral das *obìnrin* a respeito da poligamia variou de desejável a simplesmente tolerá-la, uma tolerância baseada na apreciação de seus benefícios. Era do interesse das *ọmọ-ilé* anafêmeas ter uma grande comitiva de *aya-ilé* para convocar quando a ajuda fosse necessária. A esse respeito, em particular, a poligamia foi um privilégio não generificado, determinado pela reciprocidade estabelecida entre cada indivíduo *aya* e indivíduo *ọkọ*. Também era do interesse de uma *aya* mais velha estar em um casamento polígamo, porque a responsabilidade do cozimento recaía sobre a *aya* mais nova no casamento múltiplo; portanto, era comum que *aya* iniciasse o processo de poligamia para seu parceiro conjugal. Ela não via isso como contrário ao seu interesse geral. Algumas dessas percepções são explícitas na resposta que recebi de uma "mãe idosa", Àlàrí de Òkè Màpó, a quem entrevistei em Ibadan. Quando mencionei a ideia de que algumas pessoas acham que a poligamia é prejudicial ao interesse da *aya*, ela disse o seguinte:

> *Ẹyin alákọ̀wé, ẹ tún dé nùu. Bẹ̀ẹ̀ náà l'ẹ wípé aya gbọ́dò bá ọkọ da owó pọ̀. Wọ́n a bí wọn pọ̀ ni? S'ẹẹ rii, ohun tẹ'yin ńrò un, ò jẹ́ bẹ̀ẹ̀. Bọ́rò ọmọ bíbí bá ti kúrò ńbẹ̀, ti ọkọ sì ńṣe, ojúṣe rè, kín ló tún kù? Ọkùnrin a ńṣe iyọ tá ní láti máa fi ṣọbẹ̀ lójoojúmọ́ ndan? Kín laá wá fi gbé wọn tira gbá-gbá?*

[Lá vai você sabida, de novo! (Referindo-se a meus títulos ocidentais). Outro dia vocês defendiam os méritos de ter finanças conjuntas com as do *oko*. Vocês nasceram juntos? (isto é, relações conjugais são consanguíneas?) Desde que uma *obìnrin* satisfaça sua necessidade de procriar e ele [o *oko*] cumpra suas obrigações, para que mais? *Oko* não é o sal que você usa em sua comida diariamente. Por que esse desejo de se prender em um abraço sufocante?]

Sua resposta ressalta uma série de pontos importantes: (1) a prole como o propósito supremo no casamento, e as crianças sendo a primeira obrigação conjunta do casal; (2) a norma de separação das finanças de um casal, mostrando que não há noção de propriedade conjugal; (3) o privilégio dos laços consanguíneos sobre os da conjugalidade; (4) uma visão da monogamia como não intrinsecamente desejável ou positiva; (5) as lacunas geracionais na sociedade derivam principalmente da introdução do cristianismo e outras ideias e instituições ocidentais.

AYA E ALGUNS ASPECTOS DA ESTRUTURA SOCIAL

Qualquer discussão sobre papéis sociais não estaria completa sem examinar algumas das ligações entre papéis familiares e estrutura social a partir da abordagem de *aya*. No interior do casamento, as partes dos casais tinham obrigações e certas expectativas mútuas. Nessa medida, tinham reivindicações recíprocas sobre o trabalho e o tempo de cada uma. Tinham responsabilidades diferentes para ambas as linhagens. A endogamia da cidade era predominante, o que significava que era comum que uma *aya* que se mudasse para a linhagem de seu parceiro visse membros de sua própria família diariamente. Com base na hierarquia de senioridade, o parceiro conjugal era mais elevado que sua *aya* no interior da linhagem, mas sua autoridade, assim como a autoridade de qualquer pessoa de mais idade, era limitada. Ele não tinha controle sobre o trabalho da *aya* ou sua propriedade. Todos os adultos tinham suas próprias obrigações que precisavam cumprir. Dentro das linhagens conjugais, essas responsabilidades incluíam contribuições monetárias e trabalhistas feitas pela *aya-ilé* (membro por casamento). Como um *omo-ilé*, dentro de linhagens natais, havia obrigações para com membros da própria linhagem. Por exemplo, pode-se pedir que alguém contribua com as cerimônias de casamento de seu irmão ou irmã. Além da linhagem, muitas pessoas pertenciam a uma *ẹgbẹ́* (associação da cidade), que era uma maneira de estabelecer status. Para muitas *obìnrin*, a maior forma de acumulação era adquirir um grande *aṣọ* (guarda-roupa) para seu próprio uso pessoal e, mais tarde, para suas descendentes anafêmeas. Havia estilos particulares de tecido caro que uma *ìyá* adequadamente deveria ter em seus *ìtẹ́lẹ̀ àpótí* (baús).[62] Ao longo da vida, muitas mães estavam envolvidas em um processo de acumulação de tecido para sua descendência anafêmea e acumulando dotes para sua descendência anamacho. Nesse contexto, podemos começar a perceber o delicado equilíbrio de uma multiplicidade de interesses para qualquer pessoa.

Aya tinha sua propriedade e o parceiro conjugal tinha a dele. A ausência da noção de propriedade conjugal e o fato de que, no sistema de herança, as partes do casal não poderiam herdar a propriedade uma da outra, ressaltam a necessidade de que a *aya* fosse remunerada. O sistema de herança baseava-se na ideia de que apenas as relações consanguíneas poderiam gerar herança. Irmãs(ãos) e prole de um falecido eram os que principalmente se beneficiavam.

A divisão geral do trabalho em domicílios foi baseada na idade relativa, com pessoas mais jovens e prole geralmente tendo a responsabilidade da limpeza após as refeições. Dentro da linhagem, *aya* cozinhava, e não a *obìnrin* em geral. Além disso, o sistema de senioridade na linhagem significava que um membro anafêmea que não fosse *aya* não precisava cozinhar. Portanto, era possível que uma *ọmọ-ilé* (membro da linhagem por nascimento) nunca tivesse que cozinhar se ela não quisesse. Da mesma forma, *aya* com senioridade apropriada não precisava cozinhar. Em um casamento polígamo,[63] a responsabilidade de servir a comida para o parceiro conjugal passava para a *aya* mais jovem. Esse era um dos principais atrativos da poligamia para muitas *aya* – que transferiam certas responsabilidades. Dada a dissociação entre senioridade e empregos servis, não é de surpreender que a cozinha fosse passada para as mais novas.

A principal responsabilidade de uma *aya* era *wá ńję* (arranjar comida) para seu parceiro conjugal. O uso do verbo *wá* (procurar, arranjar) em oposição a *sè* (cozinhar) é instrutivo na compreensão do negócio da obtenção de refeições. É possível que fale do fato de que uma grande quantidade de comida consumida foi comprada nas ruas e nos mercados da cidade. Não está explícito quando exatamente a culinária profissional se desenvolveu na Iorubalândia, mas é provável que esteja ligada à urbanização. Nitidamente, no entanto, a prática de cozinhar alimentos para a venda nas ruas tem uma longa história na região. Hugh Clapperton e Richard Landers, que visitaram Oyó na década de 1830, discutiram os vários tipos de pratos cozidos que podiam comprar nos mercados.[64]

Como *aya* estava muito ocupada e envolvida na busca de seus próprios meios de subsistência, grande parte da comida que era consumida diariamente não se originava na família; era comprada. A ideia de que uma *aya* tinha que cozinhar para seu parceiro conjugal, portanto, precisa de qualificação. Como Sudarkasa observou:

> Quando os homens trabalham nos campos ao redor das aldeias, para o café da manhã, eles comem *ęko* ou *akara*, que compram com dinheiro ou a crédito das mulheres que vendem nas proximidades das terras de cultivo. Para o almoço, alguns agricultores aferventam e comem uma ou duas fatias de inhame nos campos. Ocasionalmente, as mulheres cozinham para seus maridos durante o dia, já que muitas vezes trabalham em lugares diferentes; os maridos não costumam esperar que suas esposas preparem qualquer refeição, exceto aquela que comem no final da tarde, depois de voltar dos campos.[65]

Em geral, alguns pratos e refeições eram mais propensos a serem comprados do que outros. Por exemplo, *okà* (um prato a base de farinha de inhame) e *èkо* (um prato a base de farinha de milho) foram mais frequentemente ligados ao verbo *dá* (cortar de uma grande quantidade) do que *sè* (cozinhar). O café da manhã era geralmente comida comprada (não caseira), como as pessoas jovens e velhas *ļo dá ękomu* (conseguiam *ękо*). Certos pratos demorados parecem ter passado da produção caseira para o domínio comercial no início da organização social das cidades. *Èkо tútú, ègbo*, *òlèlè*, *èkuru* e *àkàrà* vêm logo à mente. Nenhum prato, no entanto, estava ausente do cardápio de *ìyá olóónjẹ* (vendedoras profissionais de comida). Não é incomum o exemplo de *Àdùkẹ́*, que se dedicava a vender alimentos, que aparece neste verso do *corpus* de Ifá:

> A divinação de Ifá foi realizada para Àdùkẹ́,
>
> Descendência de pessoas de bom coração dos tempos antigos,
>
> Que cozinhava milho e feijão juntos para ter uma vida melhor.
>
> Ela acordava cedo de manhã
>
> Chorando porque lhe faltavam as coisas boas.
>
> Foi dito a Àdùkẹ́ que realizasse sacrifícios,
>
> E ela o fez.
>
> Depois que ela realizou o sacrifício,
>
> Ela se tornou uma pessoa importante.
>
> Teve dinheiro.
>
> Todas as coisas boas que ela procurou depois
>
> Foram alcançadas por ela.
>
> "Quando cozinhamos feijão e milho juntos,
>
> Todas as boas coisas da vida enchem nossa casa".[66]

A necessidade de toda e qualquer pessoa adulta de se sustentar e de cumprir as obrigações familiares e sociais foi entendida como pressuposto. Portanto, a necessidade de *aya* perseguir seus próprios meios de subsistência foi reconhecida, protegida e promovida. Este foi, sem dúvida, um dos fatores que moldaram não apenas a divisão familiar do trabalho e das prescrições, mas também a economia. A profissionalização da cozinha não só proporcionava uma ocupação para algumas como também liberava muitas mães de cozinhar, para que elas pudessem ir aos mercados locais ou se engajar na agricultura e no comércio de longa distância.

Aya não cozinhava em casa todos os dias, aspecto que fala do tema da distribuição de tempo. Uma *aya* geralmente cozinhava mais de uma refeição de cada vez. O pilar da culinária era o *ọbẹ̀* – um ensopado que consiste basicamente de carne e/ou vegetais, pimenta, azeite e temperos. A preferência iorubá por cozimento sobre outras formas de cozinhar provavelmente se desenvolveu porque os guisados mantêm seu sabor e até tendem a incrementar o sabor, dias após o cozimento inicial. *Ọbẹ̀* é um prato nutritivo com uma variedade de carboidratos importantes, como *iyán, àmàlà, ẹbà, láfún* e *ẹko*. É cozido para durar pelo menos três a quatro dias, para que cozinhar diariamente seja uma questão de reaquecer o *ọbẹ̀* e comprar o carboidrato. Tudo isso sugere que cozinhar para a família não era e ainda não é fundamental para as definições da vida familiar. Mercados noturnos eram (e são) uma característica da estrutura social de Oyó. Eles eram, em primeiro lugar, mercados de alimentos. O estabelecimento de mercados noturnos pode ter sido uma resposta à necessidade de conseguir um jantar para a família, uma vez que muitas *aya* estavam ausentes de casa o dia inteiro, e às vezes por semanas a fio, quando realizavam o comércio de longa distância. O geógrafo econômico B. W. Hodder, em seu estudo diacrônico dos mercados iorubás, concluiu corretamente que

> os mercados noturnos nos quais as mulheres conectam suas comunidades locais com as principais fontes de alimentos da cidade só podem ser entendidos no contexto dos hábitos locais de alimentação dos povos iorubás. A maior parte da população da classe trabalhadora come alimentos que não foram preparados em suas próprias casas... A explicação para esse fenômeno de cozinhar e comer fora, no entanto, também está ligada ao fato de que as mulheres colocam o comércio em primeiro lugar em seus interesses.[67]

DEBATES ESTRUTURADOS A PARTIR DO GÊNERO: DOTE, POLIGAMIA, ACESSO E CONTROLE SEXUAL

Intérpretes ocidentais de muitas sociedades africanas apresentaram o dote sob o prisma negativo. Em alguns setores, seu significado foi distorcido, reduzido a uma troca transacional semelhante à compra de uma esposa. Em seu estudo sobre o parentesco, o antropólogo Claude Lévi-Strauss descreveu o dote como uma troca de noivas por mercadorias.[68] Muitos estudos subsequentes simplesmente se basearam nas alegações de Lévi-Strauss. Uma peça clássica da pesquisa feminista, nesse sentido, é a elucidação de Gayle Rubin[69] dos conceitos de Lévi-Strauss. O ensaio de Rubin – que vê as mulheres como vítimas e não como beneficiárias da instituição do casamento – é frequentemente usado como a única e inquestionável evidência na busca feminista (ou seja, na criação) do patriarcado nas sociedades africanas. Por exemplo, em um livro sobre o povo Shona do Zimbábue, Elizabeth Schmidt reúne Lévi-Strauss e Rubin para apoiar sua afirmação de que na sociedade shona pré-colonial, "enquanto os homens têm certos direitos sobre suas parentes femininas, incluindo o direito de dispor delas em casamento, as mulheres não têm direitos recíprocos sobre seus parentes masculinos. Elas sequer possuem plenos direitos sobre si mesmas".[70]

Embora a Iorubalândia não fosse a sociedade Shona, o fato de Schmidt não fornecer evidências independentes (além de Lévi-Strauss) do "dote como disponibilidade da parente feminina" me leva a acreditar que ela está cometendo o erro comum de homogeneizar todos as sociedades africanas, quando não todas as chamadas sociedades tribais. Isso muitas vezes leva a não buscar em cada sociedade o significado de suas instituições. Além disso, a sociedade Shona, como a dos povos iorubás, incorpora membros femininos, assim como seus parceiros do sexo masculino, como tendo direito de propriedade em suas linhagens natais.

O livro de Schmidt, então, é um exemplo de uma longa tendência de interpretações ocidentais equivocadas das culturas africanas, leituras errôneas causadas pela incapacidade de compreender essas culturas como elas são, em seus próprios termos. Por exemplo, há uma ênfase exagerada no dote como bens transferidos da linhagem do noivo para a da noiva; pouca ou nenhuma atenção foi dada ao serviço da noiva – uma tradição que estabelecia as obrigações do noivo para com a linhagem da noiva por toda a vida. A natureza recíproca do contrato de casamento perdeu-se na discussão.[71] Da mesma forma, o enfoque generificado e singular sobre a patrilinearidade resultou no apagamento do fato de que filhas, assim como os filhos, tinham um direito vitalício e participavam da linhagem natal, tendo se casado ou não.

Como o dote, a prática da abstinência pós-parto tem sido descrita por várias estudiosas como controle sexual da mulher e um exemplo das limitações impostas a membros femininos nas sociedades africanas. O debate deve ser colocado em contexto comparativo – isto é, a atenção deve também se concentrar em sociedades onde tal prática não existe. As sociedades ocidentais são um bom exemplo disso. A prática iorubá da abstinência pós-parto contrastava nitidamente com as práticas nos casamentos europeus do mesmo período histórico, casamentos em que os maridos tinham acesso sexual ilimitado às esposas. Isso significava que as esposas europeias não tinham controle sobre seus corpos, já que os "direitos conjugais" dos homens incluíam acesso sexual ilimitado, independentemente do bem-estar da criança, da idade da criança ou da saúde da mãe. Em seu livro *A History of Women's Bodies*, o historiador social Edward Shorter documenta a dor, a angústia e o perigo que o privilégio sexual masculino e a falta de consideração causaram às mulheres europeias:

> Coloque-se no lugar da dona de casa típica que morava em uma cidade ou vila. Nem ela nem ninguém mais tinha ideia de quando era o período "seguro" para uma mulher; e, para ela, qualquer ato sexual poderia significar gravidez. *Ela era obrigada a dormir com o marido sempre que ele quisesse*. E se tivesse sorte, ela poderia engravidar sete ou oito vezes, com uma média de seis crianças vivas. A maioria dessas crianças era inoportuna para ela, pois, se se pode dizer que um único tema sustenta sua história, é o perigo para todos os aspectos de sua saúde que a gravidez incessante significava.[72]

A tese de Shorter é que os avanços médicos entre 1900 e 1930, que permitiram às mulheres europeias ter alguma medida de controle sobre sua fertilidade, também contribuíram para que pudessem mudar a prioridade para questões de política. Para Shorter, "acabar com a vitimização física das mulheres foi uma precondição para o feminismo".[73] Suas análises e outras postulações feministas sobre o casamento como escravidão fornecem uma boa base para a questão de por que o feminismo se desenvolveu no Ocidente.

Quaisquer que sejam os debates sobre as origens do movimento feminista ocidental, o controle das mulheres sobre seus corpos continua a ser a pedra angular da agitação pelos direitos das mulheres. Isto não é surpreendente, dada a história esboçada acima. A história conjugal dos povos iorubás, no entanto, era diferente, particularmente devido ao fato de que a expressão sexual masculina não era privilegiada em relação à expressão sexual feminina, bem-estar feminino e sobrevivência das crianças. A primazia da procriação, que era acordada para todos os membros adultos da sociedade, significava que a saúde da mãe era de suma importância; salvaguardando-a para garantir que ela seria capaz de suportar e dar à luz crianças. A abstinência pós-parto, que resultou em espaçamento entre as crianças, também limitou o número de bebês que uma mulher poderia produzir – o que salvaguardava a saúde de uma fêmea. Antes e agora, ter um grande número de bebês é prejudicial para a saúde da mulher. Os povos iorubás também atribuíam a responsabilidade pela contracepção ao âmbito em que pertencia: ao casal e à família, e não apenas a *aya* como indivíduo.

Certamente, a poligamia e a abstinência pós-parto foram interpretadas como sinais de dominância masculina e articuladas como prejudiciais aos interesses das mulheres. A poligamia é frequentemente interpretada como um sinal de privilégio masculino e subordinação feminina.[74] Essa abordagem, no entanto, não é apenas simplista, mas incorreta, particularmente quando a situação contemporânea é lida desde a história. Por um lado, na Iorubalândia, porque *obìnrin* não constituía uma categoria social, elas não tinham interesse coletivo como um grupo. Uma anafêmea estava interessada em sua linhagem natal em parte porque era uma fonte de uma grande comitiva de *aya-ilé*, que poderia ajudá-la. Esse fenômeno foi complementado pelo interesse da *aya* de que em tudo o seu *okọ* tivesse interesse pessoal pelas crianças e responsabilidade material por elas. Comentaristas frequentemente alegam que a poligamia foi prejudicial porque violou os direitos sexuais exclusivos de uma *aya* em relação a seu parceiro conjugal. No entanto, não se deve presumir que toda *aya* necessariamente valoriza ter direito sexual exclusivo ao seu parceiro conjugal. Mesmo no nível individual, se as ramificações da variedade de interesses de uma anafêmea puderem ser examinadas, é possível perceber que a poligamia não é inerentemente incompatível com o interesse da *aya*. A poligamia na sociedade Oyó é melhor apreendida como um privilégio não atribuído, dependendo da situação e dos interesses particulares que são enfocados a qualquer momento. Consequentemente, a imposição de uma interpretação de gênero sobre ela equivale a deturpação.

Como todas as formas de casamento, a poligamia como instituição social não é inerentemente boa ou ruim. Há bons casamentos e maus casamentos, poligâmicos ou monogâmicos. A história do casamento monogâmico no Ocidente e as articulações feministas de como esta instituição tem sido opressiva para mulheres e crianças não revelam a monogamia como um sistema que inerentemente promove o interesse de uma esposa. Com relação ao "interesse das mulheres", seu valor como alternativa à poligamia é dificilmente explícito. Em um artigo sobre a espinhosa questão da poligamia na igreja cristã, Bernard Adeney, tendo argumentado que a poligamia não deveria ter lugar na igreja, faz ainda uma observação ponderada que é relevante para o meu argumento. Ele defende que, para o pertencimento à igreja,

> [devem ser] considerados não apenas o estado civil de uma pessoa, mas também o quão bem suas responsabilidades são cumpridas. Se um homem com apenas uma esposa a negligencia, tiver casos ou for abusivo e não mostrar os frutos do arrependimento, ele poderá ser excluído da condição de membro. Por outro lado, um velho que viveu por muitos anos com duas esposas e atualmente as trata bem pode ser bem-vindo à Igreja.[75]

Responsabilidade é a palavra-chave.

Será útil examinar mais de perto a noção de interesse das mulheres, uma ideia em torno da qual abordagens antipoligamistas gostam de apresentar suas posições. Supondo que haja de fato uma categoria "mulheres", quais são os interesses que lhes são atribuídos? Se é do interesse da esposa se abster de sexo por um período após o parto, a monogamia não é necessariamente uma influência positiva; a evidência das sociedades ocidentais é nítida sobre essa questão. Além disso, em qualquer situação, certos interesses entram em conflito uns com os outros. Escolher um significa perder o outro. O importante é a liberdade de determinar qual dos interesses é o mais importante. Assim, quando uma jovem *oyó*, depois de cinco anos de casamento, pede ao seu parceiro conjugal para que *sọ mi dí méjì* (se case com outra *ìyàwó*), isso não significa que ela seja ingênua sobre os possíveis problemas que poderiam surgir. Ela provavelmente fez uma avaliação abrangente de seus próprios interesses e determinou quais valiam a pena perseguir. Tradicionalmente, a *aya*, com frequência, iniciava o processo de poligamia para seu parceiro conjugal; quando ela não o fazia, seu consentimento tinha que ser buscado. O ponto é que a *aya* tinha capacidade de agir.

Ainda assim, a questão da poligamia exige mais análises, dado o equívoco sobre os benefícios para o grupo social nomeado como "homens". Talvez o mais interessante a respeito da existência da poligamia na Velha Oyó não seja tanto sobre a opressão das mulheres quanto sobre o status dos homens. Poderíamos perguntar: se alguns *ọkùnrin* tinham múltiplas parceiras conjugais, isso não significaria (excluindo o desequilíbrio demográfico evidente) que havia muitos *ọkùnrin* que não tinham acesso legítimo a uma só anafêmea? A poligamia pode, portanto, ser interpretada como uma instituição de privação/disciplina masculina, em vez de privilégio ou licença sexual masculinos. Abiola Irele, por exemplo, recomendava muito o que chamou de "disciplina da monogamia" em oposição à poligamia tradicional africana.[76] A razão para o entusiasmo de Irele pela monogamia não é explícita, considerando a exploração física e sexual a que muitas mulheres ocidentais continuam a ser submetidas em seus subúrbios monogâmicos. A disciplina masculina não é inerente à monogamia. No que diz respeito a uma sociedade poligâmica, a questão da disciplina é muito pertinente. Onde está a disciplina? Disciplina para quem e para que efeitos? Esta linha de raciocínio põe em questão a ideia de que os anamachos representam um agrupamento social − a poligamia, afinal, dá a alguns machos um acesso mais legítimo à custa de outros machos. A ideia de uma uniformidade de interesses de anamachos em oposição a um interesse coletivo assumido das anafêmeas precisa ser questionada.

Na Velha Oyó, geralmente eram os anamachos mais jovens que se encontravam na posição de não ter acesso sexual legítimo. Como mencionado anteriormente, o casamento envolvia o pagamento do dote pela linhagem do noivo à da noiva. Numa situação em que não havia desequilíbrio demográfico evidente, a poligamia só poderia ser sustentada se houvesse *okùnrin* e *obìnrin* se casando em diferentes idades; assim, em média, as anafêmeas se casaram por volta dos 16 a 18 anos de idade – oito a dez anos mais cedo do que os machos. É possível que a idade tardia em que os anamachos se casaram, em relação às anafêmeas, esteja correlacionada com a quantidade de tempo necessária para acumular o dote. Tudo isso combinado para significar que muitos anamachos de Oyó não tiveram acesso sexual legítimo por muitos anos de suas vidas adultas. Mesmo os anamachos com duas *aya* poderiam ser forçados a se abster sexualmente se ambas engravidassem ao mesmo tempo, o que não era incomum. Em outro nível, é pertinente colocar a questão: O que os anamachos que não tinham esposas fazem para obter satisfação sexual? Esta questão é colocada deliberadamente contra o pano de fundo das noções sociobiológicas de necessidades sexuais masculinas desenfreadas causadas pelo excesso de testosterona. Embora várias pessoas que realizaram pesquisas afirmem que, na Velha Oyó, o ideal era que as noivas permanecessem virgens, é evidente que havia outras instituições que facultavam o sexo antes do casamento. O importante era que tal relacionamento fosse reconhecido por ambas as famílias e estivesse a caminho de ser concluído como casamento com o pagamento do dote. Mesmo assim, isso não poderia ter sido uma solução total para o problema de muitos solteiros – envolver-se nesse tipo de relação pré-matrimonial ainda exigia que a família do anamacho tivesse alguma riqueza acumulada. Em suma, o sistema em geral reduziu a atividade sexual para os solteiros. Isso enfraquece a imagem da atividade sexual desenfreada do macho africano (a "brigada da testosterona")[77] que foi projetada em vários discursos racistas e masculinistas. A preocupação masculina com as relações sexuais parece ser exagerada tanto por quem pesquisa quanto por alguns anamachos no período contemporâneo. Muitos *okùnrin*, assim como *obìnrin*, abstiveram-se de relações sexuais. A homossexualidade não parece ter sido uma opção.

Isso posto, existe na Iorubalândia uma instituição chamada *àlè*, que é melhor descrita como uma relação sexual entre *okùnrin* casados ou solteiros e *obìnrin* casadas. Essa instituição pode ser um meio de se livrar de um pouco da pressão, por assim dizer. Para muitas pessoas iorubás, a relação *àlè* é algo difícil de se falar, especialmente tendo em vista que a hipersexualização cristã e ocidental dos povos africanos tornou alguns iorubás moralistas sobre questões sexuais. Eu a descrevo como uma instituição porque está presente na sociedade; é falado sobre; e tem suas próprias "regras do jogo". Durante minha pesquisa, muitas pessoas estavam dispostas a falar sobre isso apenas como algo que outras pessoas fazem. Com base nessa pesquisa, eu diria que é tolerado, se não aceito, que pessoas casadas se envolvam em amizades sexuais. A relação *àlè* é muitas vezes emocional e sexualmente carregada, em contraste com a relação matrimonial, que tem a procriação como seu foco principal tanto para o *okùnrin* quanto para a *obìnrin*. A instituição de *àlè* levanta questões sobre como os iorubás veem a sexualidade, uma questão que não pode ser tratada aqui. É suficiente dizer que no passado, e ainda hoje em muitos lugares, as questões de sexualidade não eram realmente questões de moralidade; o advento do cristianismo e do islamismo mudou isso. A prevalência das relações *àlè* não pode ser determinada com precisão histórica, mas pode-se datá-la pelo menos até a década de 1850. Sua existência é documentada mais recentemente em estudos de um grande número de situações em que as futuras divorciadas já estão grávidas de seus possíveis parceiros. Estes últimos devem se apresentar para pagar reparações aos seus atuais parceiros conjugais e reivindicar a paternidade do nascituro.[78]

Pode-se argumentar que a existência de tal prática na história recente não significa que seja uma instituição antiga. Essa linha de argumentação é plausível, mas, nas tradições orais, particularmente aquelas relativas aos orixás (divindades), não é incomum ouvir como um orixá macho *gbà* (tira) a *aya* de outro. A inocência de *aya* sugerida pelo verbo *gbà* é interessante o suficiente, mas meu ponto é que o idioma é usado aqui exatamente da mesma maneira que o ato é atribuído a pessoas humanas. As divindades iorubás se comportam como pessoas humanas; na verdade, algumas delas são seres humanos deificados. A tendência, desde a imposição do cristianismo e dos valores vitorianos, é reduzir a liberdade sexual para *obìnrin*. Consequentemente, é mais lógico postular que a instituição *àlè* possui profundas raízes autóctones – não poderia ter se originado com a moralização cristã sobre sexo ou as restrições vitorianas às mulheres.

VISÕES GENERIFICADAS: ESPAÇOS, ROSTOS E LUGARES NA DIVISÃO DO TRABALHO

> Em seu apogeu, Ọyọ́-ilé foi um centro de comércio; as mercadorias chegavam a seus mercados a partir do Atlântico e de cidades no Sudão Ocidental, além do Níger, e eram vendidas ao lado dos produtos da própria Iorubalândia.[79]

Em estudos sobre a sociedade, o conceito da divisão sexual do trabalho é invocado como um mantra, sendo sua existência universal e atemporal tida como certa. Niara Sudarkasa descreve uma "divisão do trabalho por sexo" na antiga sociedade Oyó, na qual os homens são classificados como agricultores e mulheres como comerciantes.[80] Algumas pessoas que realizaram pesquisas chegaram ao ponto de elevar esse conceito do mundo terrestre de humanos para o mundo celestial das divindades. Por exemplo, B. Belasco, em sua discussão sobre a sociedade iorubá, postula uma divisão sexual do trabalho entre deidades iorubás, partindo do pressuposto de que há um consenso sobre quais divindades são masculinas e quais não são.[81] O debate sobre a divisão do trabalho na velha sociedade Oyó, portanto, é na verdade formulado por questões sobre quando as mulheres se tornaram dominantes no comércio. Embora isso fosse considerado uma curiosidade, quando não uma anomalia, essa divisão do trabalho por gênero raramente era questionada. A antropóloga Jane Guyer escreve:

A divisão sexual do trabalho entre os povos iorubás parece *menos embutida em uma elaborada lógica cultural de diferenças e oposições entre homens e mulheres.* As discussões sobre a divisão do trabalho por sexo são formuladas em termos de pragmatismo e não de metafísica, e não encontrei na literatura nenhuma análise detalhada da ligação entre o conceito de feminilidade no pensamento religioso e as tarefas femininas da vida cotidiana.[82]

Guyer está correta sobre a ausência de uma lógica cultural generificada, mas está enganada ao supor que a divisão do trabalho entre iorubás não envolvia a metafísica: sim; apenas não era uma metafísica de gênero, mas uma baseada na linhagem. A discussão subsequente mostrará isso. Além disso, Guyer não conseguiu encontrar noções de "tarefas femininas" simplesmente porque essa noção de trabalho generificado não existia na concepção autóctone iorubá.

Em muitas outras culturas, tarefas como cozinhar eram limitadas às mulheres. Na Iorubalândia, como mostrei em uma seção anterior, foi *aya*, e não *obìnrin*, quem cozinhava. Além disso, a cozinha não podia ser estereotipada como o trabalho da *obìnrin* porque o *okùnrin* cozinhava regularmente em suas longas viagens a terras de cultivo – suas *aya* raramente estavam com eles porque buscavam seu próprio sustento. Lembre-se da observação de Sudarkasa de que "para o almoço, alguns fazendeiros fervem e comem uma ou duas fatias de inhame nos campos".[83] Da mesma forma, a guerra, que em muitas culturas é construída como um empreendimento masculino, não foi entendida assim na Iorubalândia. Como a eficácia na guerra envolveu o controle de forças místicas e sobrenaturais, muitas das quais eram controladas por Iyá mi Oxorongá (mães metafísicas – algumas vezes, inapropriadamente, chamadas de bruxas), não foi possível reduzir a participação na guerra às questões de gênero.[84] Historicamente, houve muitas *obìnrin* que se engajaram em combates e emergiram como heroínas de guerra. Um dos relatos mais pitorescos das batalhas de Oyó – uma cena descrita por Johnson e desenvolvida por Robert Smith, que coletou tradições orais em Oyó e suas províncias – diz respeito à batalha entre Ilayi e Borgu; os Oyó foram liderados por Aláàfin Orompoto, que foi uma "mulher-rei":[85]

As perdas de Oyó foram grandes e seu exército teria sido derrotado, se não fosse por um incidente incomum. Entre os mortos de Oyó estava uma das lideranças da Esho [Guarda Nobre], o general portando o título de Gbonka. Orompoto nomeou um novo Gbonka no campo, e quando este homem foi morto, ela nomeou um terceiro que, também, sucumbiu. O terceiro Gbonka estava paralisado pela morte trazida pelas flechas de Borgu, de joelhos, com a boca aberta e os dentes à mostra, como se sorrisse. Para os Borgu, parecia que este era um guerreiro vivo, imune a suas flechas, que ria de seus esforços. Alarmados, eles cessaram de atacar, e os Oyó, que estavam a ponto de recuar, se reuniram e finalmente conquistaram a vitória.[86]

Além disso, não se deve encobrir o fato de que, no século XIX, a guerra era um assunto comum. Temos uma excelente documentação disso nos estudos de J. F. Ade Ajayi e Robert Smith.[87] Tudo isso em conjunto indica que a suposição de uma divisão de trabalho por gênero – como a pressuposição de outros construtos de gênero na sociedade antiga Oyó – representa uma imposição equivocada de um quadro forâneo de referência.

Para compreender a divisão do trabalho em Oyó, devemos considerá-la em dois níveis – um referente ao espaço e outro, pessoal. No nível espacial, as principais arenas em que o trabalho ocorreu foram os *oko* (terras de cultivo), que ficavam a quilômetros de distância da cidade. Era uma sociedade agrária, cuja maioria dos membros era *àgbẹ̀* (agricultoras/ es). As terras de cultivo contrastavam com a *ìlú* (cidade), o centro urbano no qual as pessoas tinham seus *ilé* (habitações). A terra agrícola era vista principalmente como um local de trabalho, embora muitas vezes as pessoas agricultoras tivessem uma *aba* (cabana) na qual passavam semanas, se necessário. O *ìlú* era visto como um lugar de descanso e como o lugar para desfrutar da boa vida. Como se diz, *Ilé là'bọ̀ 'simi oko* (o lar é o lugar de descanso depois de qualquer jornada, inclusive a do campo). No interior das cidades, as pessoas estavam envolvidas em uma série de ocupações. O comércio de várias mercadorias foi predominante. As mercadorias comercializadas incluíam cultivos como *isu* (inhame), alimentos processados como *èlùbọ́* (farinha de inhame) e bens de luxo como *aṣọ* (tecido). O espaço mais específico em que o comércio ocorreu foi o *ọjà* (mercado), o principal deles geralmente ficava no centro da cidade, próximo ao palácio de *ọba*. Havia

114

vários mercados menores nos bairros; muitas vezes eles estavam associados a produtos específicos. Além dos limites de Oyó, havia outros organismos com os quais as pessoas negociavam que tinham seus próprios sistemas de mercado, organizações e especialidades.[88] Devido ao fato de que a economia tinha algum grau de especialização, certas profissões e ofícios como tecelagem, forja, cirurgia, divinação, caça, tingimento e entalhe em cabaça estavam associados a certas linhagens.

Quanto ao pessoal, a agricultura e o comércio estavam abertos a toda a população. A distinção entre comerciantes foi feita, no entanto, com base em (1) tipo de mercadoria vendida (por exemplo, *aláṣọ* era quem vendia tecidos; *elélùbọ́* era quem vendia farinha de inhame; *olónje* era quem vendia alimentos); (2) a distância percorrida (quem percorria longa distância era *aláròbọ̀* – quem vem e vai); e (3) a escala de operação (por exemplo, *aláṭẹ* era varejista, quem vendia em menor quantidade). Nenhum desses papéis foi entendido como limitados pelo sexo anatômico. Por essa razão, um dos termos mais infelizes usados no estudo de comerciantes na África Ocidental, e agora em todo o continente, é "mulheres do mercado". Como foi observado no capítulo 1, este termo dá a impressão de que o cromossomo X ou a anatomia feminina é a principal qualificação para se tornar comerciante, quando, de fato, em muitas sociedades africanas, a categoria de comerciantes e suas várias distinções não são baseadas na anatomia. Normalmente, os prefixos *ìyá* e *bàbá*, no caso iorubá, são adicionados à designação como um sinal de respeito e indicação de idade, e não de gênero. Assim, temos *ìyá* (mãe) *aláṣọ* e *bàbá* (pai) *aláṣọ*, ambos comerciantes de tecidos. Embora não houvesse ou houvesse poucos vendedores de comida *ọkùnrin*, na concepção Oyó, o que aquele vendedor de alimentos fazia não era diferente do que o *bàbá aláṣọ* fazia. *Wọn ńsòwò ni* (Basicamente, ambos estão negociando).

A generificação do *ọjà* (mercado) na literatura também exige um exame. Toyin Falola argumentou, de forma pouco convincente, que o mercado iorubá era um espaço predominantemente de mulheres.[89] A redução do espaço mais público e mais inclusivo da sociedade a um generificado "espaço para mulheres" exclusivo constitui uma grosseira deturpação. O *ọjà* estava em estreita relação com o *ààfin* (palácio), compartilhando o centro da cidade. Nas palavras de G. J. Afolabi Ojo, "Oba podia observar, de uma distância razoável, a assembleia regular de seu povo. Além disso, como era o centro das atividades econômicas do povo, o mercado estava situado no centro da cidade".[90] A natureza notoriamente pública e não exclusiva do *ọjà* era aparente em ditos comuns como *ayé lọjà, òrun nilé* (A terra é um mercado, e a outra dimensão é um lar). Também se dizia que *wèrè tó bá ti w'ọjà kòṣee wò* (Uma pessoa mentalmente instável que entra no mercado nunca pode ser curada). A alegação que é articulada neste ditado é que uma vez que pessoas loucas foram a este espaço público e foram reconhecidas como loucas por todos que as viram, elas seriam rotuladas como loucas. Devido ao grande número de pessoas no mercado, seria impossível abalar o rótulo de "loucura incurável" e, portanto, a possibilidade de cura foi afastada. Além disso, o *ọjà* era literal e metaforicamente uma encruzilhada onde uma multidão de povos de diferentes esferas da vida, diferentes cidades, diferentes nacionalidades e até mesmo diferentes "seres" se encontravam. Porque as pessoas se aproximaram do mercado de diferentes lugares e de várias direções, foi dito que *ònà kán ò w'ọjà* (Não há um caminho único para o mercado). Além disso, acreditava-se também que os espíritos residiam no mercado e que orixás (divindades), como Exu e outros seres sobrenaturais e invisíveis, estavam presentes nesse cenário.[91] Falola poderia nos dizer a "identidade de gênero" desses seres invisíveis? Obviamente, na concepção iorubá, o *ọjà* era o domínio mais aberto de toda a cidade, não identificado com um único grupo. Embora os mercados noturnos – das 18h30 às 22h30 – tenham ocorrido, entendeu-se que, à meia-noite, o mercado tinha que ser desocupado por humanos e entregue aos espíritos. Por que, então, Falola privilegiaria aqueles que ocupavam o mercado durante o dia sobre aqueles que estavam presentes a partir da meia-noite? Fazer isso desconsidera a concepção iorubá em favor do ponto de vista ocidental. Falola privilegia o físico em detrimento do metafísico, que não é a norma iorubá. Além disso, os mercados não eram apenas para negociação; eles também foram pontos de encontro para pessoas de todas as esferas da vida. Os mercados também eram lugares para a reencenação de importantes rituais históricos do Estado. A mitologia sobre *ọbá m'ọrọ̀* e *ènìyàn òrìsà* foi "realizada pela primeira vez no mercado real".[92] A descrição de Sudarkasa do mercado noturno em Aáwẹ e Oyó diz também que:

> Os mercados noturnos são centros sociais mais importantes que os mercados diurnos. Os mercados noturnos são lugares aonde as pessoas que celebram ocasiões importantes trazem sua comitiva e tocadores. No mercado Akesan em Oyó, dificilmente uma noite se passa sem a aparição de um grupo de dançarinos no mercado. Pessoas celebrando casamentos, funerais e outras ocasiões dançam no mercado em uma das noites em que as comemorações acontecem.[93]

Pelo exposto, é impossível entender por que Falola destacaria um grupo chamado mulheres e lhes daria este espaço privilegiado, mesmo quando ele está nos dizendo que era um grupo socialmente marginalizado. Naturalmente, ele não explica como chegou a essa hipótese. Como outras pessoas que realizaram pesquisas, ele assume o que se propõe a provar – a existência de "mulheres" como uma categoria social e sua subordinação universal. Tal afirmação é, como argumentei, espúria e não pode ser sustentada pela evidência.

As profissões e os ofícios especializados eram prerrogativas de linhagens específicas no sistema político. A divisão do trabalho aqui era baseada na linhagem em que a participação na linhagem, e não a anatomia, era o pré-requisito para praticar tais profissões. Essa divisão do trabalho foi percebida em um nível metafísico. Os membros das linhagens especializadas eram vistos com um mandato exclusivo do orixá que permitia o desempenho adequado de suas profissões. Outras pessoas integrantes da sociedade foram consideradas incapazes e inaceitáveis por esse motivo. Em sua discussão sobre associações profissionais em sociedades africanas pré-coloniais, Cheikh Anta Diop explica a base discriminatória do acesso ocupacional:

> Um sujeito de fora de um ofício, mesmo que adquirisse toda a habilidade e ciência de uma vocação que não fosse de sua família, não seria capaz de praticá-lo

eficientemente, no sentido místico, porque não foram seus antepassados que firmaram o contrato inicial com o espírito que originalmente ensinara tal ofício à humanidade.[94]

A caça é um bom exemplo disso. Embora os caçadores geralmente sejam apresentados como anamachos, era mais provável que uma anafêmea de uma habitação de caça se tornasse uma caçadora que um anamacho de uma habitação não caçadora se tornasse um caçador. Isso se deve ao fato de que, embora a caça exigisse armas materiais como arcos, flechas e espingardas, as armas mais importantes do arsenal eram atribuições familiares das divindades, remédios, poções, encantamentos e talismãs, todos eles segredos familiares guardados cuidadosamente. Minha pesquisa em Ògbómòṣó confirma que a caça ainda é considerada mais como uma vocação familiar que como uma profissão específica de gênero. Eu entrevistei uma caçadora (*ìyá ọdẹ*), Dorcas Àmàó, que tinha cerca de 76 anos e ainda era ativa como *ọdẹ* (caçadora). Ela se vestia como seus colegas do sexo masculino e trabalhava como guarda de segurança como os outros caçadores. Durante o festival *ìgbé*, ela se juntou a eles para disparar sua arma e realizar outros rituais. Nascida em uma linhagem de caça, ela me contou a história de como se tornou uma caçadora ativa.[95] Em 1981, ela teve um sonho em que seu falecido pai, que havia sido um caçador experiente, apareceu em um grupo de outros antepassados falecidos dançando o *akitinpa* (dança dos caçadores). Enquanto dançavam em direção a ela, ela se juntou à dança e seu pai lhe entregou uma arma e ordenou que ela começasse a "disparar sua arma". Ela continuou: *Nigbati eniyan o gbo do dẹ̀jàá* (Não se deve desobedecer). Ela não tinha escolha a não ser realizar a determinação de seu pai. Quando perguntei se ela expressou, no sonho, alguma preocupação ao pai por ser fêmea, ela disse que não se preocupou com isso. De fato, a preocupação particular que ela expressou foi a de que ela era cristã – ela percebeu um conflito entre sua vocação familiar e sua religião escolhida, mas seu pai respondeu: "A religião não nos impede de praticar nossa vocação e rituais familiares".[96] Na época desse evento, ela morava com a família do marido, mas imediatamente partiu para sua habitação natal para anunciar a ocorrido. Não houve oposição por parte de nenhum membro de sua família de caçadores; pelo contrário, estavam todas(os) radiantes porque seu pai morto a escolheu para *f'ara hàn* (mostrar-se a ela). Um de seus irmãos mais novos, que caçava ativamente, ensinou-a a disparar uma espingarda e ela logo adquiriu uma. Seu caso, portanto, demonstra que a diferença anatômica não foi percebida como motivo de exclusão. Em sociedades nas quais existe uma divisão sexual do trabalho, esta geralmente é acompanhada por uma ideologia que procura restringir cada gênero a seu próprio âmbito específico. Não existem tais ideologias na cosmopercepção iorubá.

A experiência de Karin Barber, uma estudiosa das tradições orais io-rubás, pode servir como mais uma indicação da disjunção entre as suposições ocidentais sobre gênero e a compreensão iorubá. Em seu livro *I Could Speak Until Tomorrow*, Barber faz a observação de que "há poucas situações nas quais as mulheres são informadas de que não podem seguir um determinado caminho, porque são mulheres".[97] Ela então discute o caso de uma mulher adivinha – sacerdotisa que, do ponto de vista ocidental, é uma exceção em uma ocupação predominantemente masculina: "Quando tentei descobrir como as pessoas explicavam esse comportamento extra-ordinário, ninguém jamais sugeriu que houvesse algo de estranho nisso. Homens e mulheres afirmaram que nenhum código foi transgredido por suas ações e que nenhuma desaprovação foi dirigida a ela".[98] Barber con-clui, no entanto, que esse declarado princípio cultural de abertura e liber-dade de escolha das mulheres é limitado na prática. Isso pode ser verdade, mas se é, é porque ela registrou a sociedade iorubá do século XX, uma sociedade na qual as ideias sobre gênero estão cada vez mais entranhadas. No entanto, há uma disjunção mais fundamental entre as categorias que são invocadas por Barber e aquelas invocadas por suas(seus) informantes iorubás. Apesar da observação de Barber de que o mundo iorubá não é dicotomizado em macho e fêmea, suas próprias categorias conceituais são; e ela, de fato, chama o mundo de Ifá (divindade da divinação) de "o mundo do homem". É do seu ponto de vista, portanto, que a posição da anafêmea *aláwo* (sacerdotisa-adivinha) parece extraordinária. Barber considera a masculinidade como um requisito para se tornar um sacerdote-adivinho. Em contraste, para seus informantes iorubás, o anassexo deste não era uma questão. O que era mais importante para elas(eles) era sua educação (um atributo alcançado) e, mais importante ainda, suas conexões familiares (uma atribuição). Isto é o que um informante tinha a dizer sobre a anafêmea *aláwo*:

> Ela aprendeu Ifá. Se uma mulher vai para a escola, ela se torna uma pessoa educada; se ela aprende Ifá, ela se torna um babalaô. Seu pai era um babalaô, assim como seu marido, então ela pegou pouco a pouco deles. Nunca houve uma época em que a associação de babalaô dissesse que ela não tinha o direito de participar de suas atividades. Os versos que ela aprendeu eram os mesmos de outros babalaôs. Uma vez ela soube que era babalaô[99]... Tanto homens como mulheres vêm consultá-la.[100]

Desde o referencial iorubá, teria sido mais excepcional se essa mulher tivesse se tornado uma *aláwo* sem que seu pai ou qualquer outro ancestral tivesse sido. Como as ocupações eram baseadas na linhagem, não era notável que ela exercesse a profissão de sua família como outros babalaôs e suas proles fizeram na Iorubalândia. Isso não foi uma exceção no universo da divinação-sacerdócio porque, como a maioria dos outros (homens ou mulheres), ela herdou a profissão. Como se diria em iorubá, *Ó bá olá nílé ni* (Tudo fica em família).[101] O mesmo se aplica à forja, à tecelagem ou a qualquer outra ocupação que existisse na Velha Oyó. Tanto *okùnrin* como *obìnrin* estavam representadas(os) em todas as ocupações.

QUESTIONANDO A ESTRUTURA DE GÊNERO

Apesar das evidências em contrário, quem se dedicou à investigação usou o gênero para explicar a divisão do trabalho na Velha Oyó. Amostras de tal discurso são apresentadas nesta seção para demonstrar a invenção de uma sociedade generificada e destacar outras questões relacionadas a essa. Ao pressupor a divisão de trabalho por gênero, as pessoas que realizaram pesquisas se concentraram em explicar o que eles viam como predominância feminina no comércio. Várias dessas pessoas fazem a alegação de que o comércio era uma profissão feminina que ocorria principalmente na cidade. A agricultura, em contraste, era associada aos machos e foi assumida como ocorrendo nos campos, que ficavam nos arredores das cidades, muitas vezes a quilômetros de distância. Esse aspecto espacial da divisão do trabalho, portanto, tem sido usado por quem pesquisa como base para explicar a divisão iorubá do trabalho. Como F. J. Pedler,[102] B. W. Hodder postula que a predominância feminina no mercado rural poderia remontar a condições de insegurança interna que tornariam inseguro para os homens se afastarem para os campos, enquanto as mulheres gozariam de relativa imunidade aos ataques.[103] Não é nítido por que Hodder acreditava que as fêmeas eram imunes a ataques. De fato, fontes históricas não apoiam essa hipótese – considere, por exemplo, os números de *obìnrin* iorubás e crianças que foram vendidas durante o comércio escravagista no Atlântico.[104]

A antropóloga Niara Sudarkasa, analisando os registros históricos que documentam o comércio feminino, conclui que as anafêmeas geralmente comercializavam localmente, dentro das cidades, e que muito poucas delas estavam envolvidas no comércio interurbano. Além disso, ela sugere que a razão pela qual os machos, e não as fêmeas, eram os fazendeiros no século XIX, era que "a agricultura só podia ficar a cargo daqueles que também tinham a responsabilidade de defender a sociedade contra o ataque de grupos hostis",[105] conclui ela, a agricultura e as operações militares andaram de mãos dadas, porque ambos ocorreram fora do porto seguro dos portões da cidade. Por mais plausível que essa linha de pensamento possa parecer, a apresentação dicotômica da agricultura e do comércio tem o efeito de desmentir a relação entre os dois e enfraquecer o papel de *obìnrin* na agricultura e, de fato, na produção em geral.

As principais mercadorias do comércio na sociedade iorubá eram os alimentos que os comerciantes compravam nos campos e levavam em suas cabeças para as cidades. O inhame e outros alimentos básicos eram processados e depois vendidos nos mercados. Isso não prova, no entanto, que sempre houve uma grande separação espacial entre campos e cidades. Os registros de Johnson lançam uma sombra sobre a divisão generificada entre a fazenda e a cidade quando ele descreve como "cidades na planície que estão muito expostas a ataques súbitos, ou aquelas que tiveram que ficar sob longos cercos, têm uma segunda parede ou parede externa cercando uma grande área que é usada para agricultura durante um cerco".[106] Além disso, uma série de relatos documentados por exploradores e missionários europeus descrevem a participação feminina no comércio interurbano. Por exemplo, Hugh Clapperton fez em seu diário a seguinte observação sobre a Iorubalândia: "Passamos por várias pessoas, principalmente mulheres, pesadamente carregadas de panos, bananas-da-terra e uma pasta de milho indiano picado".[107]

Outro aspecto da abordagem de Sudarkasa prenuncia algumas teorias feministas que foram usadas para explicar a divisão sexual do trabalho no Ocidente e em outros lugares. Refiro-me especificamente à ideia de que, porque as mulheres são mães, elas não podem se dedicar a atividades que as levem muito longe da "esfera doméstica".[108] Assim, Sudarkasa postula que a maternidade é a principal razão para a domesticação das mulheres em geral. Seguindo a crença convencional dos Estudos Africanos de que o comércio de longa distância era domínio de machos, Sudarkasa argumenta que, mesmo na sociedade iorubá, apesar do domínio das fêmeas no comércio, o comércio de longa distância era conduzido por machos. Ela chega a essa conclusão porque o comércio de longa distância exigia ficar longe de casa semanas a fio, e isso é incompatível com a responsabilidade de cuidar das crianças. "Na Iorubalândia tradicional (como na sociedade atual), eram *principalmente* as mulheres que passaram da idade para engravidar que se dedicavam ao comércio de longa distância, o que exigia que elas ficassem longe de suas casas por semanas ou até mesmo meses. As mulheres que ainda eram responsáveis pela prole negociavam nos mercados locais".[109] Com base no pressuposto de que a maternidade domestica as mulheres, é lógico concluir que foram principalmente as mulheres na menopausa, que não tinham responsabilidade de cuidar de crianças, que estavam envolvidas no comércio de longa distância. Nesse caso, o comércio feminino de longa distância seria uma exceção e não a regra. Mas tal projeção é baseada em normas culturais ocidentais.

A construção iorubá da maternidade era muito diferente daquela que é projetada nessas fantasias baseadas no Ocidente. Para começar, as obrigações da maternidade, como as da paternidade, eram a principal razão para um emprego remunerado para todos os adultos, e o principal incentivo para acumular era a necessidade de fornecer um dote para a própria prole. A noção de que eram apenas mães idosas que se engajavam em comércio de longa distância é, portanto, problemática – quando as mulheres envelheciam, essas necessidades econômicas primárias já haviam sido atendidas. Além disso, com o envelhecimento individual, surgiam mudanças no ciclo familiar – esperava-se que a prole cuidasse da mãe e do pai e, em especial, que as avós ajudassem a cuidar das(os) netas(os). A mãe e o pai esperavam que sua prole cuidasse deles na velhice; o status social de mães, pais e prole dependia disso. Portanto, a imagem de uma velha mãe envolvida no comércio de longa distância após a "flor da idade"[110] (de qualquer modo que seja definida) não é apoiada pelas evidências.

De fato, as realidades socioeconômicas da Iorubalândia problematizam a teoria da maternidade como um papel de domesticação – parte da definição de maternidade iorubá foi que as mães devem sustentar materialmente sua prole. A própria Sudarkasa é bem explícita sobre isso; como ela observa, a maternidade era um *impulso* em vez de um *obstáculo* às atividades econômicas. Uma vez que o período de dar à luz ativamente é estendido por um longo período de tempo, dividir as mães em dois grupos (ou seja, as jovens e aquelas que passaram pela flor da idade) é muito limitado e reducionista. Havia outros tipos de mães – que não procriaram nem eram menopáusicas. É compreensível supor que ter uma criança recém-nascida tivesse consequências em todos os compromissos de uma mulher. Mas por quanto tempo? Além disso, muitas mães de crianças recém-nascidas teriam outras crianças, e é pouco provável que não tivessem levado em conta suas responsabilidades para com estas na estruturação de suas vidas.

Além disso, os arranjos de vida em grandes habitações, oferecendo uma multiplicidade de mães e pais, significavam que a criação das crianças não era uma experiência individualizada que recaía apenas sobre as mães. Muitas mães foram capazes de compartilhar responsabilidades de cuidar das crianças, libertando um grande número de mães em idade fértil para se envolver em qualquer atividade que desejasse. As crianças eram frequentemente supervisionadas por crianças mais velhas; pessoas idosas (de todos os tipos) participaram do cuidado; e bebês foram transportados nas costas de suas mães e em outras costas para o mercado. Uma vez reconhecido que a divisão do trabalho também abrangeu fatores de senioridade e geracionais, não é difícil perceber como a maternidade era compatível com o comércio de longa distância. Como já observei, até mesmo o chamado comércio local tinha um aspecto de longa distância, porque os gêneros alimentícios para o comércio tinham de ser trazidos dos campos que ficavam a quilômetros de distância.

DECOMPONDO O CONCEITO DE UMA DIVISÃO GENERIFICADA DO TRABALHO

A propensão a impor uma divisão de trabalho por gênero na velha sociedade Oyó decorre de várias suposições. Uma é que tal divisão é universal e atemporal. É necessário desmembrar o conceito de divisão do trabalho por gênero. Felicity Edholm, Olivia Harris e Kate Young distinguem entre (1) analisar a divisão sexual do trabalho como "designação diferencial de tarefas"; isto é "simplesmente declarar de outro modo que a diferenciação de gênero é realizada em atividades sociais específicas"; e (2) analisar "em que base outras tarefas que não as de procriação e amamentação são atribuídas a um sexo ou outro, isto é, o conteúdo da divisão sexual do trabalho e da natureza da apropriação e intercâmbio entre os produtos específicos do sexo".[111] Entretanto, como demonstrei acima, não havia produtos ou atribuição de tarefas específicos de gênero na Velha Oyó. *Okùnrin* e *obìnrin* estavam representados em todas as profissões, e a base da atribuição, em todo caso, era o pertencimento à linhagem.

Edholm, Harris e Young prosseguem sugerindo que, como o casal heterossexual é a base da divisão do trabalho, as análises acadêmicas da diferença de gênero nos papéis/ocupações devem se basear em papéis conjugais – marido/esposa ou mãe/pai. Essa abordagem é problemática em relação à Velha Oyó porque não havia um casal conjugal como tal, e as pessoas casadas não formavam uma unidade produtiva. De fato, a existência da poligamia tornou o modelo de papel conjugal complementar inaplicável. No que diz respeito ao modelo mãe/pai, tanto as mães como os pais tinham obrigações do "ganha-pão" para com as crianças. As mães parecem ter sido mais proeminentes e cruciais para a cotidiana existência e a sobrevivência de sua prole; mas os pais também tinham papéis muito importantes na vida de seus filhos, particularmente durante os ritos de passagem, como o casamento, que eram de grande importância na sociedade iorubá. De fato, o modelo parental na sociedade da Velha Oyó englobava muito mais do que os papéis de mãe e pai. Era mais uma divisão do trabalho entre os *ìdí-ìyá* (parentela materna – a casa da mãe) e os *ìdí-bàbá* (parentela paterna – a casa do pai). Uma anafêmea pertencente aos parentes paternos, por exemplo, desempenharia o papel do pai enquanto ela cumprisse as obrigações do lado paterno.

Assim, não podemos aplicar uma noção simples de complementaridade entre o papel dos pais e o papel das mães no cotidiano. Primeiro, uma noção mais complexa de complementaridade transcenderia a individualidade de mães e pais e deveria ser colocada no contexto do tempo de vida de *ọmọ* (criança). Em segundo lugar, a presença de múltiplas gerações e crianças de diferentes idades no *agbo-ilé* (habitação) abre a questão da divisão do cuidado das crianças entre as pessoas residentes. Terceiro, apresentar a divisão do trabalho na sociedade iorubá em termos de papel conjugal ignora o fato de que pessoas em relação de irmandade tinham responsabilidades concretas umas para com as outras e para com as várias *aya* e sua prole. Em quarto lugar, a principal responsabilidade dos anamachos e anafêmeas adultos entre si não era necessariamente de parceria conjugal; pessoas em relação de irmandade, mães e pais de ambos tinham direito a reivindicações, às vezes, na verdade, de primeira ordem.

Edholm, Harris e Young argumentam ainda que, em algumas situações, a questão crítica não é se certas tarefas eram "específicas em relação ao sexo" (a questão que dominava a literatura), mas quem controlava o trabalho e seus produtos[112] e quais tarefas eram mais altamente valorizadas pela cultura. A maternidade era a instituição mais valorizada na Iorubalândia, e qualquer coisa que fizesse de *obìnrin* uma mãe mais eficiente era promovida, mesmo que isso afetasse outras pessoas e outros compromissos. Lembre-se da atitude iorubá em relação à abstinência pós-parto. *Aya* e *oko* controlavam os produtos de seu próprio trabalho, pois não havia noção de propriedade conjugal. Essa relação de propriedade foi demonstrada no sistema de herança em que as partes do casal não herdaram propriedades entre si. Com relação ao comércio *versus* cultivo, não surgiram evidências de que um era mais valorizado do que o outro na época. No entanto, está bem documentado que o povo iorubá nesse tempo valorizava a cidade; associaram-na à boa vida e relações sociais. Isso pode sugerir que, em termos espaciais, a localização de comerciantes na cidade poderia ser percebida como mais vantajosa. Dizer que pessoas comerciantes eram vistas como mais importantes é extrapolar os limites das evidências. Em uma questão relacionada, Sudarkasa propõe que, no século XIX, a infantaria era mais valorizada do que a agricultura em Ibadan, uma das organizações políticas iorubás.[113] Ibadan havia ganhado ascendência militar, e o aventureirismo militar havia se tornado um caminho para os machos obterem riqueza. Como resultado deste desenvolvimento, a agricultura durante esse período foi considerada como trabalho fatigante.

O problema do categorialismo talvez seja outro fator para explicar a inclinação para erguer uma divisão do trabalho por gênero. R. W. Connell identificou uma das principais características da abordagem categórica na teoria social como o foco na "categoria como uma unidade, em vez dos processos pelos quais a categoria é constituída, ou os elementos que a constituem... A ordem social como um todo é retratada em termos de poucas categorias principais – geralmente duas – relacionadas entre si por poder e conflito de interesses".[114] O categorialismo é nítido na análise da ordem social, onde, apesar de uma variedade de possíveis compromissos econômicos e da complexidade da divisão do trabalho, os anamachos são reduzidos a fazendeiros e as anafêmeas a comerciantes. Connell continua a discutir como a divisão do trabalho por gênero é mapeada em análises categoriais. "As análises da divisão sexual do trabalho, por exemplo, geralmente estabelecem as categorias de gênero como uma linha simples de demarcação na vida econômica, adicionando uma complexidade ao mapear as voltas e reviravoltas dessa linha em diferentes sociedades". Ele argumenta ainda que apenas algumas pessoas dedicadas à pesquisa se preocupam com "'a realização da ocupação de uma mulher'... um ponto que, ao tornar o processo de construção de categorias uma questão central, desvia a lógica abstrata do categorialismo".[115] A observação de Jane Guyer sobre a maneira categorial pela qual as ocupações são definidas também é instrutiva. No que diz respeito à agricultura, ela escreve: "É preciso deixar de lado a designação essencialmente europeia da agricultura como uma única categoria ocupacional para entender a lógica da divisão de tarefas nesses sistemas [iorubá e beti]".[116] Da mesma forma, há que se lembrar que as pessoas tinham múltiplas ocupações; por exemplo, muitas pessoas que exerciam o sacerdócio-divinação praticavam também a agricultura. Muitas pessoas cultivaram para negociar. Portanto, a separação entre comércio e agricultura na literatura é injustificada.

Esta seção destacou o categorialismo de gênero de intérpretes da sociedade Oyó. Argumentei que a criação das categorias "homens" e "mulheres" e o mapeamento de tais ocupações na agricultura e no comércio, respectivamente, em uma sociedade na qual *okùnrin* e *obìnrin* estavam representados em ambas as ocupações, não têm fundamento e não passam de uma imposição de um modelo forâneo que distorce a realidade e leva a uma falsa simplificação dos papéis e relações sociais.

A estatística tem sido a base mais crucial para o estabelecimento de categorias. Portanto, o fundamental para muitas análises é o que pode ser chamado de "categorialismo estatístico". Com base nisso, argumenta-se que homens e mulheres estavam desproporcionalmente representados nas diferentes categorias. Assim, se comerciantes eram em sua maioria mulheres, então o comércio é categorizado como o trabalho de uma mulher. Este processo subestima os números na categoria de oposição (também instalada por quem investiga), e esses números são geralmente ignorados e não contribuem em nada para a discussão. O principal problema com o categorialismo estatístico é que ele estabelece as categorias "homens" e "mulheres" *a priori* e, em seguida, usa estatísticas para validar as suposições não comprovadas. As estatísticas não são inocentes – elas são coletadas em termos de um foco de pesquisa que é sustentado por pressuposições sobre a natureza da vida e das sociedades humanas. As estatísticas só fazem o que quem pesquisa quer que elas façam. Assim, em referência à antiga sociedade Oyó, as estatísticas apresentadas para apoiar a afirmação de que houve uma ordem social de gênero são, na verdade, o trabalho dos próprios acadêmicos realizando uma estatística generificada.

A partir da abordagem deste livro, a existência de homens e mulheres como categorias sociais deve ser comprovada antes de uma análise estatística para mostrar sua prevalência. Além disso, devemos voltar ao argumento mais fundamental deste livro – ao contrário das sociedades ocidentais, as diferenças anatômicas humanas não eram a base das categorias sociais na Iorubalândia. As estatísticas nada mais são do que uma "contagem de corpos"; elas são apenas outra maneira de validar a noção ocidental de que os corpos físicos são necessariamente corpos sociais.

A antropóloga Jane Atkinson mostrou que, na sociedade Wana do sudeste da Ásia, todos os papéis sociais são igualmente abertos a homens e mulheres. Ela questiona, no entanto, por que estatisticamente as mulheres são menos representadas na profissão prestigiosa de xamã. Ela conclui que "uma mulher Wana que se torna uma xamã poderosa não quebrou as regras, mas superou as probabilidades".[117] As probabilidades são a linguagem suprema das estatísticas e falam da obsessão ocidental com a mensuração e a preocupação com "evidências que podemos ver".[118] As probabilidades aqui não são feitas pelos Wana; elas são, na verdade, invenções da própria Atkinson. Atkinson reconhece que a cosmopercepção Wana é diferente da cosmovisão ocidental. O que falta em muitas análises advindas do Ocidente é a percepção de que categorias mais importantes podem estar em funcionamento, categorias informadas e constituídas a partir do quadro de referência autóctone. É possível, por exemplo, que a maioria das pessoas xamãs Wana ou divinadoras-sacerdotisas iorubás assumissem essas atividades em função de sua primogenitura. Quem pesquisa não pode saber se a ordem de nascimento não é uma categoria conceitual da investigação. Outras categorias cruciais poderiam ser quem nasceu sob a lua cheia ou a segunda criança nascida da segunda esposa. Seria possível continuar, mas o ponto é que as categorias ocidentais, como o gênero, são globalizadas e implantadas como válidas universalmente, ainda quando outras categorias locais mais importantes podem ter se tornado irrelevantes e, portanto, inconcebíveis. O argumento apresentado aqui também não é irrelevante para as sociedades ocidentais, porque poderia haver outras categorias fundamentais que são igualmente importantes na interpretação dessas sociedades. Categorias raciais vêm prontamente à mente. Nas sociedades ocidentais, a senioridade e a ordem de nascimento são fatores importantes na determinação do acesso, oportunidades e identidades pessoais das pessoas; no entanto, essas variáveis não receberam tanta atenção quanto deveriam. Em um estudo do radicalismo nas sociedades ocidentais, Frank Sulloway afirma que a ordem de nascimento é o fator mais importante que determina quem se tornará um rebelde na família.[119] A explicação do motivo pelo qual certas variáveis são privilegiadas em detrimento de outras por quem pesquisa é importante para entender as sociedades e a teoria social. No discurso escrito sobre os povos iorubás, o gênero é privilegiado sobre a senioridade, apenas por causa do domínio ocidental na conceituação de problemas de pesquisa e na teoria social.

GÊNERO COMO CONSTRUÇÃO TEÓRICA E IDEOLÓGICA

Como demonstrei repetidamente antes, nos discursos ocidentais, o gênero é concebido, antes de mais nada, como uma categoria biológica dicotômica que é então usada como base para a construção de hierarquias sociais.

O corpo é usado como chave para situar as pessoas no sistema social ocidental, na medida em que a posse ou a ausência de certas partes do corpo inscreve diferentes privilégios e desvantagens sociais. O gênero masculino é o gênero privilegiado. Mas essas observações não são verdadeiras no quadro de referência iorubá. Assim, as construções de gênero não são em si mesmas biológicas – elas são culturalmente construídas, e sua manutenção é uma função dos sistemas culturais. Consequentemente, usar as teorias de gênero ocidentais para interpretar outras sociedades sem recorrer a suas próprias cosmopercepções impõe a elas um modelo ocidental.

Edholm, Harris e Young concluem que "os conceitos que empregamos para pensar sobre as *mulheres* são parte de todo um aparato ideológico que no passado nos desencorajou de analisar o trabalho das *mulheres* e as esferas das *mulheres* como parte integrante da produção social".[120] Estou de acordo com a ideia de que os conceitos fazem parte do aparato ideológico. No entanto, essas pessoas que pesquisam caem na armadilha ideológica que elucidam – eles empregam o conceito de "mulheres" como um dado, e não como parte de "todo um aparato ideológico". Mulher/mulheres é uma construção social, embora seja invocada de maneira associal e a-historicamente. Não havia mulheres na sociedade iorubá até recentemente. Havia, obviamente, *obìnrin*. As *obìnrin* são anafêmeas. Sua anatomia, assim como a dos *okùnrin* (anamachos), não as privilegiava para nenhuma posição social e, da mesma forma, não prejudicava seu acesso a qualquer posição social.

A exportação mundial da teoria feminista, por exemplo, faz parte do processo de promoção de normas e valores ocidentais. Acatada por seu valor aparente, a incumbência feminista de tornar as mulheres visíveis é levada a cabo submergindo muitas categorias locais e regionais, o que de fato impõe valores culturais ocidentais. A formação global de gênero é então um processo imperialista possibilitado pelo domínio material e intelectual ocidental. Com efeito, uma das recomendações mais importantes que emerge da minha análise da sociedade iorubá é que, em qualquer consideração de construção de gênero, quem pesquisa deve se preocupar não apenas com os "porquês" do gênero, mas também com os "quem" – porque um determina o outro. Ou seja, quando quem investiga diz que o gênero é socialmente construído, temos não apenas que localizar o que está sendo construído, mas também identificar quem (singular e plural) faz a construção. Para retornar à metáfora do edifício usada anteriormente, quantos dos tijolos para a construção do edifício provêm da sociedade em questão? Quantos vêm de quem investiga? E, finalmente, quantos vêm do público?

O problema do gênero nos Estudos Africanos tem sido geralmente colocado como a questão da mulher, isto é, em termos de quanto as mulheres são oprimidas pelo patriarcado em qualquer sociedade. As mulheres e o patriarcado são aceitos com naturalidade e, portanto, são deixados sem análise e sem explicação. No entanto, ao mapear o quadro de referência iorubá, ficou explícito que a categoria social "mulher" – identificada anatomicamente e percebida como vítima e socialmente desfavorecida – não existia. Assumir *a priori* a questão da mulher constitui uma aplicação infundada do modelo ocidental, privilegiando o modo ocidental de ver e, assim, apagando o modelo iorubá de ser.

Em conclusão, o que o caso iorubá nos diz sobre gênero como categoria é que este não é um dado. Assim, como uma ferramenta analítica, ele não pode ser invocado da mesma maneira e no mesmo grau em diferentes situações no tempo e no espaço. O gênero é tanto uma construção social quanto histórica. Não há dúvida de que o gênero tem seu lugar e tempo nas análises acadêmicas, mas seu lugar e seu tempo não eram a sociedade iorubá pré-colonial. O tempo do "gênero" viria durante o período colonial, que será discutido nos capítulos seguintes. Mesmo em referência a esses períodos, o gênero não pode ser teorizado em si mesmo; ele deve estar localizado dentro de sistemas culturais – locais e globais –, e sua história e articulações devem ser mapeadas criticamente junto com outros aspectos dos sistemas sociais.

FAZENDO HISTÓRIA, CRIANDO GÊNERO: A INVENÇÃO DE HOMENS E REIS NA ESCRITA DAS TRADIÇÕES ORAIS DE OYÓ

> Quando falamos de tradições ou histórias africanas, queremos dizer tradição oral; e nenhuma tentativa de penetrar na história e no espírito dos povos africanos é válida, a menos que se baseie na herança de conhecimento de todo tipo transmitido pacientemente de boca em orelha, de mestre para discípulo, através dos séculos.
>
> Amadou Hampâté Bâ, *"Approaching Africa"*

De todas as coisas que foram produzidas na África durante o período colonial – cultivos comerciais, Estados e tribos, para citar alguns – a história e a tradição são as menos reconhecidas. Isso não significa que os povos africanos não tivessem história antes que o homem branco viesse. Mais apropriadamente, faço as seguintes distinções: primeiro, história como experiência vivida; segundo, a história como um registro da experiência vivida que é codificada nas tradições orais;[1] e, terceiro, a história escrita. A última categoria está muito ligada aos compromissos europeus com a África e à introdução da "escrita histórica" como disciplina e profissão. De fato, é importante reconhecer que a história africana, incluindo as tradições orais, foi registrada como resultado do ataque europeu. Isso ressalta o fato de que interesses ideológicos estavam em ação na construção da história africana, como é o caso de toda a história. A tradição é constantemente reinventada para refletir esses interesses. A. I. Asiwaju, por exemplo, em um ensaio examinando as motivações políticas e manipulações da tradição oral na constituição do *ọbanato* em diferentes partes de Iorubalândia durante o período colonial, escreve: "Na era do domínio europeu, particularmente do domínio britânico, quando o governo frequentemente baseava a maioria de suas decisões sobre as reivindicações locais acerca da evidência da história tradicional, uma boa proporção dos dados tendia a ser manipulada deliberadamente".[2] Esse processo de manipulação produziu exemplos do que Asiwaju se refere, com humor, como *"nouveau rois* da Iorubalândia".[3]

O conceito de "tradições inventadas"[4] é útil para sondar a reconstituição das tradições orais africanas no período contemporâneo. Eu o aciono por reconhecer a implicação do presente no passado, em vez de fazer uma alegação "presentista"[5] de que o passado é apenas fabricado para refletir os interesses presentes. A elaboração de J. D. Y. Peel da ideia de "reprodução estereotipada" ou o condicionamento mútuo do passado e do presente é uma abordagem mais útil nesse caso. Peel declara: "Quando possível, a prática atual é regida pelo modelo da prática passada e, onde a mudança ocorre, há uma tendência a retrabalhar o passado para fazer parecer que a prática passada governou a prática atual".[6]

A noção de tradições inventadas não implica necessariamente desonestidade; o processo é geralmente muito mais inconsciente. De fato, é um testemunho da natureza imediata da evidência e da posição de qualquer registro particular do passado. Como Arjun Appadurai nos lembra: "Embora o passado seja inerentemente discutível, não é um recurso simbólico infinito e plástico, totalmente suscetível a propósitos contemporâneos (...). Pelo contrário, o passado é um recurso cultural governado por regras e, portanto, finito. Tal como acontece com outros tipos de regras culturais, tudo é possível, mas apenas algumas coisas são permissíveis".[7] O que é permissível é culturalmente limitado. A ideia expressa na noção de permissibilidade é que a extensão em que o passado é maleável para os propósitos atuais é limitada. Embora muitas coisas possam mudar, algumas coisas devem permanecer as mesmas. A tarefa da sociologia histórica é perceber quais instituições mudaram e quais permaneceram as mesmas em conteúdo e em forma e quais processos históricos e forças culturais tornaram tais mudanças e continuidades "permissíveis", para usar o termo de Appadurai. Também é importante notar que há uma leitura positiva da noção de tradições inventadas que reconhece que as tradições, como um corpo de conhecimento, não são estáticas, mas dinâmicas, e partem de um processo nas experiências vividas das pessoas. Consequentemente, a ideia de "invenção" não sugere que não haja tradições reais. Além disso, não significa que a mudança em si anule a existência da tradição como um todo.[8] A concepção iorubá de tradição *(àsà)* fala sobre a questão da interação entre o passado e o presente e a ação da pessoa que "reconta" a história a qualquer momento. Olabiyi Yai explica *àsà* da seguinte forma:

> Algo não pode ser qualificado como *àsà* sem ter sido resultado da escolha deliberada (*sà*), baseada no *discernimento e consciência das práticas e processos históricos* (*ìtàn*), individual ou coletivamente pelo *orí* individual ou coletivo (destino pessoal que é escolhido antes de entrar no mundo da humanidade). E como a escolha dirige o nascimento de *àsà* (tradição), esta última é permanentemente sujeita à metamorfose.[9]

Desde o período colonial, a história iorubá foi reconstituída por meio de um processo de invenção de tradições generificadas. Homens e mulheres foram inventados como categorias sociais, e a história é apresentada como dominada por atores masculinos. Os atores femininos estão virtualmente ausentes e, quando são reconhecidos, são reduzidos a exceções. A historiadora Bolanle Awe faz uma observação semelhante quando escreve que construir "a história das mulheres" foi difícil devido à "escassez de informações [sobre as conquistas femininas], particularmente provas documentais; (...) algumas mulheres notáveis da história foram confundidas com homens e suas realizações [foram] atribuídas a governantes do sexo masculino!"[10] Em um ensaio anterior, Awe aludiu a uma distinção entre a historiografia africana, com seu viés masculino, e as tradições orais africanas, que incluem todos os segmentos da população. Torna-se explícito, então, que a noção de "história das mulheres" como articulada pela "feminista internacional ocidental"[11] é problemática em relação à África. Subjacente à ideia da história das mulheres estão as suposições de: (1) que quaisquer relatos do passado que temos agora são, na verdade, a história dos homens; e (2) que aceitar tal conceituação seria legitimar afirmações que já sabemos serem falsas no caso de muitas sociedades africanas. Se devemos "recuperar a história das mulheres", nós, que nos dedicamos à pesquisa, não podemos ser a-históricos em nossa abordagem. A questão é: quando essa história se perdeu? E como foi possível em nossas sociedades que as histórias de "homens" e "mulheres" fossem assim separadas? Em suma, o conceito de viés de gênero na própria história exige um exame atento, na medida em que privilegia a tradição euro-estadunidense de história de predominância masculina sobre as tradições orais africanas, muitas vezes inclusivas. Tal privilégio faz sentido no período contemporâneo, mas com relação à longa duração da história iorubá, por exemplo, ele realmente não tem lugar. No esforço para corrigir o viés masculino da recente documentação histórica africana, quem pesquisa poderia começar com um reexame fundamental de tais historiografias como a *História Geral da África* e *Groundwork of Nigerian History* da Unesco, os quais Awe aponta como masculinamente enviesados.[12] Os trabalhos de pesquisa histórica, como os de Awe, dedicados a recolocarem as mulheres de volta na história, particularmente contra o pano de fundo das reconstruções históricas de predominância masculina do último século e meio, devem ser aplaudidos. Na contabilização de "passados", no entanto, fatores conjunturais não são menos importantes do que eventos históricos e fatos socioculturais.[13] É preciso perguntar: Quais são as origens dessa historiografia africana de viés masculino? E, mais importante, por que a história escrita em geral continua sendo androcêntrica?

Consequentemente, minha preocupação não é com a "história das mulheres", em si. Em vez disso, meu foco, mais fundamentalmente, é questionar a historicidade da interpretação de gênero das tradições orais de Oyó no trabalho de muitas pesquisas históricas contemporâneas. Meu objetivo é chamar a atenção para o fato de que escrever a história iorubá tem sido um processo de atribuição de gênero, no qual reis e homens foram criados a partir de tradições orais que eram originalmente isentas de categorias de gênero. Para traçar e explicar esses processos, questiono a obra de Samuel Johnson,[14] o historiador pioneiro dos povos iorubás, e outras escritas que abordaram a questão do gênero na historiografia de Oyó. Questões de linguagem, a transmissão de conhecimento, a identidade social de quem escreve a história, a coleção e tradução cultural das tradições orais também serão abordadas. Além disso, imagens do passado apresentadas na arte de Oyó serão examinadas, levando em conta o "olhar de gênero" que foi introduzido na interpretação do passado por quem construiu a historiografia da arte.

ENCONTRANDO O REI EM CADA HOMEM

Grande parte da história de Oyó-Iorubá foi escrita no modo tradicional de documentação histórica, centrado em eventos, repleto de sua super-representação de guerras, reis e grandes homens. Esse foco, que pressupõe um interesse indefinido, levou à ideia de que os atores masculinos dominavam em detrimento (e na virtual ausência de) "mulheres". No capítulo anterior, mostrei que as categorias de gênero não existiam como tais na antiga sociedade Oyó – o gênero não era um princípio organizador. A senioridade, definida pela idade relativa, era o princípio dominante. Assim, categorias sociais decorrentes de uma elaboração de distinções anatômicas – categorias como "homens" e "mulheres" ou reis – não existiam. As categorias sociais de Oyó eram isentas de gênero, na medida em que a anatomia não constituía a base para sua construção e elaboração. O acesso ao poder, exercício de autoridade e adesão em ocupações derivadas da linhagem, era regulado internamente pela idade e não pelo sexo.

Então, no que diz respeito à historiografia da Velha Oyó, as categorias "homens" e "mulheres" tiveram que ser inventadas. Essa invenção, no entanto, não foi sistemática. Seu ímpeto original estava enraizado na suposição de que o gênero é uma maneira natural de categorizar em qualquer sociedade e que o privilégio masculino é a manifestação definitiva de tal categorização. Essa suposição foi importada da história europeia como o modelo da história global; e por causa da colonização e da formação educacional de pessoas de origem africana que pesquisaram a história, muitas dessas pessoas não se afastaram do modelo ocidental, que elas aceitaram como natural. Por mais inestimável que tenha sido seu trabalho, é importante questionar em sua totalidade a suposição, na historiografia, de que o gênero era uma categoria nas sociedades da Velha Oyó e, de fato, da Iorubalândia. Do mesmo modo, a noção de dominação masculina, baseada no privilégio da posse do pênis, deve ser minuciosamente interrogada. Tais artigos de fé devem ser provados primeiro, não aceitos automaticamente, ou usados como base para discussão subsequente. O que e quem constitui a categoria "homens" e o que constitui os interesses masculinos deve ser explicado.

Por outro lado, a premissa impulsionada mais recentemente sobre a chamada posição das mulheres também precisa ser desconstruída. Ela também é fundamentalmente falha quando entende as categorias e interesses de gênero como dados atemporais. Além disso, é prejudicial para as mulheres: uma vez que assume a dominação masculina, transforma as fêmeas em posições de poder em "machos" ou exceções. Se o foco for mudado do status das mulheres para o status dos homens, pode ser possível situar algumas abordagens teóricas em um contexto histórico e cultural. Procuro reunir fatores socioculturais e conjunturais na interpretação das tradições orais de Oyó. Sustento, portanto, que o surgimento de homens e mulheres como categorias sociais no discurso Oyó-Iorubá foi um processo histórico e que qualquer interpretação da história que pressupõe que essas categorias sejam atemporais é inerentemente falha.

É importante entender que isso não é uma objeção polêmica à dominação social masculina. Meu foco, ao contrário, é examinar sistematicamente os blocos de construção do conhecimento histórico. O que se questiona é a alegação, na historiografia iorubá, de que a antiga sociedade Oyó era dominada por machos, quando nenhuma evidência jamais foi apresentada para sustentar essa posição. A história e a tradição do Oyó foram reconstituídas durante o período colonial, e a cosmopercepção e o quadro de referência autóctones foram subvertidos no processo de constituição das novas categorias sociais – homens, mulheres e reis, em particular.

Na primeira parte deste capítulo, questiono especificamente as listagens dinásticas de *aláàfin* (governantes) que foram apresentadas por vários compiladores locais e estrangeiros do passado. Essas listas pretendem mostrar que os governantes do sexo masculino eram a norma e que, se houvesse mulheres, elas eram exceções. A questão que surge então é: dado que os nomes, pronomes e categorias sociais de Oyó não têm especificidade de gênero, como quem escreveu a história decifrou o gênero da totalidade de *aláàfin* nas listas? Dito de outra forma: considerando a dificuldade de identificar o sexo anatômico, de uma distância espacial e temporal, e no contexto da língua iorubá, como os "compiladores" das listas foram capazes de identificar governantes particulares como machos, especialmente os que governaram antes do século XIX, período em que não havia relatos escritos de testemunhas oculares?

N. A. Fadipe observa um aspecto importante do problema de decifrar o gênero entre os povos iorubás quando se está a uma distância espacial e temporal do tema: "[A] introdução do pronome pessoal da terceira pessoa do singular *ó* em uma passagem escrita iorubá, na qual pessoas e coisas de vários gêneros já foram mencionados anteriormente, pode ser irritante, porque *ó* pode significar ele, ela, isso ou isto".[15] A fonte da irritação de Fadipe não está na língua iorubá, mas na mais recente imposição à sociedade da predileção europeia de categorização por gênero. Não se pode culpar o iorubá por não criar construções de gênero. O problema real é o erro de tradução e a distorção que resultaram do processo de imposição de modelos ocidentais na reconstrução do passado iorubá.

Em última instância, o argumento deste capítulo não é se as mulheres foram construídas como ausentes entre governantes Oyó-Iorubá, mas sobre a apresentação de *aláàfin* como homens; também, o capítulo problematiza a projeção do poder de governantes como sendo fundado na existência de privilégio e interesse masculinos. A ideia de que o privilégio inerente ao tipo de corpo masculino foi introduzido na pesquisa sobre os povos iorubás sem um exame cuidadoso do *ethos* cultural desse povo e dos parâmetros de codificação da informação; portanto, sem justificativa. Na Velha Oyó, não havia especificações de gênero legais, linguísticas ou culturais para o acesso a determinados cargos e posições. Antes de criar a categoria "reis" seria primeiro necessário criar a categoria "homens". Feito isso, os homens recebiam o governo do império, enquanto a parte residual da sociedade foi designada como domínio de outra categoria – rotulada de "mulheres". Esse processo derivou da suposição acrítica de que as categorias ocidentais eram universais. Assim, à medida que as tradições orais iorubás se tornavam parte da história global, adquiriam as feições das instituições culturais dominantes de seu tempo – tanto ocidentais quanto cristãs. Nessas tradições, acredita-se que o poder e a autoridade são prerrogativas do sexo masculino e, portanto, os interesses de gênero estão na base das instituições políticas.

Assim, quem se dedicava à história ou a outras pesquisas sobre a antiga sociedade de Oyó, partindo dessas suposições, deve ser pressionado para fornecer uma prova de que: (1) uma leitura de gênero das tradições iorubás é válida; (2) existia um sistema de governo que se baseava no interesse masculino e na sucessão exclusivamente masculina; (3) a hierarquia política era dominada pelos machos; (4) a masculinidade constituía um interesse social particular que promovia os homens como um grupo sobre as mulheres; e (5) tal sistema de gênero é atemporal.

Uma pesquisa documental sobre a história de Oyó mostra que todas as categorias que eram isentas de gênero tornaram-se generificadas e masculinas. A prole foi transformada em filhos, irmandade em irmãos, governantes em homens e *aláàfin* em reis – ao menos no nível da linguagem. Anafêmeas que ocuparam tronos foram rotineiramente rebaixadas a regentes. Isso faz parte do processo de patriarcalização da história de Oyó, um processo no qual a masculinização de *aláàfin* e da classe aristocrática em geral tem desempenhado um papel significativo. Esse processo também estimulou outro, a saber, a feminização de certas posições, através da qual a influência de mulheres no poder em toda a sociedade foi reduzida a um interesse indefinido, distinto do resto da comunidade. A generificação da história Oyó também surge no campo da história da arte, no qual a discussão do mundo visual assume dimensões sexuais.

FALANDO A HISTÓRIA: ESCUTANDO OS HOMENS

A história da publicação de *The History of the Yorubas*, do reverendo Samuel Johnson, é fascinante por si só, embora não haja espaço para narrá-la aqui. Basta dizer que, embora o manuscrito original tenha sido concluído em 1897, não foi publicado até 1921. Johnson era um iorubá, um Sàró,[16] cujo legado para seu povo era uma documentação de sua história. Não há dúvida de que sua motivação para escrever era nacionalista, e seu papel na documentação da história iorubá não pode ser subestimado. Robin Law, historiador do Império Oyó, afirma:

> As tradições históricas de Oyó não constituíam uma história de Oyó, até que articuladas por um historiador culto como Johnson. Em uma sociedade oral, não há tanto uma história tradicional quanto uma gama de tradições históricas, cada tradição (ou pelo menos cada grupo de tradições) com sua própria função e contexto institucional.[17]

Embora se possa concordar com o pronunciamento de Law sobre o papel fundamental de Johnson na construção da historiografia de Oyó, desde a abordagem dos povos iorubás, os vários *itãs* (narrativas) e informações codificadas em *orikis* (poesias laudatórias) constituem sua explicação do passado, com ou sem a intervenção de Johnson. Deve-se enfatizar que a compreensão, nas tradições históricas ocidentais pós-modernas, de que os pontos de vista estão implicados na documentação histórica e que os fatos históricos, em um dado momento, são um resultado da contestação, não é nova – essa percepção sempre foi levada em consideração na apresentação das tradições históricas iorubás. Os *itãs* e *orikis* são mobilizados criticamente na Iorubalândia com o seu papel perspectivo em mente; portanto, não há noções mistificadoras de objetividade.

A influência do reverendo Johnson na historiografia iorubá não pode ser subestimada no nível da história escrita ou das tradições orais. De fato, seu trabalho está sendo reabsorvido em tradições orais iorubás, em um processo de reação.[18] Como qualquer pioneiro, Johnson e seu trabalho foram criticados por pessoas que pesquisaram ou comentaram sua obra. Seu viés em favor do estado de Oyó foi observado,[19] e seu partidarismo cristão foi denunciado. A partir da abordagem deste estudo, no entanto, o que interessa é a lista dinástica de Johnson que, supostamente, mostra cada *aláàfin* que governou Oyó, desde o seu início. B. A. Agiri fez uma crítica abrangente de muitos aspectos do relato de Johnson.[20] Robin Law e Robert Smith levantaram questões sobre a factualidade desta lista *vis-à-vis* o número de *aláàfin*, a cronologia dos eventos, a duração dos reinados e até mesmo a ordem em que tais governantes reinaram.[21] O que atraiu pouca atenção é a suposição inquestionável de que tais *aláàfin* eram machos e que quaisquer fêmeas entre eles eram exceções.

Baseado em suas entrevistas com os *arókin*, historiadores oficiais de Oyó, Johnson compilou uma lista dinástica reproduzida aqui a partir do apêndice de seu livro (figura 1). Johnson diferencia Oduduá e Òrányàn dos outros, explicando que esses dois primeiros "reis" não reinaram em Oyó. Do terceiro *aláàfin* – Àjàká – diz-se ter sido chamado ao trono pela segunda vez (como o quinto "rei"). Iyayun, uma fêmea, é mencionada como tendo governado apenas como regente. Os demais nomes listados são apresentados como *aláàfin* machos.

Figura 1:
Lista Dinástica de Johnson

1. *Oduduwa*
2. *Oranyan*
3. *Ajaka*
4. *Sango*
5. *Ajaka*
6. *Aganju*
   Regent Iyayun
7. *Kori*
8. *Oluaso*
9. *Onogbogi*
10. *Ofinran*
11. *Eguoju*
12. *Orompoto*
13. *Ajiboyede*
14. *Abipa*
15. *Obalokun*
16. *Ajagbo*
17. *Odarawu*
18. *Kanran*
19. *Jayin*
20. *Ayibi*
21. *Osinyago*
22. *Gberu*
23. *Amuniwaiye*
24. *Onisile*
25. *Labisi*
26. *Awonbioju*
27. *Agboluaje*
28. *Majeogbe*
29. *Abiodun*
30. *Aole*
31. *Adebo*
32. *Maku*
33. *Majotu*
34. *Amodo*
35. *Oluewu*
36. *Atiba*
37. *Adelu*
38. *Adeyemi*

No entanto, a própria elaboração de Johnson da história da sucessão e as evidências apresentadas por outros historiadores mostram que há razões para acreditar que alguns dos *aláàfin* que governaram Oyó antes do século XIX eram fêmeas. Por exemplo, A. L. Hethersett, outro historiador local iorubá, que serviu como funcionário e intérprete dos britânicos em Lagos nas décadas de 1880 e 1890, reuniu, na tradição oral, uma lista dinástica de Oyó na qual Gbagida foi identificada como uma *aláàfin* fêmea.[22] Gbagida apareceu na lista de Johnson, mas sob um nome diferente – Johnson interpretou esse nome como um apelido para Onisile, o 24º governante de sua lista.[23] Esse fato demonstra que olhar para nomes "corretos" não é suficiente para determinar se qualquer *aláàfin* é macho ou fêmea. De fato, o próprio Johnson havia afirmado que, em iorubá, "nomes próprios raramente mostram qualquer distinção de sexo; a grande maioria deles se aplica igualmente bem a homens e mulheres".[24] Pesquisas mais recentes também mostraram que a 12ª governante da lista de Johnson, Orompòtò, era uma fêmea e que havia duas outras *oba* anafêmeas (governantes) não mencionadas: Adasobo (mãe de Òfinràn) e Bayani (irmã de Xangô). Robert Smith, que coletou tradições orais de várias categorias de funcionários em Ìgbòho e Nova Oyó na década de 1960, escreve sobre outra *oba* anafêmea: "Esse relato do sucesso militar do reinado de Orompòtò (…) confirmou que a guerreira Orompòtò era uma mulher (…). Um informante em Nova Oyó acrescentou que Orompòtò reinou por vinte anos (...) como uma mulher-rei (*oba obìnrin*)".[25]

A presença de governantes fêmeas certamente levanta questões sobre a suposição de um sistema de sucessão exclusivamente masculino. Por um lado, a fêmea *aláàfin*, independentemente de seu número, não pode ser descartada como exceção, a menos que houvesse uma regra explicitamente declarada da qual fêmeas fossem dispensadas. Até agora, não se demonstrou nenhuma existência desse tipo de regra. A questão mais fundamental levantada pela presença da *aláàfin* fêmea não é serem em pequeno número, porque isso não pode ser tomado como fato, mas como o gênero, fêmea ou macho, foi atribuído em primeiro lugar. Em outras palavras, a questão não é por que apenas quatro *aláàfin* são identificadas como fêmeas, mas como o resto deles foi identificado como macho. A questão principal diz respeito à natureza da instituição *aláàfin* na Velho Oyó e à representação feita por quem produziu a história.

Johnson estava ciente da natureza isenta de gênero das categorias iorubás em relação ao inglês e expressou reservas sobre a influência das categorias de gênero inglesas sobre os povos iorubás. No entanto, sua formação ocidental e cristã já havia moldado suas percepções sobre as ligações entre gênero, liderança e a custódia cultural do conhecimento. A presença de uma ideologia de gênero tendenciosa aos machos é indicada na introdução de seu livro, quando ele insta seus outros "irmãos" a seguirem seus passos e perguntarem sobre as histórias de outras partes de Iorubalândia "porque pode ser que os registros orais estejam preservados no que é transmitido de *pai para filho*".[26] De acordo com a ideologia ocidental, a formulação de Johnson separa as anafêmeas do processo de transmissão histórica e produção de conhecimento. Pode-se argumentar que o aparente viés de gênero na citação anterior é superficial, sendo meramente uma questão de tradução. Contudo, isso não parece ser o caso. Por um lado, a linguagem é importante em si e por si mesma; segundo, o viés de gênero de Johnson se torna mais nítido e sua cosmovisão é melhor apreendida quando examinamos a totalidade de seus escritos sobre eventos históricos e instituições culturais de Oyó.

Em qualquer processo de entrevista, a formulação da pergunta pode ser uma pista para a natureza da informação procurada e molda como esse conhecimento deve ser organizado. Law observa que

> A informação oral é normalmente oferecida apenas em resposta a uma questão, e tanto o seu conteúdo como a sua forma são grandemente influenciados pelas perguntas feitas. O problema do uso de tradições orais pelos historiadores letrados não é tanto que eles falsificaram o que ouviram (embora, sem dúvida, isso tenha ocorrido às vezes), mas que o processo de busca das informações orais muda seu caráter.[27]

Johnson se baseou exclusivamente nos *arókin* (memorialistas reais)[28] para obter informações sobre o período inicial da história iorubá. No entanto, seu relato não poderia ser idêntico ao que ele ouviu de *aró̩kin*, pelas seguintes razões: primeiro, a diferença na natureza da história oral e da história escrita;[29] segundo, a relação entre linguagem e tradução; terceiro, o papel mediador e interpretativo de Johnson, o compilador, comentado por ele mesmo. Por exemplo, ele observou que *aró̩kin* frequentemente apresentava diferentes versões de alguns eventos; só se pode supor que ele, como historiador culto, escolheu a que se ajustasse à grande narrativa da história de Oyó que ele produzia.

Os vieses de Johnson provavelmente afetaram seu papel como um compilador da tradição oral, particularmente nos pontos da coleta, tradução e transmissão. A partir da abordagem deste trabalho, o aspecto mais problemático de sua interpretação é a noção de que a sucessão ao trono estava aberta apenas aos membros machos da família. Embora não haja registros das perguntas que ele fez ao *aró̩kin* para obter as informações que coletou, é possível especular sobre a forma de questionamento que ele usou. Law sugeriu que Johnson poderia ter perguntado: "Quantos reis de Oyó existiram e em que ordem reinaram?".[30] O que é interessante é a implicação dessas questões na tradução do iorubá, já que é provável que Johnson as tenha registrado em iorubá e não em inglês. Meu interesse é na primeira parte da questão, que eu traduzo da seguinte maneira: *O̩ba/aláàfin mèèló̩ ló ti gun orí ìte̩ ní ìse̩dálè̩ ìlú Ò̩yó̩?* Nos dois idiomas, a questão difere em um sentido crucial, a saber, em inglês, o rei é uma categoria masculina, enquanto em iorubá, *o̩ba* e *aláàfin* são isentos de gênero, tornando a tradução de um para o outro, na melhor das hipóteses, confusa. Nitidamente, a importância da linguagem não pode ser subestimada como um código para transmitir ou interpretar percepções e valores, em vez de informações factuais; as palavras não são isentas de gênero em si mesmas – é o significado que lhes é atribuído no quadro de referência social mais amplo que determina o que elas representam. Johnson, sem dúvida, ouviu o que quem possuía a informação tinha a dizer, mas como havia uma lacuna tão grande entre seu quadro de referência e o de quem era entrevistado – uma lacuna revelada na divergência nas estruturas da linguagem –, *aró̩kin* poderia ter dado uma resposta a uma questão que *ele não perguntou*, a saber: quantos governantes (machos e fêmeas) houve? Assim, quando os memorialistas reais lhe deram os nomes dos governantes, eles não teriam excluído as mulheres, enquanto ele, tendo perguntado por *ọba*, que ele interpretava como reis (uma categoria masculina ocidental), teria assumido que eles eram todos do sexo masculino. No entanto, nem *aláàfin* nem *ọba* são traduzidos como "rei".

Além do texto de Law sobre a questão, é possível iniciar narrativas do passado colocando a questão de maneira diferente. Por exemplo, *Taló tẹ ìlú yĩ dó? Tani o tẹlé e?* (Quem fundou esta cidade? Quem lhe sucedeu?), é uma maneira comum de iniciar lições de história na Iorubalândia.[31] Como a questão em iorubá é isenta de gênero, os nomes apresentados na resposta de *arókin* não podem ser identificados como especificando o gênero masculino ou feminino. Ou Òrányán ou Xangô foi o fundador de Oyó; nem os nomes nem o ato de fundar uma entidade política sugerem qualquer especificidade de gênero. Nas tradições orais, tanto os anamachos como as anafêmeas são conhecidos por fundar linhagens e cidades. Por exemplo, existem várias tradições orais sobre a figura de Oduduá, que detém a progenitura iorubá, e o primeiro governante "mítico" da lista de Johnson. De acordo com alguns *itãs*, Oduduá era macho; de acordo com outros, a progenitora era fêmea. Permanecem as questões candentes: como um historiador contemporâneo como Johnson seleciona o gênero apropriado para um governante, particularmente quando reinava antes do século XIX e sobre quem não havia relatos de testemunhas oculares?[32] Como Johnson sabia o sexo de cada *aláàfin*? Como ele sabia, por exemplo, que Onisile, o 24º *aláàfin* de sua lista, era macho? A resposta simples é que ele não sabia. Johnson simplesmente admitiu como verdadeiro que *aláàfin* eram "reis" e, portanto, machos, uma vez que isso era percebido como a ordem natural das coisas, no ambiente ocidental, onde sua formação educacional e sensibilidade se formaram.

Robin Law questionou o quão verdadeiramente tradicional é a história tradicional. Usando a tradição oral iorubá como um estudo de caso, ele concluiu que "a lista de reis de Johnson não era tradicional, mas uma criação própria. Ou melhor, talvez, uma criação do *arókin* sob a influência de Johnson. Não há necessidade de acreditar que qualquer *aláàfin* de Johnson seja invenção".[33] Talvez seja correto afirmar que Johnson não inventou nenhum *aláàfin* específico; no entanto, a atribuição do gênero masculino a quase todos eles não é mais do que uma invenção. A invenção está na reinterpretação da instituição do *aláàfin* como paralela à realeza europeia. A lista em si pode não ter sido inventada, mas o gênero de governantes particulares foi inventado. A formulação de Law ("Quantos reis houve em Oyó e em que ordem reinaram?") da pergunta hipotética de Johnson a *arókin* reflete os dilemas de "traduzir culturas" – o problema é nítido nas referências de muitas das pessoas que escreveram essas listas de governantes isentas de gênero como "listas de reis" (machos). Na próxima seção, além da linguagem, se realiza um exame mais detalhado do processo de criação de instituições androcêntricas na história e cultura Oyó.

RETRANSMITINDO A HISTÓRIA: A VEICULAÇÃO DOS HOMENS

Definir a regra exata de sucessão na Velha Oyó é essencial. Quem investiga a história como J. A. Atanda confia em Johnson para uma compreensão da sucessão na Velha Oyó.[34] Outros, como Law, observam que "as dinâmicas da sucessão em Oyó são imperfeitamente conhecidas";[35] mas, apesar dessa observação, ainda continuam citando o que eu chamo de hipótese de Johnson de "sucessão *àrèmo*". B. A. Agiri conclui que "nada específico poderia ser lembrado sobre padrões de sucessão inicial, e Johnson remediou essa deficiência da maneira que achou mais apropriada".[36] O que está em questão é precisamente o fato de o pensamento de Johnson ser o mais apropriado, porque ele achava que esse era o modo mais provável de sucessão, e quais seriam suas implicações para a escrita da história de Oyó.

Segundo Johnson, a sucessão da Velha Oyó era exclusividade masculina – sendo o acesso baseado na primogenitura. Ele afirma que, nos tempos iniciais, "o filho mais velho naturalmente sucedia ao pai".[37] Mas, como Agiri nos lembra, "houve pelo menos uma ocasião, mesmo durante o período inicial, quando um filho, Egunoju, foi sucedido por sua *irmã*,

Orompoto".[38] E Smith relata que "informantes da Nova Oyó disseram que Òfinràn iniciou seu reinado sob a regência de sua mãe Adasobo".[39] Johnson elabora o sistema inicial de sucessão:

> O primeiro ato oficial do novo rei após sua coroação é criar um *àrẹ̀mọ*... O título é conferido ao filho mais velho do soberano de uma maneira formal, a cerimônia sendo denominada "batizado" como de um recém-nascido, portanto ele é frequentemente denominado "Ọmọ" por meio de distinção.... Quando o rei é jovem demais para ter um filho, ou seu filho é menor de idade, o título é conferido temporariamente a um irmão mais novo, ou parente mais próximo, que substitui um filho, mas assim que o filho é maior de idade, ele deve assumir seu título.[40]

Uma parte interessante da elucidação de Johnson da posição do *àrẹ̀mọ* é a noção de que ela mudou ao longo do tempo, em que houve um período durante o qual, por causa da suspeita de patricídio por algum *àrẹ̀mọ* anterior, tornou-se parte da lei e da constituição que a mãe tinha que reinar com o pai e também morrer com ele.[41] Mesmo com as alegadas mudanças, Johnson afirma que a sucessão permaneceu exclusiva ao macho. Um macho sucessor, ele postula, era escolhido dentre os "membros da família real; ele era considerado o mais digno; a idade e a proximidade do trono [também] levadas em consideração".[42]

No entanto, uma reavaliação da narrativa de Johnson traz à luz certas informações que não são explicadas pela estrutura de uma sucessão exclusivamente de machos. Por exemplo, o termo *àrẹ̀mọ* realmente significa primogênito. Vemos este uso comum do termo *àrẹ̀mọ* no *oriki* (cognome) de Aláàfin Ládùgbòlù (1920-1944), como registrado por J. A. Atanda:

> *Àrẹ̀mọ Awero, b'e ba nlo 'le mole*
> *Teru t'ọmọ ni o yo*
> *B'e ba ri baba*
> [O primeiro nascido de Awero, quando ele visita a habitação da
> linhagem de Mole,
> Tanto os escravos como os nascidos livres se regozijariam ao ver o pai.].[43]

Awero é o *oriki* pessoal de uma fêmea; portanto, presumivelmente, este é o nome da mãe de Aláàfin Ládùgbòlù, e Ládùgbòlù é tratado aqui como o primogênito de sua mãe. Isso não significa, no entanto, que ele também fosse o primogênito de seu pai, considerando que a família real era geralmente polígama. Assim, quando Johnson escreveu, por exemplo, que a coroa coube ao filho de Àjàká, Aganjú,[44] ou que Onigbogi era um dos filhos de Oluaso, ele provavelmente traduzia a palavra iorubá *ọmọ* para o inglês "filho". Poderia muito bem ter sido traduzida como "filha de" ou "irmão ou irmã de" (quando irmãos ou irmãs eram de gerações diferentes, quem era mais novo se referia como *ọmọ* de quem tinha mais idade). De fato, a melhor tradução de *ọmọ* nesse contexto é "descendente de ou parente de". Também deve ser notado que não havia nenhuma indicação quanto ao anassexo da pessoa descendente: frequentemente, não havia referência a mãe ou pai; e como um sujeito pode herdar igualmente de pai e mãe, não se pode assumir um anassexo. Lembremos que Òfinràn, o décimo *aláàfin* da lista de Johnson, teria herdado o trono de sua mãe Ọba Adasobo. Diversos *aláàfin* estiveram mais explicitamente identificados com a herança de suas mães – mais notavelmente Xangô, de quem a mãe foi considerada da prole real Nupê. Daí a denominação de Xangô como Ọmọ Elempe, descendente de Elempe, governante de Nupê.[45]

Tendo traduzido o termo sem gênero *àrèmọ* como o generificado "príncipe herdeiro", Johnson se deparou com a tarefa de explicar o que aconteceria se o primogênito fosse fêmea. Ele fez isso atribuindo à *àrèmọ* fêmea o título de "Princesa Real", que deveria ser conferido formalmente da mesma forma que o título "Príncipe herdeiro".[46] Contudo, após sua investidura, o papel formal da *àrèmọ* fêmea, de acordo com Johnson, parece ter terminado. Essa abordagem poderia ter se derivado da prática geral, segundo a qual, na sociedade mais ampla, no casamento, a prole feminina passa a residir na casa de sua família conjugal – sendo a residência do casamento patrilocal. No entanto, a patrilocalidade não era universal. Também era comum que descendentes femininos da realeza permanecessem em suas habitações natais, mesmo depois do casamento, e criassem sua prole em suas linhagens natais. Essa prática é sintetizada no ditado, *Ọmọ ọba ò kí ngbé lé ọkọ* (proles fêmeas reais não habitam a casa marital).[47] O próprio Johnson observou que "algumas moças de nobres casamentos se casarão com pessoas abaixo de sua posição, mas teriam seus filhos educados em sua própria casa, entre a prole de seu pai, e adotariam o totem dele".[48] Dado que a prole de tais fêmeas descendentes reais foi criada na casa real, isso introduziu a possibilidade de sucessão pelas fêmeas, como reconhecido por Johnson: "O direito ao trono é hereditário, mas exclusivamente na linha masculina ou na linhagem masculina das filhas do rei".[49]

No entanto, os relatos históricos de Johnson sobre a sucessão de alguns *aláàfin* contradizem a hipótese da sucessão exclusivamente masculina. Dois são aqui discutidos. Um diz respeito a Osinyago, o 21º *aláàfin* de sua lista. De acordo com Johnson, "Osinyago, que sucedeu ao trono, foi igualmente indigno.... Seu filho primogênito, como seu pai, era de uma propensão ávida, o que levou à sua morte prematura. O segundo filho [Omosun], embora uma fêmea, era masculino em caráter, e *considerou como dela a posição e privilégios do Àrèmọ* (Príncipe Real)".[50] Por um lado, se é presumida a sucessão exclusivamente masculina, então, a atitude de Omosun pareceria não apenas excêntrica, mas virtualmente insurrecionária. Assim, Johnson sentiu a necessidade de masculinizá-la, outro indicador de sua consciência ocidental de gênero, na qual a liderança feminina só poderia ser explicada pela infusão de certa dose de masculinidade. Por outro lado, se a percepção da sucessão não generificada é adotada, torna-se óbvio por que ela teria considerado o trono como direito seu: simplesmente não havia restrições sobre uma anafêmea assumindo o trono. A origem da disputa entre Omosun e seu primo, revelada na citação acima, mostra que ela esteve envolvida no governo desde que a disputa entre os dois surgiu sobre "o direito de nomear um novo *Asèyìn* com a morte do então rei de Ìṣéyìn [um estado tributário de Oyó]".[51]

Outro exemplo diz respeito à apresentação de Iyayun por Johnson como uma *ayaba* (consorte real) que supostamente se tornou regente: "Durante a minoridade de Kori, *Iyayun* foi declarada regente; ela usava a coroa, vestia as vestes reais, foi investida com o *ejìgba*, o *òpá ìlèkè* e outras insígnias reais; governava o reino como homem até que o filho atingisse a idade [para governar]".[52] No sistema tradicional de herança Oyó-Iorubá, esta era atribuída através de linhagens consanguíneas, e não conjugais. Surge então a questão do paradeiro de todos os outros membros da família real, o grande grupo de irmãos, pais e primos dos quais seria mais provável que selecionassem um sucessor. A prática da regência na Europa, na qual o trono passa a uma esposa através de seu filho menor é, em princípio, estranha à cultura iorubá. Assim, não é provável que uma *ayaba* (consorte real), que não é um membro da linhagem, tenha sido autorizada a assumir o trono sob qualquer circunstância. De fato, teria sido inaceitável para a realeza, e o *oyo mèsì* (conselho de chefes) consideraria uma usurpação máxima. Johnson pode ter introduzido esse conceito estranho para explicar o que ele considerava uma exceção (uma fêmea ocupando o trono), tendo se convencido de que o sexo feminino dessa governante não poderia ser encoberto.

Entretanto, dados os valores e as práticas culturais iorubás, é mais provável que Iyayun estivesse no trono simplesmente porque era descendente do *aláàfin* anterior, que poderia ter sido seu pai, mãe, irmão, irmã, tio ou tia. Em outras palavras, ela era mais propensa a ter sido um *omo oba* (descendente de um governante anterior) do que uma *ayaba*. Pode até ter havido alguma confusão sobre a identidade de Iyayun, já que Johnson também a apresenta como uma *omo oba* de uma das cidades provinciais, o que levanta a questão de qual era realmente sua identidade natal.[53] Também é provável que haja confusão sobre a ordem da sucessão; Iyayun pode ter reinado antes de seu filho, e ele pode realmente ter herdado o trono dela. Em qualquer caso, é difícil acreditar que ela era uma *ayaba* que subiu ao trono. As *ayaba* tiveram seus papéis, junto ao *aláàfin*, na hierarquia política; ocuparam muitas posições diferentes, que o próprio Johnson fez um grande esforço para explicar.[54] Diante de tudo isso, parece que a proposta de uma regência feminina é em grande parte uma invenção, sendo a maneira mais fácil de conciliar o fato histórico de uma *obìnrin* ocupar o trono com a suposição de trabalho de Johnson de uma sucessão exclusivamente masculina. Nesse processo, Johnson distorceu a governança de anafêmeas.

Nesse contexto, a descrição de Robert Smith sobre a *Aláàfin* Ọròmpọ̀tọ̀ pode ser avaliada. Smith coletou tradições orais de *arókin* na década de 1960, obtendo informações que não haviam sido registradas por Johnson. Segue o relato de Smith:

> Este relato da conquista militar do reinado de Orompoto [surpreendentemente] faz a afirmação, confirmada com relutância pelas autoridades de Nova Oyó, que a guerreira Orompoto era uma mulher, [uma] irmã e não [um] irmão de Egunoju. O relato mais específico é que ela assumiu o governo em função da juventude de Ajiboyede, filho de Egunoju. Um informante em Nova Oyó acrescentou que Orompoto reinou por vinte anos, não apenas como regente (*adele*), mas como uma mulher rei (*oba obinrin*)... *A referência persistente a Orompoto como mulher torna-se mais plausível quando recordamos que já houve pelo menos uma, possivelmente três regências femininas na história inicial de Oyó.*[55]

Neste caso, Ọròmpọ̀tọ̀ era uma *ọmọ ọba* (prole real) por direito. O fato de que ela tenha reinado em vez do filho de seu irmão não significa que ela tenha sido uma regente (representante temporária de um verdadeiro governante). Esse não é o primeiro caso de sucessão colateral, mesmo no relato de Johnson. De maneira plausível, ela reinou porque era a pessoa apropriada para estar no trono naquela época, dado que, na cultura iorubá, os direitos de herança de um membro da prole não eram automaticamente superiores aos dos irmãos ou irmãs. Seu reinado de vinte anos também sugere que ela foi reconhecida como uma verdadeira *aláàfin* de direito. O que é pertinente em relação ao papel interpretativo de quem investiga é que mesmo quando Smith cita um informante especificando que Ọròmpọ̀tọ̀ era uma "governante mulher", ele ainda tem que lutar para lidar com o conceito de uma governante fêmea, que ele só pode justificar enquadrando-a no conceito de regência, assim como Johnson fez antes dele. Como *ọba* (governante) não tem especificidade de gênero na língua iorubá, a nova expressão *ọba obìnrin* (fêmea governante) é estranha. Seria interessante saber se foi introduzido pelo informante ou por Smith.

Durante a pesquisa em Ògbómọ̀sọ́ eu encontrei uma atual governante fêmea de Máyà, uma aldeia que costumava estar sob jurisdição de Oyó. A atual *baálè̩* (liderança do povoado),[56] Olóyè Mary Ìgbàyílọlá Àlàrí, é fêmea, e pude realizar uma série de entrevistas com ela em março de 1996.[57] Ela tornou-se *baálè̩* em 20 de dezembro de 1967, pelo falecido *Ṣọún* de Ògbómọ̀sọ́, Ọlájídé Ọláyọdé, o que significava que ela já havia passado 29 anos no cargo. Ela foi a escolha unânime, apresentada por sua família para o cargo. Durante nossa conversa, perguntei por que ela foi escolhida pela família e se alguém levantou objeções à concessão do título por ela ser fêmea. Ela respondeu que não havia objeções e que, de fato, ela havia sido definida por seus familiares depois de chegarem à conclusão de que ela era a melhor pessoa da família para fazer o trabalho. Ela orgulhosamente enumerou suas realizações como *baálè̩*. Em Àrójé, outra aldeia nos arredores de Ògbómọ̀sọ́, havia outra governante fêmea. Fiz várias tentativas de entrevistá-la, mas não consegui. Ela morreu em maio de 1996. O atual *Ṣọún* (monarca) de Ògbómọ̀sọ́ (Ọba Ọládùńní Oyěwùmí), que fez dela a *baálè̩*, me disse que ela era a pessoa de direito ao trono. O *Ṣọún* apontou que, em certas organizações políticas e linhagens iorubás, o gênero masculino não é um pré-requisito para ocupar o trono. Baálè̩ Máyà era casada na época em que assumiu o cargo e disse que gozava do apoio do marido e da família dele.

Como Johnson, outros historiadores evidenciam os mesmos dilemas não resolvidos sobre gênero na história iorubá. Law questiona a alegação na lista de Hethersett de que Gbagida (Onisile), o 24º *aláàfin* na lista de Johnson, seja fêmea: "A alegação de que esse governante era uma mulher é difícil de explicar".[58] Law não diz por que tal alegação é difícil de aceitar, mas, dado o *ethos* sociocultural e a evidência histórica, sua própria rejeição de governantes fêmeas precisa ser examinada. Além disso, a ideia de que a prole real feminina era desprovida de direitos é igualmente difícil de sustentar, dada a existência de fêmeas governantes atuais, a falta de provas de que a maioria dos *aláàfin* listados fosse macho e as leis de herança iorubás. Muitas das pessoas contemporâneas que pesquisam a história parecem estar criando a história de Oyó em um vácuo cultural; se prestassem atenção a outras instituições, valores culturais e práticas, ficaria claro que algumas de suas suposições básicas precisariam de explicação.

Smith notou que a lista dinástica de Oyó pode ter sido consideravelmente reduzida porque muitos *aláàfin* anteriores foram esquecidos "porque descenderam da linhagem feminina e foram depois substituídos por descendentes na linhagem masculina".[59] J. D. Y. Peel confrontou o mesmo problema de gênero na lista de governantes no estado de Ilesha, outro domínio Iorubá. Segundo ele, apesar das narrativas orais sobre pelo menos seis fêmeas governantes, nenhuma das casas governantes contemporâneas quereria reivindicar a descendência das fêmeas, pois acreditam que isso enfraqueceria sua reivindicação ao trono. Isso ecoa a relatada relutância das autoridades em Nova Oyó em confirmar a Smith que Aláàfin Oròmpòtò era uma mulher e, novamente, enfatiza a necessidade de determinar o tempo exato na história iorubá em que a presença de mulheres em posições de governo, poder e autoridade tornou-se desconcertante para certas seções da população. Assim, para Peel, "é impossível saber o que aconteceu para produzir a tradição de tantas 'fêmeas' Owá (governantes), embora a forte inclinação de um sociólogo seja acreditar que o problema está em [recontar] a tradição, mais do que o próprio evento".[60] Embora os sistemas políticos dos diferentes estados iorubás não devam ser homogeneizados, a observação de Peel é relevante para essa discussão, ainda que sua observação precise ser reajustada para remover o viés de gênero. Assim, a preocupação não deveria ser o que aconteceu para produzir a tradição de tantas fêmeas, mas o que aconteceu para produzir a tradição de tantos machos e sucessões masculinas na recontagem da história. Quando e por que a tradição de uma sucessão feminina tornou-se inválida em muitos desses sistemas?

Tendo questionado a identidade social de quem realiza os estudos e seu efeito em suas interpretações da história de Oyó, parece haver uma necessidade de examinar a lacuna conceitual em relação ao gênero na tradução cultural das sensibilidades iorubás para o inglês e vice-versa. Isso levanta a questão da relação entre as categorias iorubás, que são verdadeiramente isentas de gênero e, portanto, genéricas, e as categorias inglesas, que privilegiam o macho mesmo quando parecem ser genéricas. Dado que o estudo e a reconstrução da história iorubá são realizados por iorubás e euro-estadunidenses, existe a possibilidade de que, quando as pessoas de origem iorubá que realizam pesquisas históricas usam a palavra "rei", por exemplo, podem significar uma categoria inclusiva de gênero como o termo iorubá *Ọba*. Várias pessoas dedicadas ao estudo da história (por exemplo, Babayemi, Agiri, Asiwaju), mesmo quando escrevem sobre listas de reis e sobre reis, não parecem questionar a historicidade da *aláàfin* fêmea, o que leva a questionar a se elas supõem ser a categoria "rei" neutra quanto ao gênero como *ọba* ou *aláàfin*. O inverso parece ser o caso de muitos dos europeus (Eu examino a questão da linguagem, literatura, tradução cultural e público no capítulo 5). O argumento aqui não é que as pessoas africanas contemporâneas que se dedicam à história sejam menos androcêntricas do que seus equivalentes euro-estadunidenses. Em vez disso, o ponto é que a maneira como o inglês está sendo usado pode refletir diferentes realidades linguísticas e culturais. Minha experiência de uso do idioma inglês na Nigéria sugere essa possibilidade.

Um bom exemplo de uma pesquisa assumindo que a instituição da *ọba* é isenta de gênero é demonstrado no relato de A. I. Asiwaju sobre o estado de Ketu, no sul da Iorubalândia. Ele relata um evento muito interessante, que, aliás, é delimitado a uma nota de rodapé em seu livro. Em sua discussão sobre a proliferação de *alákétu* (governantes de um estado pré-colonial ocidental iorubá que hoje se encontra na Nigéria e na República do Benin), ele conta com três pretendentes ao título nos anos 1970. Uma era do sexo feminino, do Brasil: "Um outro Alaketu, uma mulher, residente na Bahia, na América do Sul,[61] chegou a visitar a Nigéria em 1974 com tanta pompa que ela tendia a ofuscar a existência das residentes na África Ocidental!"[62] Que a apreciação de Asiwaju não subjugue o anassexo da autointitulada *alákétu* da diáspora iorubá não deveria ser percebido como uma aberração cultural, devido ao seu reconhecimento de que a sucessão em muitos estados pan-iorubás não era baseada no gênero e que, portanto, a aparência de uma fêmea governante não precisava de explicação. A posição de Ketu na historiografia iorubá dá credibilidade à ideia de que o governo feminino em Ketu tem base histórica. Ketu foi uma das organizações políticas iorubás que é aceita como tendo sido fundada por uma das filhas de Oduduá, e não por um filho.[63]

No período contemporâneo, a aristocracia geral parece ter sido masculinizada junto com *aláàfin*. Assim, sem se basear em qualquer evidência, uma suposição foi apresentada de que os membros do *Òyó mèsì* (conselho de chefes), os chefes *omo oba* (detentores do título de prole real) e os *arókin* (memorialistas e historiadores reais) eram todos machos, no passado. As *ayaba* (consortes reais – mães do palácio, que detinham várias posições-chave de autoridade na hierarquia política) parecem ser a exceção à regra da dominação masculina na hierarquia política da Velha Oyó, conforme apresentado pelos historiadores, começando com Johnson.

Nas interpretações das tradições orais, muitas das pessoas que as registraram, locais e estrangeiras, assumem que a expressão "descendente de" nas genealogias denota uma sucessão de pai para filho, mesmo quando é claro que numerosas sucessões passam de irmãs/irmãos para irmãs/irmãos. Peel observou a generalizada preferência de pai para filho na elaboração da sucessão histórica de governantes em muitos estados da África Ocidental e concluiu:

> Esta foi sem dúvida uma tradução de uma ordem de sucessão em seu mais próximo análogo genealógico.... É muito comum em dinastias da África Ocidental, com uma sucessão amplamente rotativa, que um período inicial supostamente tenha tido uma sucessão de pai para filho, que é tão fácil e economicamente explicada como um artefato do sistema genealógico posterior em si, que teríamos muita dificuldade em assumir uma mudança real de sucessão sem evidências adicionais nítidas[64]

Definitivamente, Peel está correto quanto a essa tradução da sucessão em inglês como de pai-para-filho, mas nem sempre se pode supor que as tradições orais nas línguas e culturas africanas sejam igual e exclusivamente masculinas em letra e espírito. Considere este exemplo: em um ensaio diferente sobre a construção da história, Peel postula um modelo iorubá de reconstrução histórica baseado no dito *Bábà ní jíngí* (Seu pai é um espelho), que ele interpreta como expressando a ideia de que "a aparência física, aptidões, afinidades espirituais [e] a posição social de um pai é melhor ecoada em seus filhos".[65] Mesmo se alguém aceitar sua interpretação de que o ditado é sobre herança linear, ele está simplesmente errado em sugerir que herança de qualquer tipo – incluindo aparência física – passe apenas de pai para filho. Tal interpretação não é sugerida pela versão iorubá. Além disso, na Iorubalândia, descendentes anamachos e anafêmeas herdam igualmente do pai; ainda mais importante, os atributos herdados não são necessariamente vistos como derivados da biologia, precisamente porque a paternidade é socialmente construída. Como assinalei no capítulo anterior, a reivindicação da paternidade é baseada no casamento com a mãe da criança; ser o genitor não é uma condição necessária nem suficiente para reivindicar a paternidade. É claro que o genitor e o pai, na maioria dos casos, são um e o mesmo; mas nos casos em que divergem, a reivindicação do parceiro conjugal da mãe do recém-nascido substitui a do genitor. Assim, no que diz respeito à prática social e cosmologia iorubá, o modelo biologizado e, portanto, de gênero de Peel é insustentável, já que a herança de todos os tipos de atributos também passa pela mãe. De fato, o ditado *Bábà ní jíngí* é parte de uma unidade maior; faz parte de um poema que articula ideias iorubás sobre vínculos e herança parentais nos quais mãe e pai são representados:

Ìyá ni wúrà.

Bàbá ni jíngí.

Nìjó ìyá bá kú ni wúrà bàjé.

Nìjó bàbá bá kú ni jíngí womi.

[Mãe é ouro.

Pai é um espelho.

Quando a mãe morre, o ouro está arruinado.

Quando o pai morre, o espelho se afoga]

Finalmente, devemos notar que, a partir da percepção iorubá, os pais podem reencarnar em sua prole anafêmea, uma vez que os atributos anatômicos não são privilegiados e não determinam as práticas sociais. Lembremos da explicação que Johnson faz do cargo de "*ìyámodẹ*" (uma das importantes funcionárias do palácio) como incorporando o espírito dos "pais" do *aláàfin*.[66] No domínio religioso, a possessão de espíritos não faz discriminações baseadas no sexo anatômico: Xangô (deus do trovão) se manifesta igualmente em devotos machos ou fêmeas. O principal problema da tradução da história iorubá – e certamente de outros aspectos da cultura, portanto – é a imposição do modelo ocidental, excessivamente materializado e generificado, de apreender o mundo. Talvez a conceituação *Bàbá ni jíngí* seja apropriada se todos concordarmos que o *bàbá* (pai) em questão é o Ocidente. A historiografia iorubá espelha a história ocidental, que muitas pessoas africanas dedicadas à pesquisa têm discutido sobre a história da África, em geral.[67]

INTERPRETANDO A HISTÓRIA: CRIANDO HOMENS

Os problemas de interpretação da história e da cultura iorubás, particularmente no que diz respeito à questão de gênero, também podem ser atribuídos à tradução linguística e cultural do iorubá para o inglês. Isso pode ser demonstrado usando as duas principais fontes de tradição oral, *itã* (narrativa histórica) e *oriki* (poesia de louvor). Em 1988, um grupo de pessoas dedicadas à pesquisa histórica visitou Oyó para registrar os pontos de vista dos *arọkin* em suas "próprias atividades profissionais e história".[68] Em resposta, um dos *arọkin*, Ọnà-Alaro, narrou o seguinte *itã* para destacar seu papel como consoladores de *aláàfin*, em tempos de crise. Um dos pesquisadores, P. F. de Moraes Farias, relata a resposta tanto em iorubá quanto em inglês:

> *Tí nǹkan bá ti ṣe Ọba ọba óò pé wó nó lọ pè wá wá. Tí àwọn ìjòyè bá ti sọ báyìí pé nǹkan báyìí ó ti ṣe Ọba báyìí, Ọba báyìí nǹkan ṣe é rí. Ọba báyìí nǹkan ṣe é rí, yọ̀ọ̀ báá póùn náàá gbà, Ọlóun ló wí pé ó wá bẹ̀ẹ̀. Ó lè jẹ́ pé ọmọ ọba kán lè wà, kó jẹ́ pé ọmọ rẹ̀ dóódù ẹni-à-bi-àsọlé*

dóódù rè, kó fò sánlè kó kú, gbogbo àwon tí wón wà lódò rè ò ní lè wí. Won ó loo gbé e pamó .Ní won ó wàá pé, "E lo pArókin wá". Láá wà so pé, "Báyìi, báyìi, báyìi, a gbó pó mo re báyìi o sí;... omo ti Lámoín báyìi náà sì wá bèé, omo ti Làkésègbè náàá si wa bèé", yóó bàá póun gbà. Àwa làà loo so.69

[Se algo acontecer com Oba, Oba [*aláàfin*] nos mandará chamar. Assim que *seus* chefes nos dizem que tal e tal coisa aconteceu com Oba [falaremos sobre] outro Oba a quem algo semelhante também aconteceu. Então, ele dirá que ele aceita [*gbà*] porque é a obra de Olorum. Suponha que um príncipe, o primogênito de Oba [*aláàfin*] morra. Os cortesãos não se atreverão a dar a notícia para Oba. Eles vão e escondem o cadáver. Então eles dirão: "Vá e chame os *Arókin*". Então diremos a ele: "Nós ouvimos que esse seu filho morreu... o filho de tal pessoa [um Oba] uma vez morreu da mesma maneira. E o mesmo aconteceu com o filho de outra pessoa [outro Oba]". E então o *aláàfin* dirá que ele aceita [*gbá*] isso. Nós somos aqueles que irão lhe dizer].[70]

De várias maneiras, o tradutor desta peça foi cuidadoso. O mais notável é a interpretação das palavras ioruba não-generificadas *Lámoín* e *Làkésègbè* para o inglês "tal pessoa" e "outra pessoa", aparentemente sem gênero. Porque o termo *dóódù* estrangeirismo de origem hausa/árabe, que se tornou parte do vocabulário de Oyó, é generificado como uma designação masculina, a tradução do primeiro *omo oba* (prole do governante) como "príncipe" é aceitável. Entretanto, os usos subsequentes de *omo*, que são isentos de gênero no original iorubá, também acabam sendo traduzidos como "filho". Da mesma forma, não há nada que indique o anassexo do hipotético *aláàfin* (governante), mas ele é transformado em homem na tradução inglesa pelo uso dos pronomes "ele" e "dele". Assim, todos os personagens da história adquirem o gênero masculino. Com a exceção de uma referência ao *dóódù* no caso de um personagem, não há nada no discurso do *arókin* para justificar tal suposição em relação ao sexo do restante deles, que seriam pelo menos três.

A mesma distorção e imprecisão são repetidas no próximo *itã* (narrativa) que o *aròkin* narra. A protagonista é outra *omo oba* chamada Akuluwe, que desta vez é uma fêmea. Isso é indicado no fato de o *aláàfin* dizer a *oníkòyí* (governante de Ikoyi) para torná-la sua noiva.[71] Farias sugere que

159

uma mulher era necessária nessa história porque a ação dependia de a protagonista ser levada embora – embarcando em uma jornada; e como a lógica do casamento Oyó exige que a mulher seja levada, segue-se que uma protagonista fêmea seja indispensável na história. Há um elemento de superinterpretação ao fazer tal suposição. Dois fatos mostram isso: (1) era comum que as fêmeas reais não se mudassem para suas linhagens matrimoniais, depois do casamento; e (2) a prole real masculina frequentemente vivia nas províncias, então eles também faziam viagens o tempo todo dentro e fora da metrópole Oyó. O *itã* é o seguinte:

> Ọba tó jẹ tẹ̀lé Òrànányán, Ọba Ájàká Dàda Àjùòn ti àdàpè è ń jẹ Ọba Ájàká lÓyọ̀ọ́ ile, ọmọ kanṣoṣo tó bí… Gbogbo Ọ̀yó Mèsì lóun ó fẹ ẹ, kò fẹ wọn. Wọn wọ́nríbáa Baálẹ ìlú, kò fẹ wọn. Gbogbàwon tó lóun ò fẹ́… Òkòyi ló lóun ó fẹ́ẹ́. Ọba ní kó lo fi s'aya. Ńgbà Óńkòyi ń lọ, tóó ń mú un loọlé, ibi ti ilẹ̀ sú wọn si, wọ́n pebẹ̀ ni Gbóngbọ̀n. Ọ wá sunbẹ̀. Oorun ti wọn wáá sùn ńbẹ̀, ní gbà tílẹ ée mọ ilé jo… Ọmọ Ọba jóná, ó jóná sí ìlú yen. Ńgbà Óńkòyi wáá délé, ó wí pé "Òun dáràn o! Ọmọ t'Ọba foun, òun ló kú… Wọ́n ni ó pe àwọn ọmọọ̀ rẹ, pẹ̀lú sẹ̀kẹ̀rẹ̀ íi. Oníkòyí ni bàbánláa bàbá tiwa.

> [O Ọba [o *aláàfin* de Oyó] que governou após Òrànmíyàn, Ọba Àjàká Àjùòn, esse é o nome dele. Ọba Ajàká em Oyó Ilé. *Ele teve uma filha.* Todos os *Ọ̀yó Mèsì* [membros do conselho real] disseram que queriam se casar com ela, mas ela recusou. Ela também recusou os *Baálẹ̀* [chefes] de muitas cidades. A todos ela disse que não se casaria… Então, ela disse que se casaria com o Ọba de Ìkòyí, e o *aláàfin* concedeu sua mão em casamento. Quando os Oníkòyí a estavam levando para casa, o anoitecer os pegou em Gbọngbọ̀n. Durante a noite, a casa em que dormiam pegou fogo… A princesa foi queimada até a morte… Dissemos que se consolasse sua própria prole com este *sẹ̀kẹ̀rẹ̀*. Oníkòyí é nosso avô].[72]

No original iorubá, diz-se que essa prole feminina é *ọmọ kanṣoṣo tó bí*[73] do Aláàfin Àjàká (cria única do governante; minha tradução). Na tradução de Farias, é traduzido como "Ele teve uma filha". Isso é impreciso, porque dá a impressão de que Àjaká teve outras crias – filhos –, minimizando a gravidade da morte de sua filha. Isso, por sua vez, compromete o ponto da história contada por *ònà-aláró*, que estabelece as origens da instituição de *arọ́kin* na história de Oyó. O *ònà-aláró* (um *arọ́kin*, memorialista real) contou que a instituição se desenvolveu para consolar um *aláàfin* específico no momento da maior crise de sua vida como pai ou mãe – a morte de sua única cria. O relato oral apresentado em iorubá é, em letra e espírito, nitidamente diferente da versão em inglês. Seria interessante saber como o *arókin* teria reagido à versão em inglês, uma vez que mina claramente a importância de sua instituição, pois a tarefa de consolar um governante que perdeu sua única prole é mais pesada do que a de consolar alguém que perdeu uma de suas muitas crias.

A seguir, será útil explorar a relação entre gênero e *oriki* (poesia laudatória), a outra fonte importante de informação sobre o passado iorubá. O *itã* (narrativa), como vimos, em sua maioria, não revelou categorias anassexuais. Segundo Awe, existem três formas de *oriki* que lidam com conquistas humanas:

1. *Oriki ìlú* (sobre cidades), lida com a fundação de uma cidade, suas vicissitudes e sua reputação geral entre seus vizinhos.
2. *Oriki orílè* (sobre linhagens), fornece as características de uma linhagem patrilinear, concentrando a atenção em alguns membros ilustres da linhagem, cujos atributos devem tipificar as principais características da linhagem.
3. *Oriki ínagije* (sobre personalidades individuais), lida principalmente com indivíduos. O poema pode delinear aquelas qualidades que o marcam com distinção ou pode ser uma combinação dessas e de sua genealogia, caso em que parte do *oriki orílè* está incluída.[74]

Como Awe assinalou, o *oriki* das personalidades individuais (também chamado *oriki bòròkìní* – ou seja, elogiar pessoas importantes) é o mais informativo para a reconstrução histórica. Ela ainda afirma que:

> *Oríkí ínagije…* poderia ser uma fonte muito proveitosa para a reconstrução histórica… Como seu escopo é mais limitado, no sentido em que se concentra em um indivíduo e, portanto, cobre um período da história relativamente mais curto, o *oriki* pode fornecer informações detalhadas e diretas que podem ser mais facilmente ajustadas às evidências históricas disponíveis sobre o período.[75]

Como os *oriki ínagiẹ* são retratos de personalidades importantes, parece que informações sobre o sexo da pessoa em questão estariam prontamente disponíveis. Mas, mesmo assim, como Awe imediatamente aponta, "esse tipo de *oriki* nem sempre está disponível facilmente para o período mais remoto da história iorubá".[76] Como o foco deste capítulo é o período do século anterior ao século XIX, essa observação será diretamente relevante. Assim, existem sérias limitações em confiar no *oriki ínagiẹ* para decifrar o anassexo de governantes de Oyó. Karin Barber, em um artigo sobre *oriki*, sugere que os eventos do século XIX forneceram amplas oportunidades de autoengrandecimento, na medida em que o número de personalidades notáveis aumentou exponencialmente e que o gênero *oriki* de personalidades notáveis testemunhou não apenas amplificação, mas também mudanças estilísticas e de representação.[77]

Voltando à questão de delinear o gênero das figuras históricas, pode ser possível discernir o anassexo de personalidades históricas com base no uso de *orikis* pessoais (cognomes), que parecem ser específicos em relação ao gênero. Nomes próprios não indicam gênero, mas esses cognomes, que também funcionam como nomes, parecem sugerir especificidade anatômica. Adeboye Babalola afirma que o *oriki* pessoal, diferentemente dos nomes dados, é uma indicação do que os pais e mães esperavam de uma cria em particular.[78] Os nomes geralmente denotam as circunstâncias do nascimento. Àlàké, Àdùnnì e Àlàrí são cognomes associados a fêmeas, e Àlàmù, Àkànní e Àlàdé são alguns associados a machos. É possível, portanto, que se no *oriki* ou *itã* o cognome da personalidade é dado, então é possível determinar o anassexo. Por exemplo, o *oriki* da linhagem de Òkò contém as seguintes linhas:

> Ààrẹ Àlàké *jíbọla* Àlàké Ajíbọ́rò lóko…
> Ààrẹ Àlàké ọmọ agédé gudù Ọba Ìgbàjá.[79]
>
> [A líder Àlàké Ajíbọ́rò loko…
> A líder Àlàké, que lutou ferozmente, matando
> sem piedade, o governante de Ìgbàjá.]

Como Àlàké é o *oriki* pessoal (cognome) de uma fêmea, essas linhas mostram que a linhagem Òkò tem um ancestral feminino reverenciado. Uma grande desvantagem de confiar em cognomes é que eles nem sempre são usados no lugar dos nomes próprios. Na lista dinástica de Johnson, por exemplo, apenas um nome, ou possivelmente dois, parece cognome – a saber, Àjàgbó e Atìbà, que são cognomes masculinos. Os 36 outros nomes listados trazem nomes e, portanto, não são específicos em relação ao gênero. Da mesma forma, as 142 linhas do *oriki* de Balogun Íbíkúnlé, uma notável figura do século XIX apresentada por Awe em seu estudo, não contêm menção ao seu cognome, embora aprendamos que ele era o pai de 'Kuejo, e também aprendamos os nomes de inúmeras outras personalidades notáveis com quem ele lutou em guerra.[80]

Outro problema que surge mesmo quando cognomes são mencionados em um gênero *oriki* específico é determinar quem está sendo designado especificamente, uma vez que há uma proliferação de nomes. Karin Barber reuniu o *oriki* de Wínyọmí, um pai fundador de Òkukù. As linhas a seguir fornecem uma boa ilustração desse problema:

> Winyomi Enipeede [,] Chefe dos Caçadores [,]
>
> Àrèmú, bloqueia a estrada e não se move, Enipeede,
>
> alguém que enche o covarde de apreensão...
>
> Àlàmú disse[,] "Se você tiver problemas com o canto de
>
> dois mil búzios..."
>
> Ele disse: "Seu próprio pai porá fim ao acordo" [.]
>
> A roupa europeia não veste bem [.]
>
> Winyomi disse [,] "o que é bom é para se exibir".[81]

Na peça anterior existem várias apelações e, presumivelmente, todas se referem a Winyomi; no entanto, a presença dos dois cognomes – Àrèmú e Àlàmú – sugere que a referência é a mais de uma pessoa, pois um indivíduo pode ter muitos nomes, mas geralmente apenas um cognome. De fato, essa questão levanta a questão da fusão de identidades nos *orikis* que dificulta o desembaraço dos detalhes genealógicos e das identidades individuais apresentadas. Barber afirma corretamente que "uma história social que tentasse usar o *oriki* para recuperar padrões de relações pessoais encontraria (...) dificuldades. O *Oriki* não registra as relações genealógicas dos sujeitos comemorados no *oriki*. Os relacionamentos genealógicos (...) parecem, na verdade, mais obscurecidos, do que elucidados e preservados, pelos *orikis*".[82] Também é verdade que uma história que pretende atribuir o sexo de personalidades com base em alusões dos *oriki*s está cheia de problemas. Além disso, como Barber mostra, mesmo o "eu" de um canto *oriki* se move continuamente entre macho e fêmea, adulto e criança, interno e forasteiro, pessoa individual e coletivizada.[83]

O gênero *oriki*, com sua multiplicidade de referências, traz consigo uma indeterminação em relação às questões da identidade social individual. Outra fonte de complicação no que diz respeito à mudança de identidades reside no fato de que as diferentes unidades dos *orikis* têm fontes diferentes e datas variáveis de composição, mesmo que sejam recitadas como se derivassem de uma única fonte e uma linhagem. A identidade individual na Velha Oyó derivava da identidade comunitária, e o *oriki* de um sujeito incluiria linhas das linhagens materna e paterna. Quando recitado, no entanto, todos os eventos e atributos parecem pertencer a apenas uma linha de descendência.

Finalmente, como atributos físicos e morais específicos têm seus próprios epítetos reunidos, eles introduzem outra falta de especificidade, mesmo no *oriki ínagijẹ* individualizado. Vários atributos que têm seus próprios poemas são altura, falta, generosidade e capacidade de dançar. Eles são introduzidos para aprimorar qualquer personalidade com o referido atributo durante uma apresentação do *oriki*.[84] Se um tema relativo a anamacho ou anafêmea estiver sendo abordado e se ele for identificado como alto ou baixo, o epíteto apropriado será incorporado. Não é de admirar, portanto, que Barber, que procurava fazer uma distinção entre *orikis* masculinos e femininos, concluísse que tal distinção não é possível. Escrevendo sobre o *oriki* de mulheres proeminentes, ela observou que "esses orikis são muito próximos em tom e imagem dos orikis pessoais de grandes homens. Não há reconhecidamente '*orikis* de mulheres'".[85] Mas também não há *orikis* de homens. Impregnada pela estrutura ocidental do macho como norma, Barber usa os homens como referência. Consequentemente, ela continua a projetar erroneamente a ideia de que existem *orikis* de homens, embora não existam *orikis* de mulheres. Não há *orikis* de homens nem *orikis* de mulheres; na Iorubalândia, *oriki* é isento de gênero em todos os aspectos. Minha própria experiência e pesquisa demonstram que o *oriki* de linhagem não tem especificação de gênero. Na minha entrevista com Baálẹ̀ Máyà, perguntei se ela tinha um *oriki* diferente do *oriki* da família. Ela ficou intrigada com a minha pergunta e me disse que seu *oriki* de linhagem é o mesmo que o de qualquer membro da família. No panfleto autobiográfico que ela me deu, havia uma seção sobre os *orikis* dos diferentes chefes da aldeia que governaram Máyà, incluindo ela mesma.[86]

O próprio trabalho de Barber mostra nitidamente que o *oriki* não é exclusivamente masculino em seu tema principal nem exclusivamente feminino em execução ou composição. A limitação de sua pesquisa é na verdade uma limitação imposta por sua insistência em usar as categorias de gênero ocidentais, mesmo quando ela afirma corretamente que o mundo iorubá não é dicotomizado em masculino e feminino. Mais especificamente, ela aprecia insuficientemente o fato de que os *orikis* de linhagem são tanto o produto da fêmea quanto dos membros masculinos da linhagem. O caráter e a identidade de uma linhagem derivam da personalidade e feitos notáveis de qualquer membro da linhagem, que são generalizados para todos os outros membros. A passagem a seguir é uma boa ilustração da natureza do *oriki* de linhagem. Barber nos apresenta o *oriki* de Babalọlá, um membro macho proeminente da linhagem émosó:

> Babalọlá, a criança abre os braços, a criança deleita seu pai,
>
> A maneira como meu pai anda encanta a Ialodê.
>
> Enigboori, filho do pai chamado Banlebu ["encontre-me nos poços de tintura"],
>
> *Se as pessoas não me encontrarem no local onde fervem o corante ijokun,*
>
> *Elas me encontrarão onde formos mais cedo para pilar o índigo.*
>
> Enigboori, é assim que eles saúdam o pai chamado "Banlebu".[87]

Na interpretação deste *oriki* fornecido a Barber pela irmã mais velha de Babaḷọlá, fica claro que as linhas em itálico são na verdade uma referência a uma filha da habitação que é reconhecida por suas relações sexuais. As linhas significam: "Se você não encontrá-la em um lugar, certamente a encontrará em outro" – em outras palavras, na casa de *um* homem ou outro![88] No entanto, essas são as linhas de um *oriki* de linhagem que está sendo usado para saudar um importante membro masculino da família. O que isso mostra é que o caráter e a identidade da linhagem projetada em *oriki orílẹ̀* (*oriki* de linhagem) são uma emblematização das características derivadas de observações passadas, juntamente com o comportamento atual de qualquer pessoa na linhagem, independentemente do anassexo. A implicação mais fundamental desse fato se relaciona com a natureza das linhagens de Oyó. Os *ìdílé* (linhagens) foram chamados de patrilineares na literatura acadêmica, mas, como mostrei no capítulo 2, o conceito distorce tanto o que realmente acontece dentro dessas linhagens quanto a concepção local delas. Mães e prole feminina são tão centrais na determinação da identidade e características dessas instituições quanto os pais e prole masculina. A linhagem patrilinear não é tanto a casa do pai, mas sim o quanto a casa do pai é flexionada pela identidade da mãe. Assim, proles do mesmo pai, mas mães diferentes, não são inseridas na linhagem da mesma maneira; seus *oriki*s pessoais também não seriam idênticos, pois elas também se originam dos ascendentes da mãe.

Em um mundo dominado pelo Ocidente, no qual o gênero é invocado como uma categoria fundamental e universal, há uma preocupação em estabelecer o gênero. Deve-se entender, no entanto, que, no passado iorubá, as categorias de gênero não faziam parte do quadro de referência; portanto, o gênero não pode ser usado como linha divisória na reconstrução do passado. No período contemporâneo, as invocações de gênero devem levar em consideração a história da generificação, sendo as próprias pessoas que pesquisaram parte desse processo, que está em andamento.

A RESIDUALIZAÇÃO DAS "MULHERES" E A FEMINIZAÇÃO DA IALODÊ

Até agora, essa discussão sobre o processo de inserir o gênero na história e na cultura iorubás abordou a criação de "homens", como exemplificado pela masculinização de categorias de autoridade universal, como a aristocracia, em geral, e os *aláàfin*, em particular. A criação das "mulheres", em geral por quem realizava investigações, foi um processo complementar e igualmente importante, ocorrendo *pari passu*. Esse processo repousa na aceitação de três suposições questionáveis por parte de quem realizava as pesquisas: primeiro, a generificação da sociedade iorubá, um processo no qual a cosmopercepção universal é dividida em macho e fêmea; segundo, a noção de que domínio e privilégio masculino são as manifestações naturais dessas diferenciações; e, terceiro, que, por implicação, o atributo social residual da privação é atribuído às fêmeas. Quando quem assume que os homens são a medida de todas as coisas é confrontado com evidências incontestáveis de anafêmeas em posições de poder e autoridade, tende a explicar essas últimas como exceções, como representantes temporários de homens ou interesses masculinos ou como fantoches do patriarcado opressivo; ou tentam reduzir seu significado, afirmando que dominam apenas as anafêmeas.

Num contexto em que a identidade social é generificada e uma ideia do "status das mulheres" é introduzida, projetando anafêmeas como indefinidamente desempoderadas, o trabalho da historiadora social pioneira iorubá Bolanle Awe – conhecido por ir além da centralidade do evento que caracterizaria o campo da história – foi inestimável ao apresentar um quadro alternativo. Em um ensaio intitulado "The Iyalode in the Traditional Political System of the Yorùbá",[89] ela se esforçou para incluir o cargo de Ialodê diretamente no panteão das posições políticas iorubás a que pertencia. Não há menção de uma ialodê no relato de Johnson sobre as poderosas autoridades-mãe que dominavam a hierarquia política na metrópole de Oyó. A pessoa que ele identificou como responsável pelo mercado é a *ẹni-ọjà*: "Ela é responsável pelos mercados do rei [do *aláàfin*] e

167

desfruta de todos os privilégios acumulados daí… Ela tem abaixo de si: (1) o Olosi, que tem responsabilidade conjunta com ela pelo mercado; e (2) o Aroja, ou guardião do mercado, cujo dever é manter a ordem e organizar a administração do mercado, e quem realmente reside lá".[90] A omissão de Johnson sugere que não havia ialodê na Velha Oyó e dá crédito à ideia de que o título está mais associado às províncias e foi elaborado depois, provavelmente com o desenvolvimento de novos estados como Ibadan, após a queda da Velha Oyó em 1836. Nas minhas conversas com o *Ṣòún* de Ògbómòṣó, Ọba Oyěwùmí,[91] ele mencionou que há vários cargos de chefia na atual Ògbómòṣó, como *òtún* e *òsì*, que foram constituídos apenas na história recente devido à influência de Ibadan.[92] Ele continuou dizendo que Ibadan é uma república, enquanto Ògbómòṣó e Oyó são monarquias; portanto, esses cargos recém-importados estavam em desacordo com a organização monárquica. Perguntei se o título Ialodê, que agora está presente em Ògbómòṣó, é uma das importações de Ibadan. Ọba Oyěwùmí informou que o título não era tradicional para a comunidade de Ògbómòṣó. Na minha entrevista com a Ialodê de Ògbómòṣó, Olóyè Ọládọjà Àdùkẹ́ Sánní,[93] ela disse que a primeira Ialodê foi empossada em Ògbómòṣó somente durante o período das guerras iorubás. De fato, ela observou que o título da Ialodê pioneira fora conferido em reconhecimento à sua bravura naqueles tempos difíceis. Isso tornaria o título uma inclusão relativamente recente em Ògbómòṣó.

Johnson menciona uma Ialodê em algumas cidades da província, mas seu relato não a liga ao mercado, sugerindo uma arena mais ampla de poder. No entanto, é necessário um questionamento sobre o cargo de Ialodê, dado o modo como o título foi elaborado como um protótipo da liderança feminina e seu desdobramento, sem levar em consideração o tempo histórico e as diferenças nas organizações políticas pan-iorubás.

A denominação particular Ialodê está associada a Ibadan em particular, um estado que emergiu dentro do sistema político de Oyó, no século XIX. Também era conhecida em Abeokutá, outro novo estado. Em outras cidades, como Àdùkẹ́ e Òndó, havia dois títulos de chefia, *arísẹ* e *lóbùn* respectivamente, que também eram conhecidos por serem ocupados por mulheres. No entanto, não se deve presumir que todos esses títulos tenham o mesmo significado e função em toda a Iorubalândia, pois isso seria nivelar e homogeneizar os cargos políticos que estavam em operação em diferentes centros político-culturais, em diferentes períodos históricos. De fato, várias pessoas dedicadas à pesquisa documentaram as diferenças na organização dos estados iorubás, mostrando por que as bases dos títulos de chefia e as funções de seus titulares específicos não podem ser os mesmos. Awe reconhece isso quando observa: "É claro que é impossível fazer generalizações abrangentes sobre a posição da Ialodê ou das mulheres em geral dentro do sistema político iorubá".[94]

Dada a missão interrogativa e o escrutínio contínuo dos elementos básicos do conhecimento e a reavaliação da historiografia iorubá, talvez seja determinante reexaminar algumas das suposições básicas na historiografia da Ialodê. O título Ialodê significa "mãe de assuntos públicos" e, de acordo com Awe, a titular desse cargo era a voz ou porta-voz de mulheres no governo:

> Suas qualificações mais importantes eram sua capacidade comprovada como líder em articular os sentimentos das mulheres (...) e (...), em contraste com os chefes masculinos, que estariam envolvidos na organização da guerra, na recepção de visitantes estrangeiros e assim por diante, não é improvável que as mulheres chefes se envolvessem na solução de disputas entre mulheres, na limpeza dos mercados e em outras preocupações femininas.[95]

É evidente que essas observações se baseiam em várias suposições errôneas: que mulheres e homens constituíam categorias sociais separadas com interesses diferentes; que o cargo de Ialodê representava um sistema de chefia de mulheres, separado e paralelo ao dos homens; que a anatomia feminina era uma qualificação primária para o cargo de Ialodê; e que a alegada predominância feminina em ocupações comerciais implica que os mercados eram preocupações de mulheres. O prefixo *ìyá* (mãe) sugere uma fêmea. Mas também significa "mulher mais velha"; portanto, é uma indicação de idade adulta, senioridade e, consequentemente, responsabilidade e status. Assim, *Ìyálóde* também pode ser traduzido como "anafêmea mais velha encarregada de assuntos públicos". *Ìyá* e *bàbá* são normalmente usados como prefixos, respectivamente, na descrição das atividades de uma fêmea ou macho adultos em particular. Assim, um chefe masculino é chamado *bàbá ìsàlẹ̀* (macho mais velho, líder); uma vendedora de alimentos é *ìyá olóńjẹ* (vendedora mais velha de alimentos); e um tecelão masculino é *bàbá aláṣọ* (tecelão masculino adulto).

No entanto, a outra parte do título – *ode* (assuntos públicos) – vai além da pessoa, indicando que as responsabilidades do cargo abrangem um domínio muito mais amplo do que normalmente lhe é atribuído. Alguém encarregado dos mercados teria autoridade sobre a economia da comunidade, regulando oferta e demanda, preços de produtos, alocação de barracas, pedágios, taxas e multas. Além disso, se os antecedentes das políticas iorubás, que estavam fortemente envolvidos na guerra, e o surgimento de Ibadan ou Abeokutá como estados militares forem considerados, a conexão entre a guerra e a economia se tornará mais nítida. Por isso, talvez não tenha sido por acaso que, no século XIX, Ìyáọlá, a primeira Ialodê de Ibadan, recebeu o título por causa de suas contribuições aos esforços de guerra de Ibadan. De acordo com Awe, "como os chefes masculinos, ela contribuiu com sua cota de soldados para o exército *ad hoc* de Ibadan, onde um corpo de escravos domésticos foi treinado para lutar".[96]

Da mesma forma, Madame Tinubu, depois de uma carreira ilustre, recebeu o título de Ialodê de Abeokutá em "homenagem por suas ações ousadas". Isso incluiu o fornecimento de armas e munição aos soldados de Abeokutá durante as guerras entre os estados de Abeokutá e Daomé.[97] Para Efunsetan, outra Ialodê de Ibadan, seu interesse pelos assuntos públicos se estendia aos assuntos estrangeiros. Conhecida por sua extensa riqueza, ela constituiu uma oposição formidável ao governante de Ibadan, Ààrẹ Látósà. Awe registra que "ela desafiou a política externa dele [de Látósà] que alienava Ibadan de seus vizinhos e resistiu à política doméstica que tendia ao estabelecimento de um único governo, contrariando a tradição de Ibadan de governo oligárquico".[98] Assim, segundo o relato de Awe, as carreiras individuais das Ialodês – Iyaola, Madame Tinubu e Efúnṣetán – sugerem que elas não foram circunscritas por nenhuma consideração do anassexo. Os interesses nacionais gerais, como economia, política interna, defesa e assuntos externos, não ficaram fora de seu alcance.

Há também a questão de com quais mulheres a Ialodê deveria se preocupar. A suposição geral é que um grupo constituinte importante era o de comerciantes anafêmeas. Devido à predominância, na literatura, de anafêmeas na ocupação do comércio, o termo "comerciante" tornou-se praticamente sinônimo de "mulher do mercado" que, por sua vez, é usado de forma intercambiável com a palavra "mulher". No entanto, uma *egbẹ* (corporação) de comerciantes é incorretamente representada como um grupo de mulheres, pois as pessoas que realizavam o comércio não eram categorizadas com base na anatomia. Em vez disso, o tipo de mercadoria, a distância comercial e assim por diante determinaram a composição da *egbẹ* particular. Assim, por exemplo, mesmo se todas as pessoas que vendessem comida fossem anafêmeas e pertencessem a uma corporação de vendedores de comida, isso não as tornaria um grupo de mulheres, porque a qualificação para a associação derivava não da anatomia, mas da comunalidade da atividade econômica. Minha discussão sobre categorialismo estatístico no capítulo anterior tratou da questão de um argumento legítimo poder ser feito sobre a prevalência estatística de anafêmeas em um comércio em particular. Basta dizer aqui que a questão de gênero e números não surge do quadro de referência de Oyó; é óbvio, ela se encaixa muito bem com a estrutura bio-lógica ocidental. A questão em si já pressupõe categorias de gênero como uma maneira natural de organizar a sociedade, uma afirmação que é contestada pela cosmologia e organização social de Oyó.

Assim, se a Ialodê tivesse jurisdição sobre disputas no mercado ou responsabilidade regulatória pelo saneamento ambiental, ou se servisse como canal de comunicação entre as pessoas da profissão de marketing e as autoridades governamentais, descrevê-las como preocupadas com os interesses das mulheres parece ser a resultado de uma camisa de força conceitual. Constitui uma falha em perceber as funções de Ialodê de forma abrangente.

Isso leva a discussão à tarefa de determinar o que na sociedade da Velha Oyó poderia constituir um interesse político distinto das mulheres, que a Ialodê ou qualquer cargo de fêmeas feminilizadas deveria representar. Pelo que se sabe sobre a organização política e social da Velha Oyó, as fêmeas anatômicas eram, ao lado dos homens, divididas em torno de diversos interesses decorrentes de status, ocupação, linhagem e assim por diante. Alguns desses interesses, como as *aya* (anafêmeas casadas em uma linhagem) e *ọkọ* (anafêmeas nascidas em uma linhagem), às vezes conflitavam. No sistema político da Velha Oyó, as tendências conflitantes mais significativas foram entre os *aláàfin*, por um lado, e o *Òyọ́ Mèsì* (o conselho dos chefes), por outro.[99] No sofisticado mecanismo administrativo do palácio que protegia os interesses dos *aláàfin* contra o *Òyọ́ Mèsì* eram as *ayaba* (consortes reais), "velhas mães", que ocupavam posições que incluíam o sacerdócio real de Xangô, a denominação religiosa nacional do culto ao orixá. Na administração, havia também *ìlàrìs* (anafêmeas e anamachos), alguns dos quais serviam como guarda-costas. Como Awe observa sobre as mães poderosas no palácio: "Elas estavam (...) em uma posição de grande influência porque tinham acesso direto ao rei. Até os *Iwarefa*, seus mais altos funcionários, tiveram que passar por elas para organizar rituais, festivais e trabalho comunitário. Os tributários do Reino de Oyó só poderiam abordar os *aláàfin* através delas".[100] Awe sugere ainda que suas posições foram descritas como "minando a eficácia da Ialodê" (isto é, se, de fato, houvesse tal liderança). A disjunção entre as poderosas mães-oficiais e o alegado Ialodê sugere uma dissonância que antecipa a homogeneização de anafêmeas como categoria sociopolítica.

O exposto, novamente, ilustra que uma estrutura de análise de gênero é uma imposição forânea, que distorce seriamente a tradução da história pré-colonial dos povos iorubás. Considerando que a masculinidade anatômica não era uma qualificação para outros cargos de chefia e representação política de interesse corporativo pela liderança, apresentar o cargo de Ialodê como aquele para o qual a qualificação primária era feminilidade anatômica resulta na excepcionalização da Ialodê. Da mesma forma, apresentá-las como preocupadas apenas com os interesses das mulheres, que na Iorubalândia pré-colonial não eram separadas da linhagem geral e dos interesses sociais, tem a consequência de feminilizar o cargo e, assim, reduzir seu significado.

IMAGENS DA HISTÓRIA: ARTE OYÓ E O OLHO GENERIFICADO

Seguindo a tese prevalente deste livro, de que a sociedade iorubá não estava organizada de acordo com as normas de gênero, o objetivo desta seção é analisar as imagens de Èsìè. Esta é uma coleção de mais de mil esculturas de pedra localizadas em Èsìè, uma cidade iorubá de composição Ìgbómìnà, no atual estado de Kwara. A maioria dos Ìgbómìnà afirma ter origens em Oyó. As imagens – figuras em pedra-sabão representando homens, mulheres, crianças e animais – foram datadas como sendo esculpidas entre os séculos XII a XIV; eles variam em altura de cinco polegadas e meia a mais de quarenta polegadas.[101] Há muito que pessoas dedicadas à investigação se preocupam com a relação entre arte e ordem social e se a arte reflete a sociedade ou responde ao mesmo princípio estrutural da organização social. Em um ensaio sobre artes visuais e verbais iorubás, M.T. Drewal e H.J. Drewal afirmam corretamente que "a estrutura das artes e a estrutura da sociedade são homólogas e refletem a preferência estética iorubá, porém, de modo mais importante, essas estruturas são manifestações concretas da concepção da natureza, da existência e do ser para os povos iorubás. Elas articulam o pensamento ontológico".[102]

As origens das imagens de pedra de Èsìè, como vieram a ser conhecidas, permanecem um grande mistério, especialmente porque, aparentemente, não se originaram no local atual, mas parecem ter sido transportadas para lá. Isso é interessante porque muitas das peças pesam mais de cinquenta libras (algumas pesam mais de cem libras).[103] Elas foram trazidas à atenção do mundo ocidental em 1933 por H. G. Ramshaw, superintendente escolar da Sociedade Missionária da Igreja (SMI). Posteriormente, várias pessoas europeias dedicadas à pesquisa visitaram o local e escreveram sobre as esculturas. O trabalho mais abrangente até hoje, o *Stone Images of Èsìẹ̀, Nigeria*, é de Philip Stevens, publicado em 1978. O livro cumpre a dupla missão de avaliar os dados etnográficos e arqueológicos e apresentar um extenso catálogo fotográfico.[104] O objetivo desta seção é questionar a interpretação generificada das esculturas feita por Stevens e avaliar a suposição de quem investiga a história da arte iorubá sobre a naturalidade das categorias de gênero. Os dados etnográficos devem fornecer pistas para compreender as imagens e permitir uma dialética reversa – uma interpretação das imagens como pistas para a etnografia.

Stevens descreve a variedade das esculturas da coleção Èsìẹ̀:

> A maioria está sentada em bancos; alguns estão de pé. Alguns aparentemente se divertindo, rindo, tocando instrumentos musicais; a maioria deles está armada como se estivesse em guerra. Suas características sugerem uma grande diversidade de influências... As figuras têm sido admiradas desde a última parte do século XVIII, quando os atuais habitantes afirmam ter chegado ao local e as encontrado.[105]

As imagens Èsìẹ̀ são uma manifestação concreta da concepção Oyó--Iorubá da natureza do ser e da existência, conforme determinado por membros das linhagens e pelos papéis sociais, que não são definidos por gênero. No centro de uma das representações de gênero das imagens Èsìẹ̀ está o fato de muitas figuras portarem armas, incluindo punhais, arcos e aljavas. As esculturas parecem representar papéis sociais. Stevens escreve: "Aproximadamente um terço (cerca de 325) das peças são femininas e, destas, cerca de um quarto (85) estão armadas, como se fossem para a guerra".[106]

Utilizando o enquadramento de uma divisão do trabalho determinada pela linhagem, e não por gênero, é possível que os números, tanto femininos quanto masculinos, representem o *ọmọ-ilé* (prole) de uma linhagem associada à guerra e à caça, como Èṣọ́, Òjè ou Ilé Ọlọ́dẹ. Assim, é mais provável que as fêmeas armadas sejam *ọmọ* (prole) do que *aya* (anafêmeas casadas na linhagem) e, como foi demonstrado no capítulo anterior, a posição de uma prole feminina em uma linhagem não difere daquela masculina, ambas retirando a autoridade em função da pertença à linhagem.

174

Stevens, no entanto, percebe essas "mulheres militaristas" como atípicas e passa a generificar suas armas: "Do número total dessas figuras militaristas, uma correlação interessante aparece: os homens são arqueiros e manejadores de punhais; as mulheres carregam alfanjes. De fato, nenhuma figura que seja positivamente feminina (T35 é questionável) usa uma aljava; apenas alguns homens têm alfanjes".[107] Dessa maneira, o gênero é promovido como um dado, e as realidades que não podem ser explicadas por essa construção são, portanto, excepcionalizadas. É interessante notar que, uma vez aceita a noção de que todas as figuras que seguram alfanjes são femininas, torna-se praticamente impossível olhar para uma figura portadora de facão sem ver uma fêmea. Em outras palavras, uma vez assumido o sexo das figuras e assumida a adequação das armas ao sexo, as armas se tornam uma maneira de identificar o sexo e vice-versa.[108] O processo é, na melhor das hipóteses, circular. Deve-se reiterar que não havia nada na cultura Oyó que dissociasse as anafêmeas de carregarem alfanjes ou facões. O historiador de arte C. O. Adepegba em sua análise do cajado de metal do orixá Okô, o deus da agricultura, disse o seguinte: "A palavra iorubá para cajado parece inapropriada, pois o objeto de ponta quadrada e afiado se assemelha [mais] a uma espada ou alfanje do que a um cajado... O cajado é destinado às devotas do sexo feminino: devotos do sexo masculino carregam búzios amarrados."[109] Mesmo se alguém concordasse com a ideia de especificidade de gênero na vida iorubá, a avaliação anterior do orixá Okô por Adepegba mostra que "mulheres" são as portadoras do alfanje, o que é diametralmente oposto ao pressuposto de Stevens de que figuras masculinas têm maior probabilidade de portar armas.

Isso leva a uma pergunta fundamental: como quem observa consegue determinar o sexo de cada uma das figuras? Stevens parece reconhecer que a apreensão do sexo no discurso iorubá pode ser uma aventura ambígua e ele apresenta algumas diretrizes:

> Na escultura da África Ocidental, é difícil determinar o sexo pretendido da figura. Onde estão expostos, os órgãos genitais são alguns indicadores, mas os seios às vezes são igualmente pronunciados em ambos os sexos. Penteados, joias e roupas não

parecem se correlacionar sexualmente na coleção Èsìẹ̀... Eu confiei na acentuação do seio... Onde os seios são mais do que meras protuberâncias, designei a figura como feminina.[110]

Mas usar os seios como um índice de gênero ainda tem certas limitações. Na vida real, muitas mulheres não têm acentuação da mama, o que provavelmente é uma indicação melhor da juventude feminina – maternidade juvenil – do que apenas feminilidade. Além disso, várias figuras usam tiras de arco cobrindo os seios ou mamilos, o que torna impossível determinar a acentuação da mama. Consequentemente, a análise estatística de Stevens de quantas figuras são femininas e sua correlação entre sexo e tipo de arma revelam mais sobre o funcionamento de um olhar de gênero do que sobre as próprias esculturas.

O historiador de arte John Pemberton escreveu sobre as imagens como parte de sua interpretação do mundo visual de Oyó e da iconografia religiosa. No entanto, parece que suas representações não são apenas de gênero, mas ilustram o que certo número de feministas e outras estudiosas postularam sobre as artes visuais ocidentais: ou seja, o olhar é sempre um olhar masculino – o espectador é sempre macho. Em um livro lindamente ilustrado, intitulado *Yorùbá: Nine Centuries of Art and Thought*, Henry Drewal, John Pemberton e Rowland Abiodun exibem exemplos de formas de arte iorubás, com comentários, situando-os em seus diferentes locais. Pemberton, na seção sobre arte Oyó, comenta uma das peças identificadas como um macho:

> Figura masculina sentada, Esie... O artista transmite a autoridade de seu sujeito na compostura do rosto e na franqueza do olhar, bem como no modo de sentar e no gesto... O poder expressivo dessa escultura é que o artista não apenas descreve um papel social, mas também conscientiza a pessoa que o desempenhou... Existe uma qualidade carnuda nos ombros e braços outrora poderosos. Sente-se o peso do homem no abdômen, que se projeta acima da faixa e na propagação dos quadris enquanto ele se senta no banquinho.[111]

Ele também comenta uma figura comparável (em postura e compostura) que identificou como fêmea:

Figura feminina sentada... A figura feminina Esie segura um alfanje, que repousa sobre o ombro direito como um símbolo de cargo... Observe as delicadas marcas de escarificação na testa. A altura do penteado elaborado é igual à do rosto, enfatizando a importância da cabeça... A cabeça e o rosto da mulher são requintadamente modelados. Ela tem um penteado elaborado, uma testa poderosa acima dos olhos profundamente encastrados e uma plenitude dos lábios. Os fios de contas em volta do pescoço, os seios jovens e a plenitude de seu abdômen são evidências de sua beleza e poder como mulher.[112]

Acima, estabelecemos que, entre as figuras Èsiè, não há especificidade de gênero, um princípio que cobriria penteado, escarificação e adorno. Posto isso, a acentuada diferença na forma como essas duas imagens são apresentadas se torna muito aparente. A imagem masculina é discutida em termos de papéis sociais, a feminina, em termos de adorno. A autoridade do homem vem de dentro dele – compostura, olhar, gesto; a autoridade da mulher deriva de um símbolo. A extensão do abdômen do macho significa importância, plenitude da fêmea, beleza. Mesmo onde a palavra "poder" é usada para descrevê-la, ela está no contexto de sua feminilidade – o "poder de uma mulher". Poder para fazer o quê? Na linguagem popular nigeriana de hoje, essa alusão seria entendida como "poder inferior". Em outras palavras, seu poder não é sobre autoridade, mas deriva de sua capacidade de exercer influência com base na mercantilização da sexualidade. Tal abordagem imita a apresentação da beleza feminina a um *voyeur* masculino na arte europeia.

No entanto, utilizando o modelo não generificado postulado por este trabalho, é possível compreender que as figuras Èsiè não representam um poder e uma autoridade de uma maneira específica em relação ao sexo. Por exemplo, a juventude de algumas das fêmeas identificáveis e sua representação como figuras com autoridade podem sugerir que elas estão em sua linhagem natal (provavelmente caçadora), o que explica a naturalidade com que carregam as armas. Da abordagem de usar as imagens como evidência para certas reivindicações sociais, essa interpretação sugere que as figuras são melhor analisadas como uma coleção – um reflexo do *ethos* comunitário predominante – e não como caracteres individuais, sem um contexto. Como mostrei no capítulo anterior, até recentemente, a guerra na Iorubalândia não era conceituada como uma atividade masculina.

O olhar de gênero também é aparente nas representações de iconografia religiosa de Pemberton, exemplificadas pela de Xangô, o deus do trovão. Por exemplo, todas as suas seleções de culto religioso mostram devotas e sacerdotisas. A maioria delas está no que ele interpreta como posições subservientes, enquanto a maioria dos homens está em posições de autoridade. No entanto, é nítido, a partir de outras fontes, que até *aláàfin* se "prostrava diante do deus Xangô, e diante de quem fosse possuído pela divindade, a quem chama de 'pai'".[113] Segundo Pemberton, "O imprevisível, caprichoso e egoísta orixá é também quem transmite sua beleza à mulher com quem dorme. Ele é o doador de prole".[114] Essa linguagem está imbuída de referências sexuais implícitas que sugerem que as sacerdotisas adoram o deus como uma figura sexual masculina. Pemberton afirma que Xangô é elogiado por mulheres em uma música:

> Onde devo encontrar *Jebooda*, meu marido?
>
> Ele dança enquanto canta conosco.
>
> Ele que destrói o malvado com sua verdade…,
>
> Ele que gasta muito tempo no bosque de Oyá;
>
> Pois quando acordamos,
>
> Você que serve o mundo inteiro, pai de *Adeoti*,
>
> Prestarei homenagem a você, meu pai.[115]

Contrariamente à suposição de Pemberton, não são apenas as "mulheres" que adoram Xangô. O termo "marido" é uma tradução incorreta, no texto, da palavra iorubá *ọkọ* e, de forma nenhuma, constitui evidência de que apenas as fêmeas usam esse canto. Xangô é o *ọkọ* de quem o cultua porque ele é o dono da casa, e essas pessoas são forasteiras. É aceita a terminologia para pessoas devotas e que exercem o sacerdócio aos orixás (divindades ou deuses) serem chamados *ìyàwó* (cônjuge). Lembremos da afirmação de S. O. Babayemi de que "adoradores masculinos, (...) como as fêmeas, são referidos como esposas de Xangô".[116] De fato, Pemberton inclui uma fotografia de uma "esposa" de outro deus, orixá Okô, na coleção.

A relação entre Xangô e sua comunidade de fiéis não é generificada nem sexualizada. Xangô não é o único orixá que concede prole. Há pelo menos duas deidades femininas, Oyá e Oxum, que são adoradas especificamente por sua capacidade de conceder prole. Portanto, é errado atribuir o poder de conceder a prole a Xangô, por sua anatomia masculina.

Embora a sexualização do culto a Xangô possa ter dificultado a Pemberton reconhecer os devotos masculinos do orixá, o mesmo não pode ser dito do antropólogo James Matory, que revela outra faceta da visão sexualizada. Ele interpreta a categorização dos adeptos masculinos como *Ìyàwó* – que ele traduz como "esposa" – como um sinal de homossexualidade simbólica, se não real. No modo geertziano de "descrições densas" [invenções], suas interpretações são tão densas que se confundem. Assim, nos escritos de Matory, os sacerdotes de Xangô aparecem como *drag queens* e travestis. Sua tese, "*Sex and the Empire That Is No More: A Ritual History of Women's Power among the Òyọ̀-Yorùbá*", explora o simbolismo do verbo iorubá *gùn*, que ele traduz como "montar". Ele explica: "Testemunhos autóctones leigos ilustram a ascensão e queda de Oyó em imagens dramáticas das relações de gênero. Essa imagem que eu, juntamente com outros estudiosos, descrevi como 'montagem', que na religião e na política de Oyó estrutura a delegação de autoridade de deus para rei, rei para súdito, marido para esposa e ancestral para descendente."[117]

Obviamente, a própria premissa sobre a qual Matory repousa seu estudo é estranha à concepção iorubá. Categorias como "rei" não existem; as chamadas linhas de autoridade que ele apresenta são construções nas quais a autoridade não flui nas direções que ele articulou; e, é óbvio, as categorias de gênero que ele descreve são suas próprias invenções. Nenhum fluxo de autoridade entre *oko* e *ìyàwó*, por exemplo, pode ser caracterizado como um fluxo de gênero, pois ambas as categorias abrangem anamachos e anafêmeas. Da mesma forma, sua introdução da homossexualidade no discurso iorubá não passa de uma imposição de mais um modelo estrangeiro. Wande Abimbola, um estudioso da história e tradições orais iorubás, levantou dúvidas sobre a interpretação sexualizada da história de Oyó. Como registra Matory, Abimbola questiona "se o verbo *gùn* carrega as implicações do verbo inglês montar... Concomitantemente, ele acredita que eu [Matory] exagerei os correlatos de gênero da possessão do Espírito (*gigun*) no contexto Oyó-Iorubá".[118] Na abordagem do presente trabalho, a sexualidade, como o gênero, é considerada uma construção social e histórica. Portanto, para determinar se uma interpretação sexualizada é aplicável ao cenário da Velha Oyó, torna-se necessário definir o que é normalmente anamacho e anafêmea na cultura, observando o período histórico e as mudanças ao longo do tempo.

O caso do adorno de cabelo vem à mente. Os sacerdotes de Xangô eram conhecidos por seu penteado – um penteado tradicionalmente trançado, chamado *kòlęsę*. O culto a Xangô era a religião oficial da corte de Oyó. Esse penteado é frequentemente interpretado por quem pesquisa como um sinal de que os sacerdotes estavam tentando encenar a feminilidade. Por exemplo, Babayemi escreve que, para que os adoradores masculinos sejam aceitos, "eles devem arrumar seus cabelos como mulheres". Embora exista uma noção contemporânea de que "fazer" e adornar os cabelos estão associados apenas a fêmeas, essa noção é recente, e não atemporal e de modo algum universal – o que é testemunhado pelos penteados elaborados de muitas das figuras Èsìę de pedra.

Em Ògbómòsó, conduzi entrevistas com o Àwísę Ęlésìn Ìbílę, chefe Oyátópę (praticante da religião autóctone), que também é o sacerdote de Oyá (uma divindade).[119] Seu cabelo estava trançado, e ele me disse que os sacerdotes de Oyá, como os de Xangô, após a iniciação nunca devem cortar o cabelo; portanto, para facilitar o cuidado, eles os trançam. A ênfase aqui não está nas tranças, mas em nunca cortar o cabelo. Consequentemente, é possível que o foco de muitas pessoas que estudaram as tranças seja uma ênfase equivocada em termos de decifrar o significado. A verdadeira questão não é por que os sacerdotes usam tranças, mas por que não cortam os cabelos.

No entanto, o penteado tem significado na história de Oyó. Os *ìlàrí* eram uma classe especial de burocratas e mensageiros para os *aláàfin*, nomeados por seu penteado. Segundo Johnson, "o termo *Ìlàrì* denota divisão da cabeça, pela maneira peculiar como o cabelo é penteado. Eles são de ambos os sexos e em número de centenas, tantos quantos o rei [*aláàfin*] desejasse". Também é comum, nos tempos atuais, ver governantes e chefes masculinos, na Iorubalândia oriental, com cabelos avermelhados em certos festivais. Consequentemente, nenhuma análise do penteado na sociedade iorubá pode presumir o gênero. Tal empreendimento é melhor realizado dentro do contexto do simbolismo e da metafísica do cabelo e do *orí* (cabeça) em que se encontra.[120] Essa interpretação também deve reconhecer a localidade cultural e o contexto sociorreligioso. Por exemplo, a gênese do penteado cerimonial difere da do penteado religioso. Também existem estilos diferentes de tranças – o *kòlẹ́sẹ̀* pode ter um simbolismo diferente do estilo *sùkú*, por exemplo. À luz de uma série de complexidades, é difícil sustentar a visão de que as tranças masculinas são um sinal de travestismo.

Finalmente, é apropriado avaliar a existência de instituições como as *orò* que funcionam hoje como instituições exclusivas para homens – quando rituais de *orò* estão em andamento em algumas cidades de Oyó, as mulheres ficam confinadas em suas habitações. À luz da minha tese de que as normas culturais autóctones eram tradicionalmente isentas de gênero, as questões mais pertinentes são: Qual é a origem da instituição *orò* e quando ela surgiu em Oyó? Qual é a natureza da exclusão das mulheres, levando em consideração as várias transformações das várias identidades comumente submersas sob o conceito de mulher? Por exemplo, uma restrição para mulheres grávidas tem um significado diferente de um significado universal. Se *orò* é uma instituição antiga, seu caráter mudou com o tempo? Quais são suas implicações no acesso e no exercício do poder para diferentes setores da população? Todas essas são questões empíricas que não podem ser respondidas com a simples declaração de que *orò* é proibido para as mulheres. De fato, a partir das evidências que temos neste momento, podemos dizer que ambos, *orò* e *ògbóni*, outra instituição contemporânea nas cidades iorubás, são relativamente novos, sendo inclusões do século XIX à estrutura sociopolítica de Oyó. Dois historiadores, B. A. Agiri e J. A. Atanda, pesquisaram as instituições *orò* e *ògbóni*, respectivamente. Eles também abordaram os vínculos dessas instituições com o culto Egúngún, que é completamente Oyó e desempenha um papel central no governo de Oyó. Segundo Agiri, "no caso de Oyó, [...] as evidências disponíveis sugerem que o *Orò* foi introduzido durante o século XIX pelo grupo de imigrantes de Jabata. Aqui, a primazia de egúngún nunca esteve em dúvida... Os egúngún estão associados a importantes questões religiosas do estado".[121] *Obìnrin* participam de Egúngún, e o cargo mais importante (o *ato*) é uma anafêmea. A marginalização de *orò* na política de Oyó contrasta fortemente com a centralidade dos cultos de Egúngún e Xangô. A marginalidade do *orò* sugere sua novidade e estranheza no meio cultural de Oyó. A questão mais interessante, então, seria como compreender a existência em uma e mesma política do culto dominante de Xangô, que é controlado pelas mães do palácio, e o *orò*, que pretende excluir as mulheres, um viés de gênero afirmado para envolver até as todo-poderosas *ayaba* (mães do palácio). Atanda, ao considerar o culto *ògbóni*, que geralmente é associado a *orò*, critica a interpolação de instituições em Nova Oyó nas práticas de Velha Oyó, algo que Morton-Williams[122] fez em suas especulações. Atanda conclui:

> Seja qual for o caso, o ponto enfatizado é que o culto ògbóni se tornou um fator no governo de Oyó apenas com a fundação da nova capital no século XIX. Portanto, não há base para a tendência atual de falar sobre o papel do culto no governo do Antigo Império Oyó, que terminou no início do século XIX e antes que o culto fosse introduzido na política de Oyó por Aláàfin Atiba. Em outras palavras, deve-se evitar o erro de interpolar o que é um fenômeno do século XIX na história anterior de Oyó.[123]

Não há dúvida de que o século XIX foi um período de rápidas e monumentais mudanças em Oyó, principalmente por causa das guerras civis e de suas modificações, com a presença cada vez mais dominante e multivariada de europeus na sociedade. O impacto das mudanças daquele período ainda está sendo sentido e representado; a natureza e o tipo de transformações institucionais que ocorreram ainda não foram completamente compreendidas. O gênero das instituições Oyó e a patriarcalização correspondente são os mais importantes para este estudo. No século XIX, categorias de gênero e consequente androcentrismo se tornaram aparentes em alguns dos discursos, instituições e interpretações da história. No próximo capítulo, focalizo o período da colonização, isto é, o estabelecimento formal do domínio britânico que instituiu de maneira mais sistemática as tendências de gênero que emergiram no século XIX.

COLONIZANDO CORPOS E MENTES: GÊNERO E COLONIALISMO

Teóricos da colonização, como Frantz Fanon e Albert Memmi, nos dizem que, em um mundo maniqueísta,[1] a situação colonial produz dois tipos de pessoas: o colonizador e o colonizado (também conhecidos como o colono e o nativo), e o que os diferencia é não apenas a cor da pele, mas também o estado de espírito.[2] Uma semelhança que muitas vezes é negligenciada é que tanto os colonizadores quanto os colonizados são presumidos como machos. O próprio domínio colonial é descrito como "uma prerrogativa viril, paternal ou senhorial".[3] Como processo, é frequentemente descrito como a retirada da masculinidade dos colonizados. Embora o argumento de que os colonizadores sejam homens não seja difícil de sustentar, ocorre o inverso com a ideia de que os colonizados sejam uniformemente machos. No entanto, as duas passagens seguintes de Fanon são típicas do retrato do nativo nos discursos sobre colonização: "Às vezes as pessoas imaginam que o nativo, em vez de vestir a esposa, compra um rádio transistorizado".[4] E: "O olhar que os nativos direcionam para a cidade dos colonos é um olhar de luxúria, um olhar de inveja; expressa sonhos de posse *dele* – todo tipo de posse: sentar à mesa do colono, dormir na cama do colono, com *a esposa dele*, se possível. O homem colonizado é um homem invejoso".[5] Mas e se o nativo fosse fêmea como, de fato, muitas delas foram? Como esse sentimento de inveja e desejo de substituir o colonizador se manifesta ou se realiza para as mulheres? Ou, nesse caso, existe tal sentimento para as mulheres?

As histórias do colonizado e do colonizador foram escritas do ponto de vista masculino – as mulheres são periféricas, quando aparecem. Embora os estudos sobre a colonização escritos sob esse ângulo não sejam necessariamente irrelevantes para a compreensão do que aconteceu com as nativas, devemos reconhecer que a colonização afetou homens e mulheres de maneiras semelhantes e diferentes. O costume e a prática coloniais surgiram de "uma visão de mundo que acredita na superioridade absoluta do humano sobre o não humano e o sub-humano, o *masculino* sobre o *feminino*... e o moderno ou avançado sobre o tradicional ou o selvagem".[6]

Portanto, o colonizador diferenciava os corpos masculinos e femininos e agia de acordo com tal distinção. Os homens eram o alvo principal da política e, como tal, eram os nativos e, portanto, visíveis. Esses fatos, a partir da abordagem deste estudo, são a justificativa para considerar o impacto colonial em termos de gênero, em vez de tentar perceber qual grupo, masculino ou feminino, foi o mais explorado. O processo colonial foi diferenciado por sexo, na medida em que os colonizadores eram machos e usaram a identidade de gênero para determinar a política. Pelo exposto, fica explícito que qualquer discussão sobre hierarquia na situação colonial, além de empregar a raça como base das distinções, deve levar em conta seu forte componente de gênero. As duas categorias racialmente distintas e hierárquicas do colonizador e do nativo devem ser expandidas para quatro, incorporando o fator de gênero. No entanto, as categorias de raça e gênero emanam obviamente da preocupação na cultura ocidental com os aspectos visuais e, portanto, físicos da realidade humana (verificar acima). Ambas as categorias são uma consequência da bio-lógica da cultura ocidental. Assim, na situação colonial, havia uma hierarquia de quatro, e não duas, categorias. Começando no topo, eram: homens (europeus), mulheres (europeias), nativos (homens africanos) e Outras (mulheres africanas). As mulheres nativas ocupavam a categoria residual e não especificada do Outro.

Nos últimos tempos, estudiosas feministas têm procurado corrigir o viés masculino nos discursos sobre colonização, concentrando-se nas mulheres. Uma tese importante que emergiu desse esforço é que as mulheres africanas sofreram uma "dupla colonização": uma forma de dominação europeia e outra, de tradição autóctone, imposta por homens africanos. O livro de Stephanie Urdang, *Fighting Two Colonialisms*, é característico dessa abordagem.[7] Embora a profundidade da experiência colonial das mulheres africanas seja expressa de forma sucinta pela ideia da duplicação, não há consenso sobre o que está sendo duplicado. Na minha abordagem, não é que a colonização seja dupla, mas duas formas de opressão que confluíram do referido processo para as fêmeas nativas. Portanto, é enganoso postular duas formas de colonização porque ambas as manifestações de opressão estão enraizadas nas relações hierárquicas de raça/gênero da situação colonial. As fêmeas africanas foram colonizadas pelos europeus como africanas e como mulheres africanas. Elas foram dominadas, exploradas e inferiorizadas como africanas juntamente com homens africanos e, então, inferiorizadas e marginalizadas como mulheres africanas.

É importante enfatizar a combinação de fatores de raça e gênero, porque as mulheres europeias não ocupavam a mesma posição na ordem colonial que as africanas. Uma circular emitida pelo governo colonial britânico na Nigéria mostra a posição explicitamente desigual desses dois grupos de mulheres no sistema colonial. Ela afirma que "será pago às mulheres africanas 75% dos valores pagos às mulheres europeias".[8] Além disso, qualquer que seja o status dos costumes autóctones, as relações entre homens e mulheres africanos durante esse período não podem ser isoladas da situação colonial nem descritas como uma forma de colonização, principalmente porque os homens africanos eram os próprios sujeitos a esse processo.[9] As opressões raciais e de gênero vivenciadas por mulheres africanas não devem ser entendidas em termos de adição, como se estivessem empilhadas uma sobre a outra. No contexto dos Estados Unidos, o comentário de Elizabeth Spelman sobre a relação entre racismo e sexismo é relevante. Ela escreve: "A maneira como se experimenta uma forma de opressão é influenciada e influencia como outra forma é experimentada."[10] Embora seja necessário discutir o impacto da colonização em categorias específicas de pessoas, em última análise, seu efeito sobre as mulheres não pode ser separado do seu impacto sobre os homens porque as relações de gênero não são de soma zero – homens e mulheres em qualquer sociedade estão inextricavelmente ligados.

Este capítulo examinará políticas, práticas e ideologias coloniais específicas e verificará como elas impactaram machos e fêmeas de diferentes maneiras. Nesse sentido, a identidade de gênero dos colonizadores também é importante. No nível da política, examinarei os sistemas administrativos, educacionais, legais e religiosos. Tornar-se-á explícito que certas ideologias e valores surgiram dessas políticas e práticas de tal maneira – muitas vezes não declarada, mas não menos profunda – que moldaram o comportamento dos colonizados. A colonização foi um processo multifacetado que envolve diferentes tipos de pessoas europeias, incluindo missionários, comerciantes e funcionários do Estado. Por isso, trato o processo de cristianização como parte integrante do processo colonial. Finalmente, a colonização foi, acima de tudo, a expansão do sistema econômico europeu, na medida em que "sob a superfície da organização política e administrativa colonial estava o processo de desdobramento da penetração do capital".[11] O sistema econômico capitalista moldou as maneiras particulares pelas quais a dominação colonial era efetuada.

O ESTADO DO PATRIARCADO

A imposição do sistema de Estado europeu, com suas máquinas legais e burocráticas, é o legado mais duradouro do domínio colonial europeu na África. O sistema internacional de Estado-Nação como o conhecemos hoje é um tributo à expansão das tradições europeias de governança e organização econômica. Uma tradição que foi exportada para a África durante esse período foi a exclusão de mulheres da recém-criada esfera pública colonial. Na Grã-Bretanha, o acesso ao poder era baseado no gênero; portanto, a política era em grande parte trabalho dos homens; e a colonização, que é fundamentalmente um assunto político, não foi exceção. Embora homens e mulheres africanos, como povos conquistados, tenham sido excluídos dos escalões mais altos das estruturas coloniais do Estado, os homens estavam representados nos níveis mais baixos do governo. O sistema de governo indireto introduzido pelo governo colonial britânico reconheceu a autoridade do chefe masculino no nível local, mas não reconheceu a existência de chefes fêmeas. Portanto, as mulheres foram efetivamente excluídas de todas as estruturas coloniais do Estado. O processo pelo qual as mulheres foram desconsideradas pelo Estado colonial na arena da política – uma arena da qual haviam participado durante o período pré-colonial – é de particular interesse na seção a seguir.

O próprio processo pelo qual as fêmeas foram categorizadas e reduzidas a "mulheres" as tornou inelegíveis para papéis de liderança. A base dessa exclusão foi a sua biologia, um processo que foi um novo desenvolvimento na sociedade iorubá. O surgimento da mulher como categoria identificável, definida por sua anatomia e subordinada aos homens em todas as situações, resultou, em parte, da imposição de um Estado colonial patriarcal. Para as fêmeas, a colonização era um duplo processo de inferiorização racial e subordinação de gênero. No capítulo 2, mostrei que, na sociedade iorubá pré-britânica, as anafêmeas, como os anamachos, tinham múltiplas identidades que não eram baseadas em sua anatomia. A criação de "mulheres" como categoria foi uma das primeiras realizações do Estado colonial.

Em um livro sobre mulheres europeias na Nigéria colonial, Helen Callaway explora a relação entre gênero e colonização a partir da dimensão do colonizador. Ela argumenta que o Estado colonial era patriarcal de várias maneiras. Obviamente, a equipe colonial era masculina. Embora algumas mulheres europeias estivessem presentes como enfermeiras, os ramos administrativos, que incorporavam poder e autoridade, excluíam as mulheres por lei.[12] Além disso, ela nos diz que o Serviço Colonial, formado com o objetivo de governar povos subjugados, foi

> uma instituição masculina em todos os seus aspectos: sua ideologia "masculina", sua organização e processos militares, seus rituais de poder e hierarquia, suas fortes fronteiras entre os sexos. Teria sido "impensável" no sistema de crenças da época considerar o papel que as mulheres poderiam desempenhar, exceto como irmãs enfermeiras, que antes haviam sido reconhecidas por seu importante trabalho "feminino".[13]

Não é de surpreender, portanto, que fosse impensável para o governo colonial reconhecer lideranças femininas entre os povos que colonizaram, como os iorubás.

Da mesma forma, a colonização foi apresentada como um trabalho "sob medida para o homem" – o teste final da masculinidade –, especialmente porque a taxa de mortalidade europeia na África Ocidental, na época, era particularmente alta. Somente os corajosos poderiam sobreviver ao "túmulo do homem branco", como a África Ocidental era conhecida na época. Segundo Callaway, a Nigéria foi descrita repetidamente como um país de homens, no qual as mulheres[14] (mulheres europeias) estavam "fora do lugar" em um duplo sentido de deslocamento físico e no sentido simbólico de estar em um território exclusivamente masculino. A senhora Tremlett, uma mulher europeia que acompanhou o marido à Nigéria durante esse período, lamentou a posição das mulheres europeias: "Muitas vezes me vi refletindo amargamente a insignificante posição de uma mulher no que é praticamente um país de homem... Se existe um ponto na Terra em que uma mulher não tem importância alguma, é a atual Nigéria".[15] Se as mulheres do colonizador foram tão insignificantes, então podemos imaginar a posição das "outras" mulheres, quando a existência delas foi reconhecida.

No entanto, às vésperas da colonização, havia chefes e autoridades femininas em todo o país. Ironicamente, um dos signatários do tratado que teria cedido Ibadan aos britânicos era Lànlátù, uma Ialodê, chefe anafêmea.[16] A transformação do poder do Estado em poder masculino foi realizada em determinado nível pela exclusão de mulheres de estruturas estatais. Isso contrastava fortemente com a organização do Estado iorubá, na qual o poder não era determinado por gênero.

O afastamento das mulheres das estruturas estatais foi particularmente devastador porque a natureza do próprio Estado estava passando por uma transformação. Ao contrário do Estado iorubá, o Estado colonial era autocrático. Os machos africanos designados como chefes pelos colonizadores tinham muito mais poder sobre o povo do que tradicionalmente era investido neles. Na África Ocidental Britânica, no período colonial, os chefes (machos) perderam sua soberania ao passo que aumentavam seus poderes sobre o povo,[17] embora possamos acreditar que seus poderes derivaram da "tradição", mesmo quando os britânicos tenham criado sua própria marca de "chefes tradicionais". O comentário astuto de Martin Chanock sobre os poderes dos chefes na África colonial é particularmente aplicável à situação iorubá: "Onde encontravam um chefe, as autoridades britânicas pretendiam investir *nele* retroativamente, não apenas com uma autoridade maior do que ele tinha antes, mas também com uma autoridade de um tipo diferente. Parecia não haver maneira de pensar sobre a autoridade principal (...) que não incluísse o poder judicial".[18] Assim, os chefes machos foram investidos com mais poder sobre o povo, enquanto as chefes fêmeas foram despojadas de poder. Por falta de reconhecimento, suas posições formais logo se atenuaram.

Em outro nível, a transferência do poder judicial da comunidade para o conselho de chefes masculinos provou ser particularmente negativa para as mulheres, no momento em que o Estado estava estendendo seus tentáculos para um número crescente de aspectos da vida. Na sociedade iorubá pré-britânica, a adjudicação de disputas cabia às pessoas idosas da linhagem. Portanto, pouquíssimas questões ficaram sob a alçada de quem governava e do conselho de chefes. Mas, na administração colonial, o Sistema de Autoridade Nativa, com suas cortes tradicionais, lidava com todos os casos civis, incluindo casamento, divórcio e adultério.

É precisamente na época em que o Estado se tornava onipotente que as mulheres foram excluídas de suas instituições. Essa onipotência do Estado era uma nova tradição na sociedade iorubá, como em muitas sociedades africanas. A onipotência do Estado tem raízes profundas na política europeia. A análise de Fustel de Coulanges das cidades gregas da Antiguidade atesta esse fato:

> Não havia nada independente no homem; seu corpo pertencia ao Estado e foi dedicado à sua defesa. Se a cidade precisasse de dinheiro, poderia ordenar que as mulheres entregassem suas joias. A vida privada não escapou da onipotência do Estado. A lei ateniense, em nome da religião, proibia os homens de permanecerem solteiros. Esparta puniu não apenas aqueles que permaneceram solteiros, mas também aqueles que se casaram tarde. Em Atenas, o Estado poderia prescrever trabalho e, em

Esparta, a ociosidade. *Ele exerceu sua tirania nas menores coisas*; em Locri, as leis proibiam os homens de beberem vinho puro; em Roma, Mileto e Marselha, o vinho era proibido para as mulheres.[19]

Notavelmente, Edward Shorter, escrevendo sobre as sociedades europeias, repete as observações anteriores de De Coulanges: "As comunidades europeias tradicionais regulavam assuntos como a sexualidade conjugal ou a formação do casal. O que pode ser surpreendente, no entanto, é até que ponto esses assuntos foram retirados da regulamentação informal pela opinião pública e *submetidos a políticas públicas.*"[20] Para mencionar alguns exemplos: houve uma "penalidade de fornicação" contra as mulheres que estivessem grávidas fora do matrimônio – sem grinaldas para noivas grávidas; e antes que um homem pudesse se juntar a uma corporação, esta insistia "não apenas que o próprio homem não fosse ilegítimo (ou concebido antes do casamento), mas também que seus pais também fossem bem-nascidos".[21] Acima de tudo, a comunidade tinha o poder de interromper casamentos.[22] Não devemos esquecer que, na Europa, nessa época, as mulheres eram, em grande parte, excluídas da autoridade pública formal; portanto, a política pública mencionada por Shorter era constituída por homens. Sem dúvida, alguns desses assuntos foram regulamentados pelas sociedades africanas, mas o regulamento estava nas mãos da linhagem e, possivelmente, da opinião não familiar. Consequentemente, a probabilidade de que qualquer categoria de pessoas, como anafêmeas, pudesse ter sido excluída do processo de tomada de decisões da família era muito menor do que na Europa.

Foi nessa infeliz tradição de dominação masculina que as pessoas africanas foram enredadas – e isso foi particularmente desvantajoso para as mulheres porque o casamento, o divórcio e até a gravidez estavam sob a alçada do Estado. Diante do exposto, fica nítido que o impacto da colonização foi profundo e negativo para as mulheres. As avaliações do impacto da colonização que vê certos "benefícios" para as mulheres africanas são equivocadas à luz do efeito abrangente do Estado colonial, que efetivamente definia as fêmeas como "mulheres" e, portanto, sujeitos coloniais de segunda classe, inaptas para determinarem seu próprio destino. O status de segunda classe pós-independência da cidadania das mulheres africanas está enraizado no processo de inventá-las como mulheres. O acesso feminino à participação no grupo não é mais direto; agora, o acesso à cidadania é mediado pelo casamento, pela "esposarização [*wifization*] da cidadania".

No entanto, um grupo de pessoas dedicadas à pesquisa afirma que a colonização trouxe alguns benefícios para as mulheres africanas. Consideraremos duas destas pessoas que sustentam que, de alguma maneira, as mulheres africanas, em relação aos homens africanos, se beneficiavam do domínio colonial. Segundo Jane Guyer, a ideia de que as mulheres africanas experimentaram um declínio em seu status sob o domínio europeu é deturpada; na realidade, segundo ela, a diferença de status entre homens e mulheres diminuiu devido a um "declínio no status dos homens".[23] Por um lado, Guyer supõe que existiam identidades de gênero para homens e mulheres, como grupos. Além disso, essa é obviamente outra maneira de expressar a noção tendenciosa de que a colonização é experimentada como perda de masculinidade pelos colonizados, projetando assim a crença errônea de que as mulheres não tinham nada (ou nada tão valioso) a perder. Essa é uma interpretação restrita do efeito da colonização em termos de algo intangível (chamado masculinidade). Os colonizados também perderam a capacidade de fazer sua própria história sem interferência estrangeira; eles perderam seu trabalho e sua terra; muitos perderam a vida; e como os colonizados eram machos e fêmeas, também as mulheres sofreram essas perdas. Além disso, uma análise da noção de masculinidade, que geralmente é deixada indefinida, sugere que é uma versão masculinizada do conceito de personalidade. Ashis Nandy escreveu sobre a experiência colonial como a perda da personalidade para o nativo.[24] Do ponto de vista, mais inclusivo, de Nandy, podemos começar a analisar a experiência das mulheres nos mesmos termos que a dos homens.

Nina Mba é outra estudiosa que vê algumas vantagens para as mulheres africanas na colonização. Em seu estudo sobre os efeitos do domínio britânico sobre as mulheres no sudoeste da Nigéria, ela conclui que a regulação colonial do casamento ampliou o status legal das mulheres porque melhorava o direito delas à propriedade conjugal.[25] Essa visão é imprecisa por vários motivos. Para começar, sua suposição de que o status de esposas é idêntico ao "status de mulheres" leva à sua incapacidade de compreender o fato de que, nas culturas do sudoeste da Nigéria, os direitos das anafêmeas como esposas, filhas e irmãs derivam de diferentes bases. Por exemplo, a falta de acesso à propriedade de seu marido não constituía um status secundário para as "mulheres" porque, como filhas e irmãs, elas tinham direito a ambas as linhagens – ou seja, às propriedades de seus pais, de suas mães e de seus irmãos. No passado, o *ọkọ* conjugal também não podia herdar a propriedade de suas *aya*. Portanto, a aparente provisão de direitos de "propriedade conjugal" na lei colonial não era necessariamente uma coisa boa para as mulheres porque a constituição de uma nova categoria de propriedade chamada propriedade conjugal significava que as esposas perdiam seus direitos independentes de propriedade e que, da mesma forma, os maridos agora poderiam assumir as propriedades de suas esposas. Além disso, o posicionamento das esposas como beneficiárias dos maridos também significava que os direitos de algumas outras mulheres, como mães, irmãs e filhas, eram revogados. Devemos lembrar ainda que muitas sociedades nigerianas possuíam sistemas poligâmicos de casamento, o que levanta a questão complexa sobre qual esposa herdaria qual propriedade, uma vez que algumas esposas eram casadas com o mesmo marido por mais tempo que outras. Mba não lida com nenhum desses problemas. Por fim, sua fé no sistema jurídico como forma de "melhorar o status da mulher" é injustificada, uma vez que o mesmo sistema colonial havia constituído mulheres como sujeitos de segunda classe. Os sistemas legais não funcionam no vácuo, e os homens, por razões que serão discutidas mais adiante, estavam em uma posição melhor para tirar vantagem dos novos sistemas legais. Em suma, a ideia de que as mulheres, ou qualquer outra categoria de pessoas entre os colonizados, se beneficiaram do domínio colonial não reflete a realidade.

APRIMORANDO OS MACHOS: DISCRIMINAÇÃO SEXUAL NA EDUCAÇÃO COLONIAL

A introdução do cristianismo e da educação ocidental foi fundamental para a estratificação da sociedade colonial, tanto na posição de classe, quanto de gênero. A desvantagem inicial das mulheres no sistema educacional é, sem dúvida, o principal determinante da inferioridade das mulheres e da falta de acesso a recursos no período colonial e, de fato, no período contemporâneo. Como isso aconteceu? No primeiro meio século da colonização britânica na Iorubalândia, o cristianismo e a educação ocidental eram inseparáveis porque eram o monopólio dos missionários cristãos. A escola era a igreja, e a igreja era a escola. Do ponto de vista dos missionários, o processo de cristianizar e educar os pagãos africanos deveria ser um processo de europeização. O objetivo dos missionários era transformar as sociedades africanas, e não preservá-las.

Conforme previsto pelos missionários, o sistema familiar africano deveria ser alvo de reformas e, por sua vez, ser o veículo para a "civilização" dessas sociedades. Um missionário na Iorubalândia revela esse viés quando pergunta: "É apropriado aplicar o nome sagrado de um lar a uma habitação ocupada por dois a seis ou uma dúzia de homens, cada um, talvez, com uma pluralidade de esposas?".[26] "Renascimento espiritual" e a reconstrução das sociedades africanas estavam entrelaçados nas mentes dos missionários. Para esse fim, foram criadas escolas para facilitar a evangelização. Possivelmente, a lógica mais importante para o estabelecimento de escolas na Iorubalândia durante esse período inicial de trabalho missionário está resumida no livro do missionário batista T. J. Bowen, publicado em 1857:

> Nossos desígnios e esperanças em relação à África não são simplesmente trazer o maior número possível de pessoas para conhecerem Cristo. Desejamos estabelecer o Evangelho no coração, na mente e na vida social das pessoas, para que a verdade e a retidão possam permanecer e florescer entre elas, sem a instrumentalidade de missionários estrangeiros. Isso não pode ser feito sem a civilização. Para estabelecer o Evangelho entre qualquer pessoa, eles devem ter Bíblias e, portanto, devem ter a

arte de fazê-las ou o dinheiro para comprá-las. Eles devem ler a Bíblia e isso implica educação.[27]

Dois pontos importantes se destacam. Primeiro, as missões europeias precisavam de missionários africanos com o objetivo de cristianizar seu próprio povo. Não surpreende que, durante esse período, a África Ocidental ainda fosse conhecida como o túmulo do homem branco, porque poucos europeus poderiam sobreviver no ambiente. Portanto, era imperativo fazer uso de pessoal africano para que o cristianismo fosse firmemente plantado. Segundo, a capacidade de ler a Bíblia era vista como fundamental para a manutenção da fé individual. À luz do exposto, não surpreende que os homens fossem o alvo da educação missionária. Eles eram vistos como possíveis clérigos, catequistas, pastores e missionários no serviço da igreja. Não havia lugar para as mulheres nessas profissões, exceto como esposas, como ajudantes de seus maridos, o que realmente era o papel das poucas mulheres missionárias.

Em 1842, a primeira escola foi estabelecida em Badagri pela missão Wesleyana. Em 1845, a Sociedade Missionária da Igreja (SMI) havia estabelecido um internato para meninos. Mais no interior, Abeokutá se tornaria a capital e base da educação na Iorubalândia. Em 1851, 3 mil emigrantes iorubás, comumente chamados Sàrós,[28] muitos deles cristãos, haviam se estabelecido nesta cidade. Um dos mais proeminentes entre eles foi Samuel Ajayi Crowther, que se tornaria o primeiro bispo anglicano africano. Imediatamente após a chegada a Abeokutá, Crowther e sua esposa estabeleceram duas escolas, uma para meninos e outra para meninas. Diz-se que a escola de costura da Sra. Crowther era muito popular, que "até os babalaôs [sacerdotes-divinadores] levaram suas filhas à Sra. Crowther para serem educadas".[29] Práticas separadas por sexo foram estabelecidas cedo, como refletido até no currículo das escolas que eram mistas. Ajayi resume o cronograma das escolas da SMI, em 1848, da seguinte forma:

9h: Canto, ensaios de passagens das Escrituras, leitura de um capítulo das Escrituras, orações.

9h15-12h: Gramática, leitura, ortografia, redação, geografia, tabuada [exceto quarta-feira, quando havia o catecismo no lugar da gramática].

14h-16h: Cálculo [isto é, aritmética], leitura, ortografia, significado das palavras.

16h: Orações finais.[30]

Ele acrescenta: "Isso se repetia mais ou menos todos os dias, exceto na sexta-feira, que era dedicada aos ensaios das passagens das Escrituras, revisões e exames. As meninas seguiram um currículo semelhante, mas com mudanças importantes. Na sessão da tarde, de segunda a quinta-feira, elas faziam costura e bordado".[31]

Embora os homens fossem o foco principal da educação missionária, é explícito que a educação das mulheres não era irrelevante para o esquema dos missionários. De fato, eles tinham um grande interesse em produzir mães que seriam o fundamento das famílias cristãs. Eles estavam claramente preocupados com o fato de que a influência do lar "poderia estar destruindo as boas sementes plantadas na escola".[32] O caso dos Harrisons e de suas enfermarias demonstra o pensamento dos missionários sobre como era essa "influência do lar". O sr. e a sra. Harrison mantiveram as alunas afastadas de suas mães, que supostamente tentavam "manter as filhas em seus velhos e maus caminhos".[33] T. H. Popleslour, missionário e educador, sublinhou a importância da família na educação dos filhos:

A educação na escola compreende [sic] mas uma parte da formação. Que na modelagem do caráter útil e cristão, a vida fora da escola deve sempre ser levada em consideração nas influências que operam para o bem ou para o mal (...). Os pais podem desempenhar um papel importante (se forem cristãos). Como pode um pagão que não vê mal em mentir, roubar, enganar, fornicar (...) ensinar moralidade? Como eles podem ensinar aos filhos o temor a Deus?[34]

Para as missões cristãs, meninas e meninos precisavam ser educados, mas para diferentes lugares na nova sociedade que os colonizadores estavam construindo. Assim, foi dada prioridade à educação masculina, e foram tomadas providências para alguma forma de educação superior para machos em alguns lugares.

Nas memórias de Anna Hinderer, podemos perceber de perto o viés de gênero na maneira como os missionários treinaram suas alas iorubás. David e Anna Hinderer eram missionários anglicanos que passaram, juntos, mais de 17 anos na Iorubalândia, a partir de 1853. Nas memórias de Anna, intituladas *Seventeen Years in Yorùbá Country*, temos uma ideia de como era a vida na Ibadan do século XIX. Ao chegar em Ibadan, os Hinderers encontraram rapidamente um amigo em um importante chefe que imediatamente enviou seus dois filhos – um menino e uma menina – para morar com eles para serem educados. Em pouco tempo, eles tiveram 16 filhos, homens e mulheres, como estudantes – incluindo filhos e filhas de outras pessoas proeminentes e algumas crianças escravizadas que foram resgatadas pelos missionários.[35]

No entanto, como no caso das escolas anglicanas, os Hinderers tinham um currículo diferenciado por sexo. A sra. Hinderer nos diz que, além dos "quatro Rs" regulares,[36] todas as crianças eram ensinadas todos os dias a partir das 9h até o meio-dia: as meninas eram instruídas a costurar e bordar do meio-dia até 2h da tarde.[37] É apenas à luz dessa prática que entendemos uma afirmação feita pela sra. Hinderer que parece lançar uma sombra sobre a capacidade acadêmica das meninas. Comentando sobre a preparação para o batismo em 1859, ela disse: "A preparação e o exame [das crianças] têm sido extremamente interessantes para meu marido; os meninos parecem ter entendido a raiz do problema".[38] A observação dela não é surpreendente, considerando que os meninos tinham pelo menos duas horas extras de preparação todos os dias, enquanto as meninas aprendiam a costurar e bordar.

Além do exemplo cotidiano de esferas separadas para o sr. e a sra. Hinderer, havia maneiras mais sutis pelas quais mensagens com viés de gênero eram inculcadas nas crianças. Por exemplo, quando a sra. Hinderer recebeu um pacote de "mimos" da Inglaterra, ela deu a "cada uma das meninas um dos belos lenços e um alfinete bonito para prendê-lo, para sua grande alegria; e pareciam tão limpas e arrumadas no domingo seguinte na igreja. Aos meninos foram dadas armas e blusas, mas um lápis e um pedaço de papel são o seu maior prazer".[39] A mensagem era explícita: os meninos foram educados para se tornarem clérigos, catequistas, pastores, missionários, diplomatas e até políticos. O papel das meninas era parecer delicadas e atraentes, prontas para se tornarem esposas e ajudantes desses homens potencialmente poderosos.

De fato, temos informações suficientes sobre o que alguns desses e dessas estudantes pioneiros e pioneiras se tornaram quando cresceram para demonstrar a eficácia de seu treinamento e expectativas de gênero. Susanna, uma das alunas da fundação, tornou-se a sra. Olubi, esposa de Olubi, a primeira ala dos Hinderers. Anna Hinderer escreveu sobre ela: "A sra. Olubi teve quatro filhos que a mantiveram muito ocupada".[40] O espectro de donas de casa para mulheres havia aparecido na paisagem iorubá, contrastando com a prática tradicional iorubá de todos os adultos (anamacho e anafêmea) estarem ocupados com muito trabalho. Em nítido contraste, o marido de Susanna, Olubi, tornou-se um dos homens mais poderosos da Iorubalândia do século XIX. Como oficial da Igreja Anglicana e como diplomata, negociou tratados entre os Estados iorubá e os britânico, em guerra. Obviamente, diferentemente de sua esposa, Olubi e alguns dos outros estudantes machos tiveram o benefício do ensino superior na missão de treinamento da SMI em Abeokutá. Não havia escolas para meninas até muito mais tarde. E a dupla de irmã e irmão, filhos do proeminente chefe de Ibadan, que também foram alunos da fundação dos Hinderers? Akinyele, o menino, passou 55 anos como professor e pastor e é lembrado por sua contribuição no estabelecimento da Igreja Anglicana em Ògbómọ̀sọ́, outra cidade iorubá. Sua irmã, Yejide, é lembrada por meio de seus filhos e parece não ter se estabelecido em uma profissão. Konigbagbe, uma das outras garotas, se saiu melhor. Ela se tornou professora, mas desapareceu cedo dos registros.[41] Cabe perguntar se o desaparecimento dela se relacionava com o fato de ela ter se casado e adotado o nome do marido: uma nova "tradição" adotada pelas famílias africanas quando se tornaram europeizadas.

A disparidade entre o número de meninos e meninas na escola era evidente na virada do século e já era um problema pessoal para homens instruídos que procuravam esposas com educação ocidental. Já em 1902, o item principal da agenda da reunião do St. Andrews College, Oyó, uma instituição superior de primeira categoria para homens, era "De onde devemos tirar nossas esposas e como elas devem ser educadas?".[42] Em 1930, havia 37 mil meninos, mas apenas 10 mil meninas, em escolas missionárias aprovadas. Em 1947, o número de meninas havia aumentado para 38 mil, mas eram apenas 25% do número total de crianças na escola.[43]

A razão para essa lacuna de gênero na educação é geralmente atribuída à "tradição", a ideia de que os pais preferem educar seus filhos em vez de filhas.[44] Não está muito nítido para mim, no caso iorubá, que tradição específica criou esse problema. O único escritor com o qual me deparei e que oferece alguns detalhes sobre como a "tradição" poderia ter sido um obstáculo à educação não limitou o problema às mulheres. De acordo com T. O. Ogunkoya, em Abeokutá, em meados do século XIX, "os sacerdotes de Ifá (sacerdotes-divinadores) divulgaram amplamente que qualquer homem negro que tocasse em um livro ficaria tão debilitado até se tornar impotente, e uma mulher poderia se tornar estéril. Se em 1903 os homens haviam ultrapassado com sucesso o obstáculo, ainda não era o caso para as mulheres".[45] Seja qual for a historicidade dessa afirmação, o fato de que os homens logo ultrapassaram as barreiras sugere que havia outros fatores em ação além da "tradição". Como, então, nós explicamos a sub-representação persistente de mulheres no sistema escolar? As evidências históricas não apoiam a conjectura de que os pais preferiram inicialmente enviar à escola filhos e não filhas. Não há nada que sugira que, no início das escolas, seja em Badagri, Lagos, Abeokutá ou em Ibadan, estudantes eram predominantemente meninos. Além das crianças escravizadas que se tornaram pupilas após serem resgatadas pelos próprios missionários, não parece haver nenhum padrão definido (de gênero ou não) nas circunstâncias das crianças. Dizia-se que o chefe Ogunbonna, em Abeokutá, havia enviado sua filha para uma das casas da missão porque sua mãe havia morrido e não havia ninguém para cuidar dela.[46] O chefe Olunloyo, em Ibadan, enviou um filho e uma filha para morarem com os Hinderers, porque ele era fascinado pela "mágica" da escrita.[47] Outra garota ficou com os Hinderers porque gostava da Sra. Hinderer e insistia em ir para casa com ela.[48] Até os muito difamados sacerdotes de Ifá diziam estar ansiosos para enviar suas filhas para uma escola de meninas fundada pela esposa do missionário iorubá Samuel Crowther, em Abeokutá, em 1846.[49] Outras maneiras pelas quais estudantes foram recrutados e recrutadas inicialmente incluíam o resgate de crianças escravizadas e o recebimento de "penhores".[50] Não há indicação de que um sexo predominou em qualquer uma dessas categorias.

É claro que, inicialmente, a resposta dos pais e mães iorubás à escolarização da prole não foi tão favorável. Eles relutavam em perder os serviços de sua cria, machos e fêmeas, nas fazendas e nos mercados. Portanto, as missões tiveram que encontrar incentivos para que os pais mandassem sua prole para a escola. Assim, em Ìjàyè, tanto os batistas quanto a SMI pagavam os alunos para irem à escola. Mesmo nas áreas costeiras como Lagos e Badagri, incentivos precisavam ser fornecidos. Os brindes da Europa foram um desses incentivos.[51] Com o passar do tempo, houve queixas dos pais de que os alunos se tornaram preguiçosos e desrespeitavam as pessoas mais velhas. A preferência por internatos estava parcialmente relacionada ao desejo dos pais de repassarem o custo de criar sua prole "improdutiva" para os missionários, caso os estudos os privassem dos serviços dessas crianças. Essa situação logo mudaria à medida que os pais percebiam o valor da educação no emprego assalariado e em posições importantes que as pessoas instruídas passaram a ocupar. Nada disso estava disponível para as fêmeas. Não é de admirar, então, que os pais posteriormente não estivessem tão ansiosos para educar as filhas quanto os filhos. As escolas ocidentais eram muito apropriadas para educar os meninos para seus futuros papéis, mas a formação de meninas para a vida adulta, mapeada pelos missionários europeus e pelas autoridades coloniais, não exigia esse tipo de educação.

Na década de 1870, entre a elite de Lagos – especialmente os Sàrós –, as mães encontraram um bom motivo para educar suas filhas. Nomeadamente, mulheres instruídas eram procuradas para o casamento por homens instruídos. Consequentemente, a criação de escolas secundárias femininas pelas missões metodista, anglicana e católica deveu-se ao esforço das organizações de mulheres. Eles usaram suas posições privilegiadas como esposas e filhas de homens proeminentes para estabelecer escolas para meninas.[52] Na Lagos vitoriana, alguns dos futuros profissionais iorubás começaram a perceber o que uma mulher educada poderia fazer por seu status e carreira na sociedade colonial. Kristin Mann, em seu estudo pioneiro sobre casamento na região colonial de Lagos, mostra que as mulheres instruídas exigiam casamento.[53] Não surpreende, então, que o ideal para essas mulheres era tornarem-se donas de casa. Portanto, elas tiveram que encontrar homens financeiramente capazes de entrar no que veio a ser conhecido como "casamento por decreto".[54] Sem dúvida, as famílias da elite de Lagos gastaram quantias consideráveis em dinheiro para educar seus filhos na Inglaterra para as profissões preferidas de medicina e direito. Mas, em certo sentido, a educação das filhas era fundamental, porque a única saída para as meninas era "casar bem". O maior medo das famílias Sàrós era a possibilidade real de que suas filhas fizessem um "casamento ruim", significando a forma tradicional de casamento iorubá, que permite que um homem se case com mais de uma esposa.[55]

Em 1882, quando o governo colonial se envolveu na educação (que até então era monopolizada pelas missões cristãs), já havia um grupo de africanos, pelo menos em Lagos, exigindo educação para todas as crianças. Em 1909, o King's College, um colégio para meninos, foi estabelecido pelo governo colonial. Somente em 1927 foi fundado o Queen's College, sua contraparte feminina. Sua fundação foi uma homenagem à tenacidade das mulheres da elite de Lagos que, em seu zelo em convencer o governo de que havia necessidade de educação feminina, arrecadaram mil libras para esse fim.[56] A atitude do governo colonial em relação à educação feminina estava passando por alguma melhoria. Em 1929, E. R. J. Hussey, um dos diretores de educação britânicos mais destacados da Nigéria colonial, advogou que mais escolas fossem construídas com base no modelo do Queen's College, porque ele "achava que apenas quando as mulheres africanas estivessem ocupando posições de importância no país, a população como um todo poderia ser levada a valorizar uma educação tão boa para suas meninas quanto para seus meninos".[57] A ligação entre educação e emprego, vista por Hussey, foi perspicaz. Mas, aparentemente, essa visão não era representativa da ideologia colonial ou da política de educação e emprego. Por exemplo, em 1923, quando a Liga das Mulheres de Lagos apelou ao governo colonial para o emprego de mulheres no serviço público, a resposta do secretário-chefe foi: "É duvidoso que tenha chegado o momento em que as mulheres possam ser empregadas, em geral, no serviço de escritório em substituição aos homens".[58] Em 1951, uma circular sobre o emprego de mulheres no serviço público declarou: "Somente em circunstâncias excepcionais, uma mulher deve ser considerada para nomeação para cargos de nível relevante". As exceções eram casos envolvendo mulheres bem qualificadas que dificilmente "controlariam (...) funcionários ou trabalho que não sejam do seu próprio sexo".[59] Essa é uma das declarações mais explícitas da política colonial sobre a hierarquia de gênero. Em outras palavras, independentemente de qualificações, mérito ou senioridade, as *mulheres deveriam ser subordinadas aos homens em todas as situações*. A masculinidade foi, assim, projetada como uma das qualificações para o emprego no serviço relevante civil colonial. A promoção do anassexo como identidade social e como determinante de liderança e responsabilidade contrasta fortemente com o sistema de senioridade que era a marca registrada da organização social pré-colonial iorubá. Os homens deveriam se tornar os "herdeiros" do Estado colonial. De muitas maneiras, as mulheres foram desapropriadas; sua exclusão da educação e do emprego foi profunda e se mostrou devastadora ao longo do tempo. Os homens tiveram mais do que um avanço, não apenas em números, mas no que a educação e os valores ocidentais passaram a representar nas sociedades africanas. A capacidade de negociar o mundo "moderno", que levou a riqueza, status e papéis de liderança, foi cada vez mais determinada pelo acesso à educação ocidental e seu uso para a promoção.

Talvez o efeito duradouro mais prejudicial da associação dos homens com a educação, emprego remunerado e liderança seja aquele psicológico, em homens e mulheres. Isso se reflete estrutural e ideologicamente nos sistemas escolares. A noção de que as fêmeas não são tão capazes mentalmente quanto os machos é comum entre algumas das pessoas que tiveram uma educação ocidental na sociedade nigeriana contemporânea. Faz parte do legado colonial. Por exemplo, o Dr. T. Solarin, um dos educadores mais importantes da Nigéria, abordou o problema da desigualdade de sexo na educação. Mayflower, o colégio que ele fundou, tornou-se misto em 1958. Inicialmente, havia muita resistência de estudantes do sexo masculino, que achavam que as meninas não se saíam tão bem quanto os meninos na escola por causa de sua inferioridade mental.[60] O Dr. Solarin deveria demonstrar o mesmo tipo de pensamento. Comentando as realizações diferenciadas de homens e mulheres, ele apontou que a Europa havia produzido mulheres como Joana d'Arc e Madame Curie, mas que "de todos os continentes, a África havia permanecido tanto tempo e tão cruelmente em sua feminilidade".[61] Não obstante sua simpatia pelas mulheres africanas, é notável que, com base nos padrões ocidentais de realização que ele estava invocando, a África também não produziu homens da estatura de Madame Curie. Descontando nossa história, o Dr. Solarin não conseguiu deduzir esse fato, acreditando na noção propagada pelo Ocidente de que as mulheres africanas são as mais oprimidas do mundo. Esse exemplo ilustra até que ponto as ideias sobre superioridade racial dos europeus e do patriarcado estão entrelaçadas nas mentes das pessoas colonizadas – Solarin supôs que na Europa as mulheres eram tratadas como iguais aos homens, apesar de todas as evidências em contrário. É de se perguntar qual teria sido a reação dele ao fato de que, apesar da conquista excepcional de dois prêmios Nobel por Madame Curie, ela não foi admitida na Academia Francesa de Ciências por causa de seu sexo.[62]

MASCULINIZANDO OS ORIXÁS: PRECONCEITO SEXUAL EM LUGARES DIVINOS

A introdução do cristianismo, que é androcêntrico, foi outro fator no processo de estabelecer a dominação masculina na sociedade iorubá. As missões cristãs na África foram corretamente descritas como servas da colonização. Como João Batista, elas prepararam o caminho. Elas fizeram isso na Iorubalândia, assim como em outras partes da África. O cristianismo chegou à Iorubalândia na década de 1840, décadas antes de a maior parte da área ser submetida ao domínio britânico. Os principais grupos missionários foram a Sociedade Missionária da Igreja (SMI) (da Grã-Bretanha), os Metodistas Wesleyanos, os Batistas do Sul (dos Estados Unidos) e os católicos. A SMI foi a maior e mais significativa no período inicial. As primeiras estações missionárias foram estabelecidas em Badagri e Abeokutá, mas logo se expandiram para cidades como Ìjàyè, Ògbómòsó, Oyó e Ibadan.

Em geral, os missionários cristãos foram bem recebidos pelos vários estados iorubás. Na realidade, houve competição entre eles para garantir a presença de missionários dentro de suas fronteiras. Embora a religião iorubá sempre tivesse espaço para a adoção de novas divindades, a razão pela qual os governantes iorubás procuraram missionários europeus era política, e não religiosa. Os governantes iorubás precisavam da presença e das habilidades dos missionários para garantir o acesso ao comércio com os europeus na costa e melhorar sua posição na luta pelo poder entre os estados iorubás durante esse período. Abeokutá, que se tornou o centro das atividades missionárias na Iorubalândia, desfrutou do patrocínio dos europeus, incluindo seu apoio militar. A primeira comunidade cristã na Iorubalândia foi fundada em Abeokutá. Inicialmente, a comunidade era composta principalmente pelos Sàrós, mas, com o tempo, conseguiram recrutar convertidos da população local. Pelos registros, não está muito claro que tipo de pessoas foram atraídas pelo cristianismo e que número de machos e fêmeas se converteu. Entre os igbôs do sudeste da Nigéria, os párias e escravos sociais, isto é, as pessoas marginalizadas, foram os primeiros convertidos. Na Iorubalândia, provavelmente devido à presença de uma população iorubá já cristianizada – os Sàrós –, o padrão parece ter sido diferente.

Os homens parecem ter sido os principais alvos da evangelização, fato confirmado no debate sobre a poligamia. O conflito mais sério e mais duradouro entre a igreja e seus convertidos iorubás foi o costume local do casamento múltiplo. Tornou-se o fator mais explosivo na relação entre os possíveis cristãos iorubás e os evangelizadores. Para os missionários, ter várias esposas não era apenas primitivo, mas era contrário à lei de Deus: a poligamia era adultério, pura e simplesmente.[63] Portanto, o mínimo que se esperava que um convertido iorubá fizesse antes de ser batizado era se despojar de todas, exceto uma de suas esposas. J. F. A. Ajayi observou que é notável que as missões fossem tão dogmáticas em oposição à poligamia, mas tolerassem a escravidão. A citação a seguir, atribuída ao secretário da SMI, mostra o seguinte: "O cristianismo melhorará a relação entre mestre e escravo; a poligamia é uma ofensa à lei de Deus e, portanto, é incapaz de melhoramento".[64]

Na abordagem deste estudo, o que é igualmente interessante é como as mulheres aparecem nesse debate. Alguém poderia pensar que, uma vez que os homens iorubás eram quem tinham múltiplas parceiras conjugais e, portanto, ficavam fora do espírito cristão, a mulher teria sido o alvo natural da cristianização. Não foi exatamente assim. O que encontramos é essa pergunta recorrente: a igreja deveria batizar a esposa de um polígamo?[65] O fato de a questão ter surgido mostra que as mulheres não eram tratadas como almas individuais com o objetivo de salvação. Sua fé individual era secundária à questão mais importante, sobre quem eram as esposas. Independentemente do fato de que a salvação deveria ser constituída por um indivíduo vindo a Cristo, as mulheres não eram vistas como indivíduos – elas eram vistas apenas como esposas. O missionário iorubá, Ajayi Crowther, foi rápido em apontar para a igreja que "a esposa de um polígamo era uma vítima involuntária de uma instituição social e não lhe deveria ser negado o batismo por causa disso".[66] Mas as mulheres eram vítimas de poligamia ou vítimas da igreja durante esse período? O que quero dizer é que foi só quando um polígamo se tornou cristão que surgiu a questão sobre quais esposas deveriam ser descartadas e que parte da prole era bastarda. Mulheres e crianças deveriam ser penalizadas por um conflito cultural que não era de sua própria autoria. Na verdade, eles estavam sendo penalizados por serem bons cidadãos culturais. A implicação da conversão não cessou sobre os povos iorubás, já a igreja falhou em abordar esta questão espinhosa. A advertência de alguns missionários iorubás de que a poligamia deveria ser tolerada, ainda que fosse progressivamente reformada, caiu em ouvidos surdos.

Em 1891, vários conflitos entre a comunidade cristã iorubá e as missões resultaram em rupturas. No discurso popular, há a alegação de que a intolerância da igreja pela poligamia foi uma das principais razões para o rompimento. Em 1891, a primeira igreja africana independente das missões foi fundada em Lagos. No entanto, J. B. Webster, em seu estudo pioneiro de igrejas independentes na Iorubalândia, afirma que o surgimento de igrejas nativas na Iorubalândia foi uma homenagem a quão comprometidos com o cristianismo os povos iorubás se tornaram.[67] Em meu entendimento, esse compromisso iorubá com o cristianismo era necessariamente um compromisso com o patriarcado judaico-cristão, e isso representou um mau presságio para as mulheres.

No entanto, uma nova era estava surgindo na história da igreja na Iorubalândia. Nas igrejas missionárias, as mulheres foram subestimadas; elas foram excluídas do clero e não tiveram nenhum papel oficial. Porém, com a fundação das igrejas independentes, as mulheres começaram a assumir papéis mais proeminentes e mais sintonizados com a representação tradicional das anafêmeas na religião iorubá. De fato, várias dessas igrejas foram estabelecidas por mulheres. A mais proeminente delas foi cofundada por Abíọ́dún Akínṣọ̀wọ́n em 1925, mas havia muitas outras.[68] As mulheres também desempenharam papéis importantes no dia a dia das igrejas e como profetisas.

Embora o papel das mulheres nas igrejas independentes fosse mais perceptível do que nas igrejas missionárias europeias, nunca poderia ser paralelo à representação das anafêmeas na religião autóctone iorubá. J. D. Y. Peel, em seu estudo monumental sobre as igrejas independentes na

Iorubalândia, argumenta que, embora as igrejas independentes tenham dado mais espaço para a liderança das mulheres, uma "linha é (...) desenhada para as mulheres chefiando organizações inteiras e outra dominando os homens como um grupo".[69] Ele afirma que, no caso de Abíódún Akínṣòwón, os homens não estavam preparados para deixá-la ser a líder geral da organização. O que é curioso sobre essa afirmação é que Peel não nos dá nenhuma outra evidência além da "reclamação" de alguns homens. De fato, em uma leitura mais atenta do estudo de Peel, encontramos pouco apoio lógico para essa interpretação. Se é verdade que os homens não querem líderes femininas, por que as igrejas, que foram reconhecidas publicamente (por homens e mulheres) como criações de mulheres, tiveram sucesso em atrair membros masculinos e femininos? Essa questão não é abordada por Peel. Existe um grau de preconceito masculino na maneira como as perguntas são colocadas em seu estudo. Outro exemplo flagrante disso é a análise de Peel sobre os antecedentes dos fundadores da igreja como se fossem todos machos. Apesar de ele documentar várias igrejas fundadas por mulheres, em sua análise do contexto social dos fundadores da igreja, sua principal pergunta foi colocada assim: "Que tipo de homens foram os fundadores das igrejas Aladura (independentes) nesses anos?".[70] Ele continua examinando vários fatores, como cidade de origem, ocupação e educação. O gênero não se tornou um problema porque a masculinidade dos fundadores da igreja era implícita.

O caso de Madame Ọlátúńríé, outra importante líder feminina, questiona a afirmação de Peel da relutância dos homens em aceitarem a liderança feminina. Segundo Peel, houve uma disputa de liderança na igreja entre Madame Ọlátúńríé e um homem, o sr. Sósan. Ela havia declarado que, através de uma visão, Deus a tornou a liderança da igreja e, para todos os efeitos, a igreja a aceitou como líder. Mas Peel tenta minimizar sua vitória sobre o sr. Sósan, resumindo-a da seguinte maneira: "Felizmente, devido à *modéstia* de Sósan (o homem), que era o presidente, uma divisão foi evitada e ela recebeu uma posição carismática como Ìyá Alákŏso (mãe superintendente)".[71] Nessa passagem, não temos uma imagem clara de que a mulher havia se tornado a chefe efetiva dessa igreja; é apenas muito mais tarde, na pesquisa, que vemos uma declaração de que o sr. Sósan sucedeu Olátuńríé muitos anos depois,[72] o que sugeria que ele realmente queria ser o líder e havia perdido a luta pelo poder, anos antes. Os homens nessas igrejas podem muito bem ter sido sexistas, mas o interessante é que algumas das líderes femininas apresentadas não parecem ter internalizado a noção de que deveriam ter menos lugares na igreja do que os homens. Madame Olátuńríé e Abíódún Akínṣòwón atestam esse fato. Quando esta se declarou a única líder da igreja que fundou, foi desafiada por dois homens na organização e instada a aceitar a posição de "líder de mulheres". Ela a rejeitou e sua resposta é instrutiva: "Não havia profetisas na Bíblia (...) e a rainha Vitória não governou o Império Britânico?".[73] Apesar da verdade da afirmação de Abíódún, a Bíblia e a Inglaterra vitoriana promoveram o patriarcado, e a sociedade iorubá foi atraída para suas órbitas. O cristianismo havia se tornado outro veículo para promover a dominação masculina e seu impacto foi profundamente sentido além dos limites da igreja.

É impossível minimizar o impacto das missões cristãs na Iorubalândia. Podemos acompanhar diferentes ângulos em torno dos papéis dessas missões: seu papel na "criação de uma nova elite"[74] ou seu papel na facilitação da colonização ou mesmo seu papel no despertar do nacionalismo cultural. De interesse particular aqui é a maneira pela qual o cristianismo levou à reinterpretação, por teólogos e clérigos, do sistema religioso iorubá de maneira tendenciosa em favor dos homens.

Um resultado da cristianização da sociedade iorubá foi a introdução de noções de gênero na esfera religiosa, inclusive no sistema religioso autóctone. Na religião tradicional iorubá, as distinções anassexuais não tiveram nenhum papel, seja no mundo dos humanos ou no das divindades. Como outras religiões africanas, a religião iorubá tinha três pilares. Primeiro, havia Olodumarê (Deus – o Ser Supremo). Olodumarê não tinha uma identidade de gênero e é duvidoso que ela/ele tenha sido percebida ou percebido como um ser humano antes do advento do cristianismo e do islamismo na Iorubalândia. Segundo, os orixás (divindades) eram manifestações dos

209

atributos do Ser Supremo e eram considerados seus mensageiros para os humanos. Eles eram o foco mais óbvio da adoração iorubá. Embora houvesse orixás anamachos e anafêmeas, como em outras instituições, essa distinção não tinha consequências; portanto, é melhor descrita como uma distinção sem diferença. Por exemplo, Xangô (divindade do trovão) e Oyá (divindade feminina do rio) eram conhecidos por sua ira. Além disso, um censo dos orixás para determinar sua composição sexual é impossível, uma vez que o número total de orixás é desconhecido e ainda está em expansão. Além disso, nem todos os orixás foram pensados em termos de gênero; alguns foram reconhecidos como masculinos em algumas localidades e femininos em outras. Terceiro, havia os ancestrais, machos e fêmeas, venerados por membros de cada linhagem e reconhecidos como consagrados no festival dos Egúngún mascarados: um culto à veneração de ancestrais. No mundo dos humanos, o sacerdócio de várias divindades era aberto a machos e fêmeas. Em geral, o sacerdote singular de quem adorava um determinado orixá era membro da linhagem e de sua cidade de origem. Pelo exposto, fica explícito que a religião iorubá, assim como a vida cívica iorubá, não articulava gênero como categoria; portanto, os papéis dos orixás, sacerdotes e ancestrais não dependiam de gênero.

Após a adoção do cristianismo e a adoção da escrita entre os povos iorubás, parece ter havido uma tentativa por parte de pessoas iorubás dedicadas à pesquisa e ao clero de reinterpretar a religião usando o viés masculino do cristianismo. A fundação das igrejas autóctones iorubás representou um processo de iorubanização do cristianismo,[75] mas o outro processo que saiu da comunidade cristã iorubá foi o que pode ser chamado de cristianização da religião iorubá. Uma grande contribuição das missões cristãs na Nigéria foi a redução das línguas autóctones à escrita. Samuel Ajayi Crowther, um missionário iorubá, foi fundamental nesse processo. Em 1861, a Bíblia havia sido traduzida para o iorubá, e a nova elite cristã da Iorubalândia começou a trabalhar na codificação dos costumes, tradições e religião do povo. No entanto, sua visão muitas vezes era seriamente colorida pelo cristianismo. Isso é particularmente perceptível em relação ao sexo. Costumava haver um viés masculino na linguagem e nas interpretações das tradições iorubás. Nas mãos cristãs, os leigos, teólogos e líderes de igrejas iorubás, os pilares da religião iorubá, tendiam a ser masculinizados. Olodumarê começou a ser visto como "nosso Pai Celestial"; as orixás anafêmeas, quando eram reconhecidas, começaram a parecer, de alguma maneira nebulosa, menos poderosas que os orixás masculinos; e "nossas e nossos ancestrais" se tornam nossos antepassados.

Um exemplo dessa masculinização da religião iorubá pode ser visto no trabalho de dois estudiosos em um período mais recente. E. Bolaji Idowu, um estudioso e clérigo, em seu estudo da religião iorubá, descreve a percepção iorubá do ser supremo: "Sua imagem de *Olodumarê* é, portanto, de um personagem venerável e majestoso, velho, mas não perecível, com uma grandeza que governa o temor e a reverência. Ele fala, ele age, ele governa".[76] Para além do viés de gênero inerente ao uso dos pronomes masculinos singulares da terceira pessoa do inglês, a imagem do Ser Supremo iorubá que emerge é decididamente masculina e bastante bíblica. Idowu não nos diz como chegou a essa imagem. J. O. Awolalu, outro teólogo iorubá, vai um passo além na descrição e caracterização do Ser Supremo, com base nos nomes iorubás para o ser supremo: "Ele é Santo e Puro, é por isso que os povos iorubás se referem a Ele como *Ọba Mímọ* – O Puro Rei; *Oba tí kò léri* – o rei sem defeito; *Alálàfunfun Ókè* – aquele vestido de vestes brancas, que habita o alto".[77] Esses nomes do Ser Supremo, que Awolalu usa como evidência, foram influenciados pelo cristianismo e pelo islamismo, como outros escritores notaram, mas nem Idowu nem Awolalu dataram a aparição desses nomes na sociedade iorubá. Mais importante ainda, não há evidências de que os povos iorubás pensassem o Ser Supremo como humano.

As implicações de substituir símbolos femininos por masculinos e transformar divindades neutras em relação ao gênero em deuses masculinos nas religiões africanas ainda não foram analisadas. No entanto, o trabalho de teólogas feministas sobre o efeito do patriarcado judaico-cristão nas mulheres no Ocidente é indicativo do que está reservado para as mulheres africanas, à medida que a patriarcalização de suas religiões continua. No que diz respeito às religiões judaico-cristãs, Carol Christ afirma: "As religiões centradas na adoração a um Deus masculino criam 'humores' e 'motivações' que mantêm as mulheres em um estado de dependência psicológica dos homens e da autoridade masculina, enquanto, ao mesmo tempo, legitima a autoridade política e social de pais e filhos nas instituições da sociedade".[78] A organização da religião em qualquer sociedade, incluindo símbolos e valores religiosos, reflete a organização social. Portanto, como as mulheres africanas são cada vez mais marginalizadas na sociedade, não é de surpreender que elas também sejam prejudicadas nos sistemas religiosos. As ramificações das religiões patriarcalizadas podem ser maiores na África do que no Ocidente, porque a religião permeia todos os aspectos da vida africana; a noção de um espaço não religioso é, ainda hoje, questionável.

MULHERES SEM TERRA

Outro marco da intrusão europeia nas sociedades autóctones, seja na África ou nas Américas, foi a comercialização de terras. A terra se tornou uma mercadoria a ser comprada e vendida. O foco desta seção é analisar o efeito da mercantilização da terra e como as mulheres foram prejudicadas na transição dos direitos coletivos para o acesso à propriedade privada.

Na Iorubalândia do século XIX, como na maior parte da África, a terra não era uma mercadoria a ser possuída, comprada e vendida individualmente. A seguinte declaração das memórias de Anna Hinderer, uma missionária europeia que vivia em Ibadan na época, mostra a concepção iorubá de propriedade e posse: "Quando o sr. Hinderer, ao se estabelecer em Ibadan, perguntou que preço ele deveria pagar por alguma terra (…), o chefe disse rindo: 'Pagar?! Quem pagaria pelo chão? Todo o solo pertence a Deus; você não pode pagar por isso'".[79] Se houve alguma reivindicação de terra, foi baseada nas linhagens e comunitariamente.[80] A terra nunca foi vendida – foi entregue aos recém-chegados por *oba* ou por representantes de linhagens. A linhagem era a unidade de posse de terra, e todos os membros da família, machos e fêmeas, tinham direitos de uso. Como observou Samuel Johnson, "nenhuma parte dessas fazendas pode ser alienada da família sem o consentimento unânime de todos os seus membros".[81]

Os direitos de uso da terra eram universais. No entanto, na literatura recente sobre mulheres e desenvolvimento, foram feitas tentativas de reinterpretar os direitos de uso das mulheres como inferiores, de alguma forma, aos direitos dos homens. Por exemplo, M. Lovett afirma que, em muitas sociedades pré-coloniais da África, "as mulheres não possuíam direitos independentes e autônomos de terra; em vez disso, seu acesso foi mediado pelos homens".[82] Essa interpretação do direito pré-colonial de acesso à terra pelo pertencimento à linhagem (por nascimento) como acesso por meio do pai e acesso à terra por casamento como acesso pelo marido muda o foco da discussão dos direitos derivados e garantidos comunitariamente para os direitos baseados no indivíduo. Dessa maneira, o conceito de individualismo é transposto para sociedades onde os direitos comunais ultrapassam os direitos dos indivíduos. Além disso, tal afirmação erra o alvo, na medida em que intercala a escassez relativa de terras no período colonial – quando as terras se tornaram mercantilizadas e, portanto, valiosas e mais restritas –, com o período pré-colonial, quando a terra era abundante. Declarações como a de Lovett também se equivocam ao não entender que, mesmo nas sociedades africanas tradicionais em que as mulheres obtinham acesso à terra por meio do casamento, esse acesso era seguro porque era garantido pela comunidade. Além disso, o direito de ser membro da linhagem deriva não de ser filho ou filha dos pais, mas de nascer na linhagem. É preciso lembrar que *a linhagem foi entendida como composta por vivos, mortos e não nascidos*. O casamento, sendo um assunto entre linhagens, significava que a linhagem (não apenas o marido em particular) garantia o direito à terra.

No caso iorubá, os membros *obìnrin* e *ọkùnrin* da família tinham as mesmas vias de acesso; o pertencimento à linhagem era baseado no nascimento, e não no casamento – portanto, as anafêmeas que se casavam em uma linhagem não tinham direitos à terra da linhagem de seus maridos. Seu direito à terra era mantido e garantido por sua linhagem de nascimento. G. B. A. Coker, escrevendo sobre os direitos de membros da linhagem iorubá a bens imóveis como a terra, declara: "Os direitos dos membros de uma família são iguais entre si, e não é possível ter interesses diferentes em qualidade e quantidade".[83] O antropólogo colonial P. C. Lloyd, escrevendo sobre a sociedade iorubá de maneira semelhante, afirma: "Os direitos de administração [de terras familiares] só podem ser exercidos pela família, que atua como grupo corporativo, e não por qualquer membro individual, a menos que ele [ou ela] seja devidamente autorizado".[84] Assumir, ao modo de escritores como Lovett, que os homens (como um grupo) tinham um direito de supervisão que as mulheres (como um grupo) não tinham é deturpar os fatos. Na Iorubalândia pré-colonial, os direitos do indivíduo derivavam da participação no grupo. Esta é uma manifestação da concepção africana clássica do indivíduo em relação à comunidade, sempre tão lindamente expressa pelo ditado: "Somos, logo existo", em contraposição à afirmação cartesiana euro-estabelecida: "Penso, logo existo".

Além disso, no caso iorubá, se as terras corporativas deveriam ser divididas, isso não era feito com base na distinção entre os sexos. Como observei anteriormente, os povos iorubás não fizeram uma distinção social entre membros anafêmeas e anamachos da família. Colocar questões sobre a qualidade dos direitos masculinos *versus* femininos é assumir direitos individuais à terra, que é a pedra angular das noções ocidentais de propriedade. Mais importante, é assumir que as fêmeas têm uma identidade de gênero que garante ou prejudica seu acesso à terra. Como mostrei no capítulo anterior, os direitos das anafêmeas iorubás como prole (membros da linhagem) eram diferentes de seus direitos como fêmeas casadas. Assim, a dualidade e divergência da identidade feminina africana como membros da linhagem através do nascimento (prole) e membros da linhagem através do casamento foram, de fato, a primeira vítima da noção europeia de "o status da mulher" (a ideia de que todas as mulheres tinham uma condição comum).

Este sistema de "terra de ninguém" da posse da terra iorubá começou a sofrer transformações no período colonial, em detrimento das mulheres. Seus direitos à terra foram afetados por uma série de desenvolvimentos, bem ilustrados pelo caso de Lagos, que foi ocupada pelos britânicos em 1861. As mudanças foram indicativas do que aconteceria em outras cidades iorubás, seguindo o domínio europeu.

As vendas de terrenos evoluíram bastante cedo em Lagos por causa da presença de comerciantes europeus e de uma classe ocidentalizada iorubá – os Sàrós. As doações de terra a comerciantes europeus pelo *oba* de Lagos foram entendidas como vendas diretas. No caso dos Sàrós, sua educação e valores ocidentais os predispunham à compra e venda de terras. Mais diretamente, o sistema de concessões de terras da Coroa foi usado de modo que os "donos de propriedades mantinham suas terras como uma concessão da Coroa Britânica".[85] Por exemplo, um decreto foi emitido em 1869 prevendo a propriedade de qualquer pessoa que "estivesse *ela mesma* ocupando-a ou seus sublocatários".[86] Esse sistema de concessão pela Coroa serviu para propagar ainda mais a ideia de terrenos à venda. A ideia de que as pessoas que ocupavam terras tinham o direito de propriedade deve ter transformado muitas propriedades familiares em propriedades privadas, geralmente de propriedade masculina. Primeiro, o movimento da propriedade coletiva da terra para a propriedade privada e individual foi utilizado contra as mulheres porque, por definição colonial (como sugere a redação do decreto), apenas os homens podiam ser indivíduos. Segundo, dado que a residência matrimonial na Iorubalândia era geralmente patrilocal, é improvável que uma mulher ocupasse a terra "sozinha". Adianto em pontuar que a aparente desvantagem nesse caso não decorreu da tradição iorubá da patrilocalidade, mas da lei colonial de que a ocupação da terra constituía propriedade, revogando assim os direitos pré-coloniais de acesso conferidos pelo nascimento. Afinal, a ideia de que um homem ocupava a terra sozinho e não em nome da linhagem era resultado da nova organização e só podia ser sustentada pela ideia europeia de um macho chefe de família, cuja autoridade era absoluta. Mais significativamente, em relação aos homens, muitas mulheres careciam de capital cultural e monetário, que se tornaram necessários para a acumulação na Lagos vitoriana.

A historiadora social Kristin Mann está correta quando enunciou que na Lagos vitoriana,

> a capacidade de ler e escrever em inglês assegurava as vantagens dos cristãos instruídos em uma comunidade onde o governo e os cidadãos escreviam cada vez mais, no idioma dos governantes coloniais, importantes comunicações e transações comerciais e legais... Os comerciantes analfabetos logo descobriram que tinham que contratar empregados alfabetizados.[87]

Entre os Sàrós, o número de mulheres instruídas era muito menor que os homens; e, além disso, os valores vitorianos sustentados por tais mulheres significavam que elas viam o negócio de adquirir propriedades e ganhar dinheiro como adequadamente inserido na esfera dos homens. No entanto, as mulheres sàrós se beneficiaram de seu status privilegiado e, de fato, algumas delas se beneficiaram de sua educação. A situação em Abeokutá era quase idêntica à de Lagos, pois a primeira era a outra localidade onde os Sàrós se concentravam. A venda de terras em Abeokutá tornou-se tão rápida e gerou tantos problemas que, em 1913, o conselho emitiu uma ordem que limitava a venda a nativos da cidade.[88]

A produção de cultivos comerciais, como o cacau, provou ser outro fator que aumentou o valor da terra. Em termos de gênero, também é importante porque gerou novas riquezas a partir das quais as mulheres foram, em geral, marginalizadas. Esse processo pode ser visto mais no interior. Em Ibadan, Ifé e Ondo, a comercialização de terras e sua rápida venda foram devidas à expansão do cultivo de cacau. Embora os britânicos não tenham introduzido o cacau na Iorubalândia, eles rapidamente reconheceram o potencial de sua exploração para o benefício do governo colonial. Eles promoveram sua disseminação e, posteriormente, monopolizaram seu marketing. O principal impacto do cultivo de cacau para as mulheres foi que elas foram marginalizadas em relação à maior oportunidade de ganhar riqueza que se abriu durante esse período. Segundo Sara Berry, os pioneiros no cultivo de cacau foram homens iorubás expostos ao cristianismo.[89] A literatura assumiu uma ligação entre a marginalidade das mulheres na produção de cacau e sua falta de associação com a agricultura no período pré-colonial. No entanto, no capítulo 2, demonstrei que as evidências mostram que a agricultura não era uma ocupação definida por gênero na Iorubalândia pré-colonial. Mesmo se aceitarmos a noção de divisão sexual do trabalho, a desvantagem das mulheres ainda precisa ser analisada, considerando que, mesmo nas sociedades em que as mulheres eram reconhecidas como agricultoras e participavam do *boom* do cacau, como entre os Ashanti de Gana, as mulheres não pareciam se sair tão bem quanto os homens, durante o período colonial; apesar da alegação de que as mulheres iorubás prevaleciam no comércio, isso não garantiu seu predomínio contínuo no período colonial. Nenhuma oportunidade comparável de acumular riqueza se abriu para as mulheres. Portanto, começamos a perceber uma lacuna de gênero no acesso à riqueza. Essa lacuna foi aumentada porque a produção de cacau deu aos homens uma vantagem no comércio e lhes gerou capital. Novamente, esse fato mostra que a polarização do comércio e da agricultura como tipos ocupacionais distintos é enganosa.

A individuação da propriedade da terra e a escassez de produtos resultantes da comercialização não eram um bom augúrio para os direitos das mulheres. Simi Afonja documentou que em Ondo, desde o período colonial, os direitos das mulheres foram revogados, especialmente no caso de proles que desejam fazer valer seus direitos de acesso com base na pertença da mãe a uma linhagem.[90] Jane Guyer descobriu que, em outra localidade iorubá, como resultado do valor atribuído às terras usadas para cultivar cacau, as patrilinhagens não estavam dispostas a transmiti-las às fêmeas. Eles preferiram passar essa terra pelos machos na segunda geração, embora continuassem dispostos a passar as terras de cultivo de alimentos para membros masculinos e femininos da linhagem.[91]

Talvez o desenvolvimento mais sério resultante da venda de terras tenha sido a ideologia que explica a nova realidade da venda de terras e a revogação dos direitos das mulheres como "nosso costume" e não como uma "tradição" que se desenvolveu no período colonial. Gavin Kitching, em sua discussão sobre o impacto do sistema europeu de posse da terra no Kikuyu do Quênia, ressalta que foi no período colonial que os africanos começaram a conceitualizar seus padrões de uso da terra em termos ocidentais de compra e venda e locação de terras.[92] Esses desenvolvimentos também foram evidentes na Iorubalândia. Fadipe observa que, na década de 1930, existia uma crença errônea em algumas localidades iorubás de que "a venda de terras tinha uma longa tradição nesses lugares".[93] Da mesma forma, a marginalização das fêmeas pela herança das terras familiares também foi apresentada como uma "longa tradição". Simi Afonja cita um homem de 70 anos na cidade de Ifé que afirmou que "era inédito para as mulheres comuns possuírem propriedades de terras e casas no passado".[94] No entanto, Afonja não levantou a pergunta lógica seguinte, relacionada a qual "passado" ele se referia, principalmente porque a propriedade privada de terra e casas para qualquer pessoa era desconhecida na Iorubalândia até o século XIX, em Lagos e Abeokutá e, muito mais tarde, no interior.

TORNANDO COSTUMEIRO O DIREITO CONSUETUDINÁRIO

O processo de reinventar o passado para refletir o presente é fundamental para minha análise da formação do gênero na Iorubalândia colonial. No capítulo anterior, mostrei como funcionou em relação à escrita da história. O tratamento da venda de terras e da propriedade foi outro exemplo desse processo, e ainda havia outros locais institucionais nos quais esse processo era flagrante. A elaboração do direito consuetudinário também ilustra como as tradições foram reinventadas nesse período. No processo de constituição do direito consuetudinário, as mulheres foram excluídas; seus direitos corroídos à medida que novos costumes foram criados, principalmente para servir aos interesses masculinos. O direito consuetudinário é uma contradição em termos, porque não havia nada de "consuetudinário" (costumeiro) no modo como surgiu. Aqui faço uma distinção entre o registro de normas e costumes consuetudinários como leis, por um lado, e a construção de novas tradições como direito consuetudinário, por outro. A fonte última da "nova lei consuetudinária" não era o costume, mas o governo colonial britânico. Como parte do mecanismo administrativo colonial, estabeleceu um sistema judicial local no qual os processos civis seriam julgados desde que a lei aplicada não fosse "repulsiva à justiça, à equidade e à boa consciência".[95] Os governantes locais machos tornaram-se funcionários assalariados do governo colonial, e uma de suas funções era "julgar" o direito consuetudinário. A natureza dual do direito consuetudinário iniciado como colonial como algo novo e algo antigo (seu apelo ao passado iorubá por legitimidade) é capturada pela descrição de T. M. Aluko sobre um tribunal local em Idasa, uma cidade fictícia na Iorubalândia colonial:

> Por fim, viram o tribunal à distância. O pai o abordou com temor e desconfiança, o filho com curiosidade e excitação. Tinha paredes de barro tradicionais, mas estava rebocado e caiado de branco por dentro e por fora. O telhado de palha havia sido substituído recentemente por chapas de ferro ondulado, um sinal de que a justiça estava na vanguarda da marcha da civilização nesta importante cidade.[96]

Que a justiça tivesse sua própria casa era uma nova tradição na Iorubalândia, e essa percepção é a razão pela qual o pai o abordou com "temor e desconfiança" e o filho com "curiosidade e excitação".

O estabelecimento de tribunais nativos na Iorubalândia não levou em consideração os tribunais preexistentes para atualizá-los, como explicam quem estuda o direito – foi o desenvolvimento de uma nova maneira de pensar sobre a justiça e um novo local para administrá-la. Na Iorubalândia pré-britânica, o poder judicial era inerente a vários tribunais (no sentido de um *quorum*), e não apenas ao conselho de chefes. Mas o governo colonial impôs uma visão europeia da justiça que estaria nas mãos dos chefes machos, com exclusão de todos os outros grupos. A exclusão de autoridades femininas era um dos sinais seguros de que os costumes não se relacionavam muito com a formação de uma "corte consuetudinária". O *aláké* (governante) de Abeokutá (uma cidade iorubá) reconheceu a evidente supressão das mulheres durante as discussões sobre casamento e divórcio em 1937, lamentou que as mulheres da Egbalândia (Abeokutá) nem sequer tivessem sido consultadas sobre um assunto que as preocupava tão de perto.[97] Como Martin Chanock argumenta, "do ponto de vista britânico, (…) a lei consuetudinária teria sido o que os chefes [machos] faziam em seus tribunais, enquanto o que acontecia fora dos tribunais seria 'extralegal'. Mas, na vida real das aldeias, não havia uma distinção tão nítida entre os domínios público e privado".[98] Nina Mba exibe esse ponto de vista ocidental quando afirma que, na Iorubalândia pré-colonial, "a dissolução de um casamento era extrajudicial: era efetuada *meramente* pelo consentimento mútuo das partes envolvidas".[99] Ela sugere que essa era uma maneira simples e não judicial de resolver conflitos, uma noção curiosa à luz do fato de que as "partes envolvidas" em um casamento iorubá poderiam incluir um grande número de pessoas, já que o casamento era um assunto entre linhagens. Por que a adjudicação de linhagem de casamento é extrajudicial não é nítido, exceto, é óbvio, se alguém aceita a definição colonial das esferas pública e privada.

Outra maneira pela qual o governo colonial adaptou a elaboração do direito consuetudinário foi através da administração das leis e costumes autóctones pelos tribunais superiores, o que significava que essa administração estava nas mãos de oficiais coloniais nascidos e criados na Inglaterra, embora devessem ser assistidos por avaliadores nativos na figura dos "chefes tradicionais". Consequentemente, foi a abordagem judicial inglesa que foi aplicada. O uso da "lei da repulsa" levou à abolição de algumas leis consuetudinárias.[100] Um bom exemplo de construção colonial da lei consuetudinária é citado por Coker. Analisando um caso sobre os direitos de propriedade das mulheres iorubás, ele escreve: "As evidências foram obtidas primeiro de ambas as partes no caso e, segundo, de chefes convocados como testemunhas especializadas. O douto Chefe de Justiça [inglês], que ouviu o assunto, preferiu a evidência dos chefes de Lagos à evidência dada pelos chefes iorubás (do interior)".[101] Embora usassem chefes como assessores, as autoridades britânicas se reservaram o direito de dispensar suas percepções, como mostrado nesse exemplo. O critério para selecionar quais conjuntos de evidências eram mais "habituais" não era nítido.

Portanto, o processo estava repleto de interpretações errôneas e deturpadas, se não totalmente absurdas, como exemplificado neste pronunciamento atribuído ao honorável juiz Paul Graham, em referência a um caso sobre os direitos de propriedade das mulheres iorubás na Lagos colonial:

> O réu chamou como testemunha um homem velho. A evidência que ele deu foi uma *reductio ad absurdum* perfeitamente explícita do caso do réu... Ouvi muita bobagem falada nas disputas sobre os costumes iorubás, mas raramente algo mais ridículo que isso. Até o próprio advogado do réu teve que dispensar essa testemunha.[102]

Como os juízes britânicos distinguiram o costume do processo de "tornar costumeiras" novas práticas sociais não é sempre tão óbvio, embora fosse bastante explícito que estavam sendo promovidos interesses pessoais e seccionais que não eram muito bons para a tradição e para as mulheres. Como Coker conclui em relação aos direitos das fêmeas iorubás sobre a propriedade familiar:

> Deve-se ter em mente que, embora tenha sido sugerido que, de acordo com a lei e o costume nativos, antigamente os direitos das mulheres eram restritos, parece não haver autoridade para essa sugestão, pois as disputas não continham nenhum caso em que tal proposição de leis e costumes nativos havia sido proposta por assessores independentes. Qualquer sugestão nessa linha só poderia ter sido das próprias partes e, principalmente, da *parte que vencerá se essas proposições forem aceitas como lei.*[103]

O tema das partes interessadas era o cerne da questão. Infelizmente, para as mulheres, elas foram marginalizadas pelo processo por meio do qual regras costumeiras flexíveis foram codificadas em princípios legais depois que "o absurdo" e o "tendencioso" foram supostamente eliminados. O costume é produzido por meio da repetição. O constante desafio aos direitos das fêmeas durante esse período criou a impressão de que esses direitos foram criados recentemente. Além disso, o aparecimento de mulheres no sistema judicial como meras litigantes, nunca assessoras ou juízas, serviu para propagar a ideia de que os homens são os guardiões da tradição, e as mulheres, suas infelizes vítimas.

OS SALÁRIOS DA COLONIZAÇÃO

O ponto central do governo colonial era a questão de como extrair riqueza das colônias para o benefício das potências europeias ocupantes. Para esse fim, na virada do século, a administração colonial britânica começou a construir uma linha ferroviária que ligaria várias partes de suas três colônias que se tornariam a Nigéria. Para este estudo, as ferrovias são importantes porque o serviço ferroviário foi pioneiro no trabalho assalariado e provou ser o maior empregador de trabalho na Nigéria colonial. As mulheres foram amplamente excluídas da força de trabalho assalariada (embora tenha havido melhorias relativamente grandes desde a independência, a representação feminina no setor formal permanece muito menor do que a dos homens).

Em 1899, mais de 10 mil homens estavam empregados na construção das ferrovias. Mais tarde, mais homens foram empregados para operar o sistema. No início, a maioria dos trabalhadores era iorubá. Segundo W. Oyemakinde, diferentemente de outras partes da Nigéria e de outras áreas da África, não havia escassez de mão de obra para a construção das ferrovias na Iorubalândia, porque já existia uma "população flutuante" de homens.[104] Essas pessoas que foram deslocadas haviam sido escravizadas após as guerras civis iorubás no século XIX. Essa população foi facilmente recrutada como mão de obra pelo governo colonial. No entanto, apesar da presença de fêmeas nessa população e apesar de alguns dos trabalhos iniciais nas ferrovias envolverem o carregamento de suprimentos sobre as cabeças – o que não era diferente do que machos e fêmeas faziam no século XIX –, as mulheres não foram empregadas em número considerável. Não é óbvio o que aconteceu com a população feminina "flutuante".

E, ainda mais importante: a introdução de relações capitalistas na forma de trabalho assalariado era uma novidade na economia iorubá e teve fundamentais repercussões, particularmente na definição de trabalho. Durante todo o século XIX, apesar da expansão do comércio com a Europa, nenhum mercado livre se desenvolveu na Iorubalândia, no que se refere ao trabalho. De fato, a escravidão doméstica (diferente do comércio escravagista no Atlântico) expandiu-se durante esse período, devido ao aumento da demanda por trabalho, à medida que o comércio de produtos agrícolas com a Europa também aumentou. Oyemakinde observa que, na Iorubalândia colonial, o trabalho assalariado se tornou o caminho para os ex-escravizados comprarem sua liberdade.[105] As implicações dessa afirmação são de grande alcance, tendo em vista o fato de que as fêmeas não tinham acesso a salários. Então, isso significa que a escravização feminina foi prolongada? Essa é uma questão interessante que não pode ser respondida neste estudo. Os estudos históricos sobre a escravidão e o comércio escravagista na África permanecem presos em preocupações e deturpações eurocêntricas.

Além do acesso ao dinheiro, o que o trabalho assalariado significava para os homens, havia outros efeitos mais sutis, mas igualmente profundos. Como os homens recebiam um salário, seu trabalho adquiria valor de troca, enquanto o trabalho das mulheres retinha apenas seu valor de uso, desvalorizando o trabalho que se associava às mulheres. A análise de Walter Rodney sobre o trabalho na situação colonial é elucidativa:

> Desde que os homens entraram no setor financeiro, mais facilmente e em maior número que as mulheres, o trabalho das mulheres tornou-se muito inferior ao dos homens dentro do novo sistema de valores do colonialismo: o trabalho dos homens era "moderno" e o trabalho das mulheres era "tradicional" e "atrasado". Portanto, a deterioração do status das mulheres africanas estava ligada à consequente perda do direito de estabelecer padrões autóctones sobre qual trabalho tinha mérito e qual não tinha.[106]

Essa distinção de gênero deveria levar à percepção de homens como trabalhadores e mulheres como não trabalhadoras e, portanto, apêndices dos homens. O trabalho das mulheres tornou-se invisível. Na realidade, os salários de fome pagos aos homens pelo governo colonial eram insuficientes para manter a família, e o trabalho das mulheres continuava tão necessário quanto sempre para a sobrevivência da comunidade. Está bem documentado que os homens africanos, ao contrário de seus colegas europeus, recebiam um salário de solteiro e não um salário familiar. De fato, em 1903, a atração inicial do trabalho assalariado nas ferrovias na Nigéria deu lugar a uma escassez de mão de obra e organização sindical de trabalhadores descontentes.[107]

Além disso, o trabalho assalariado envolvia a migração dos lugares de origem para os centros de governo e comércio que estavam se desenvolvendo em toda a colônia, na época. Isso significava que as mulheres se mudavam com seus maridos para longe dos grupos de parentesco. O caso de Madame Bankole, tema de um estudo etnográfico de famílias migrantes iorubás, não é atípico:

> Em 1949, ela se casou (...) com outro homem de Ijebu que era supervisor no escritório de telégrafo e tinha ficado recentemente viúvo. Ele era transferido com frequência de um lugar para outro, e ela foi com ele, mudando de profissão a cada vez. De Warri, no delta do Níger, no oeste, ela transportou óleo de palma para Ibadan e o revendeu para varejistas. Então, de Jos e Kano, ela enviou arroz e feijão para uma mulher a quem sublocou sua tenda e recebeu louças em troca, que vendeu no norte. Ela também cozinhava e vendia comida nos bairros de migrantes dessas cidades. Entre 1949 e 1962, ela se mudou com ele.[108]

O que mais impressiona na experiência de Madame Bankole é sua desenvoltura e espírito empreendedor, respondendo ao mercado e à sua situação. Em uma nota mais sutil, Madame Bankole se tornara esposa, um apêndice cuja situação era determinada pela ocupação do marido. Embora ela tenha mantido uma das ocupações autóctones predominantes na Iorubalândia, o foco de sua existência parece ter mudado do comércio para o casamento como ocupação. A combinação de trabalho assalariado masculino e migração produziu uma nova identidade social para as fêmeas como dependentes e apêndices dos homens. Independentemente do fato de que na Oyó pré-colonial a posição de *aya* era menor que a de seu parceiro conjugal, a percepção de *aya* como dependente e apêndice era nova. Por exemplo, apesar de Madame Bankole não ser dependente em termos econômicos, há uma percepção de sua dependência embutida na nova situação familiar. As anafêmeas passaram de *aya* para esposa.

224

Um corolário da identidade exagerada das mulheres como esposas foi o fato de outras identidades serem silenciadas. À medida que os casais se afastavam dos grupos de parentesco, a identidade das mulheres como prole (filhas) e membros da linhagem tornou-se secundária à sua identidade como esposas. Embora Madame Bankole tenha mantido uma ocupação pré-colonial predominante na Iorubalândia (ou seja, o comércio), o fato de ela ter que desistir sempre que o emprego de seu marido exigisse mostra que ela e sua ocupação eram secundárias. A própria família foi sendo redefinida lentamente como o homem e seus dependentes (esposo/esposa e crianças), e não como a família "extensa", incluindo irmãos, irmãs, mãe e pai. O surgimento dos homens como aparentes chefes de família moldou o tipo de oportunidades e recursos disponibilizados pelo Estado colonial e neocolonial que se seguiu. Por exemplo, a razão pela qual os homens tiveram mais oportunidades educacionais é frequentemente atribuída à noção de que eles eram os "ganhadores de pão". O simbolismo do pão é particularmente adequado, pois tanto o pão quanto o homem como único ganhador de pão são intrusões coloniais na cultura iorubá. A definição de machos como "ganhadores de pão" resultou em discriminação contra as mulheres no sistema tributário, que continua até o presente. As mulheres não podem reivindicar nenhuma isenção para a prole enquanto os pais dessa prole ainda estiverem vivos. Como observa Fola Ighodalo, uma das primeiras secretárias permanentes do serviço público da Nigéria, sobre o regulamento tributário: "Este regulamento em particular desconsiderou completamente as circunstâncias sociais da Nigéria, onde a poligamia é um modo de vida e sob o qual muitas mulheres têm que carregar exclusivamente a responsabilidade pela manutenção, educação e todo cuidado de sua prole."[109]

A noção de que apenas os homens realmente trabalham aparece na compilação de estatísticas nacionais sobre a participação na força de trabalho. A porcentagem de mulheres no setor formal permanece pequena.[110] Isso é explicado pelo fato de a maioria das mulheres serem trabalhadoras autônomas e seus compromissos não serem definidos como trabalho, apesar de sua participação na economia monetária. É importante ressaltar que não estou me referindo aqui à sua contribuição de bens e serviços em casa, mas ao emprego fora de casa como comerciantes e trabalhadoras rurais, para dar dois exemplos. Do ponto de vista da contabilização estatística nacional, Madame Bankole estava desempregada.

TORNANDO-SE MULHER, SENDO INVISÍVEL

Podemos distinguir dois processos vitais e entrelaçados inerentes à colonização europeia na África. O primeiro e mais minuciosamente documentado desses processos foi a racialização e a consequente inferiorização dos africanos como colonizados, nativos. O segundo processo, que foi o foco deste capítulo, foi a inferiorização das fêmeas. Esses processos foram inseparáveis e ambos estavam inseridos na situação colonial. O processo de inferiorização do nativo, que era a essência da colonização, estava ligado ao processo de entronizar a hegemonia masculina. Uma vez que os colonizados perderam sua soberania, muitos procuraram o colonizador em busca de orientação, mesmo na interpretação de sua própria história e cultura. Muitos logo abandonaram sua própria história e valores e abraçaram os dos europeus. Um dos valores vitorianos impostos pelos colonizadores foi o uso do tipo de corpo para delinear categorias sociais; e isso se manifestou na separação de sexos e na suposta inferioridade das fêmeas. O resultado foi a reconceitualização da história e dos costumes autóctones para refletirem essa nova tendência racial e de gênero dos europeus. Assim, na sociedade iorubá, vemos isso demonstrado no diálogo sobre mulheres entre dois personagens masculinos no romance de T. M. Aluko, ambientado na Iorubalândia colonial: "Essa mulher, irmã Rebecca, é uma boa mulher. Mas nem sempre você pode confiar no testemunho de uma mulher, (...) 'Filha de Eva, tentadora de Adão' – Jeremias desenterrou a incontornável ancestral da mulher".[111]

Não há dúvida de que Eva era a "ancestral" legítima das mulheres Iorubá. Por que e como? Essas questões não são levantadas precisamente porque o personagem – refletindo a atitude de muitas pessoas – acredita que os colonizados se tornaram parte integrante da história do colonizador e, como tal, havia apenas um conjunto de ancestrais para o nativo e o colonizador (embora houvesse ancestrais diferentes – i.e., Adão e Eva – para machos e fêmeas, de acordo com a noção vitoriana de separação dos sexos). O argumento a respeito da perda de controle dos nativos sobre sua história foi feito de maneira sucinta por Albert Memmi quando ele observa que "o golpe mais grave sofrido pelos colonizados é ser removido da história".[112] De maneira semelhante, Frantz Fanon apela ao nativo para "pôr um fim à história da colonização (...) e trazer à existência a história da nação – a história da descolonização".[113] O chamado de Fanon para a união situa muito explicitamente a questão da resistência e a necessidade, e possibilidade, dos colonizados de transformarem o estado de coisas.

Para as mulheres africanas, a tragédia se aprofundou, pois a experiência colonial as jogou no fundo de uma história que não era delas. Assim, a posição invejável das mulheres europeias se tornou sua por imposição, assim como as mulheres europeias foram erguidas acima dos africanos porque sua raça era privilegiada. Mais especificamente, no caso iorubá, as fêmeas tornaram-se subordinadas assim que foram "transformadas" em mulheres – uma categoria incorporada e homogeneizada. Assim, por definição, eles se tornaram invisíveis. O sistema de senioridade pré-colonial iorubá foi substituído por um sistema europeu de hierarquia dos sexos, no qual o sexo feminino é sempre inferior e subordinado ao sexo masculino. A manifestação definitiva desse novo sistema foi um Estado colonial que era patriarcal e que, infelizmente, sobreviveu ao fim do "império". Quaisquer que fossem os valores, a história e a cosmopercepção de qualquer grupo cultural na África, o governo colonial detinha o controle político e "o poder especificamente simbólico de impor os princípios da construção da realidade".[114] A realidade criada e imposta foi a da inferioridade dos africanos e da inferioridade das fêmeas até que a colonização traçasse sua própria realidade.

O surgimento de homens e mulheres como categorias identificáveis e hierárquicas é a criação de esferas de operação separadas para os sexos.

Uma nova esfera pública foi criada apenas para os machos. A criação de uma esfera pública da qual apenas homens pudessem participar foi a marca e o símbolo do processo colonial. Essa divisão baseada em gênero em esferas não era, contudo, a única segmentação da sociedade que acontecia na época. De fato, o que vemos na África nos períodos colonial e neocolonial é a realidade de várias esferas públicas. Em um ensaio sobre a natureza do Estado na África pós-colonial, Peter Ekeh postula a existência de dois domínios públicos como um legado da colonização.[115] O primeiro designa o domínio público primordial, pois é baseado em agrupamentos, sentimentos e atividades primordiais. O outro, o domínio público-cívico, está associado à administração colonial e baseia-se na estrutura civil, nas forças armadas, na polícia e no serviço público.[116] Para Ekeh, a diferença entre os dois se relaciona com suas bases morais: o público primordial sendo moral e o público-cívico sendo amoral. A partir da abordagem do presente trabalho, uma distinção importante entre os dois públicos que geralmente é negligenciada é que o público-cívico é androcêntrico e o público primordial é inclusivo em relação ao gênero. Essas duas formas de rotular a segmentação colonial da sociedade apontam na mesma direção. Como mostrei, a exclusão de funcionárias das estruturas do Estado colonial anulou a prática pré-colonial de que a política seria de domínio de todas as pessoas adultas. Na Iorubalândia pré-colonial, as anafêmeas não haviam sido excluídas das posições de liderança, mas isso mudou drasticamente no período colonial.

O domínio autóctone primordial não entrou em colapso no domínio público-cívico; continuou a existir oralmente e na prática social. No entanto, tendia a estar subordinado ao domínio público-cívico mais novo, porque a maioria dos recursos e riquezas da sociedade estava concentrada na arena estatal. Os dois domínios não estavam rigidamente separados. De fato, eles confluíam precisamente porque os atores eram os mesmos, principalmente após a partida dos colonizadores. As autoridades coloniais europeias durante o período colonial não participaram diretamente do domínio público primordial, mas seu controle do poder estatal frequentemente determinava o que acontecia nesse domínio. Além disso, diferentes grupos de pessoas foram articulados nesses dois reinos de maneira diferente. A elite emergente, com educação ocidental, tendia a ser afetada mais diretamente pelo domínio público-cívico porque eram os "herdeiros" do Estado colonial, com todos os seus privilégios e ideologias. Consequentemente, tendemos a encontrar ideias de superioridade masculina e inferioridade africana mais prevalentes nessa classe privilegiada – ela estava (e está) em contato mais próximo e mais extenso com a esfera público-cívica. O domínio público-cívico expandiu-se no sentido de que mais pessoas foram atraídas diretamente para ele, e sua maior manifestação foi no sistema educacional ocidental, que foi legado da experiência colonial. Na seção sobre educação, mostrei que era uma educação determinante na estratificação da sociedade colonial. Na arena da educação, ainda existe uma percepção dentro de certas partes da população de que as fêmeas não são tão capazes quanto os machos.

Hoje, a participação das fêmeas nesse sistema privilegiado permanece muito baixa, fato que é percebido por si só como evidência de sua incapacidade de funcionarem neste "mundo masculino". De modo aparentemente paradoxal, são precisamente as mulheres que estão inseridas nesse domínio que percebem sua subordinação. No entanto, existem certos privilégios de classe que se acumulam para homens e mulheres dessa classe mais patriarcalizada – a elite. Portanto, é importante que, embora reconheçamos a construção das mulheres como um grupo homogeneizado e subordinado pelo colonizador, reconheçamos a hierarquia de classes que cruza a hierarquia de gênero que se desenvolveu no período colonial. Por fim, o processo de formação de gênero é inseparável do processo de institucionalização das hierarquias de raça e classe.

O paradoxo da imposição da hegemonia ocidental às mulheres africanas é que as mulheres da elite, que obtêm privilégios de classe do legado da situação colonial, parecem sofrer mais com os efeitos negativos da dominação masculina. Para as mulheres das classes mais baixas, sua experiência de dominação masculina é discreta, provavelmente porque é ofuscada por desvantagens socioeconômicas. Obviamente, a desvantagem socioeconômica e a subordinação de gênero estão entrelaçadas, alimentando-se uma à outra. Mas parece que a diferença entre as experiências das mulheres da elite e da classe mais baixa em relação à dominação masculina é importante como determinante de sua consciência e, portanto, que tipo de ação elas tomam (ou não) contra o sistema. Essa distinção é particularmente importante no período contemporâneo.

Uma preocupação importante neste estudo é o papel da intelectualidade na construção da realidade. No período colonial, não foram apenas funcionários e políticas coloniais que foram determinantes. Os escritores ocidentais também desempenharam um papel na construção da realidade, que, por sua vez, determina nossas percepções do que vemos ou não vemos no terreno. Notemos que o processo de apreensão, agora, privilegia o visual. Um exemplo muito concreto da invisibilidade das mulheres africanas (ou é um exemplo da cegueira de quem pesquisa?) é ilustrado pela experiência de R. S. Rattray, um eminente antropólogo colonial dos Ashanti de Gana. Em 1923, Rattray, depois de muitos anos estudando as Ashanti, ficou surpreso ao "descobrir" a importante "posição das mulheres" no Estado e na família. Intrigado que, após muitos anos sendo o especialista sobre os Ashanti, esse fato mais significativo houvesse escapado dele, perguntou às pessoas mais velhas Ashanti sobre o motivo. Em suas palavras:

> Perguntei aos velhos homens e mulheres por que não sabia tudo isso – mesmo tendo passado muitos anos com os Ashanti. A resposta é sempre a mesma: "O homem branco nunca nos perguntou isso; você tem relações e reconhece apenas os homens; supusemos que *os europeus consideravam as mulheres sem importância* e sabemos que você não as reconhece como sempre fizemos".[117]

Na Iorubalândia, a transformação de *obìnrin* em mulheres e depois em "mulheres sem importância" estava na essência do impacto colonial como um processo generificado. A colonização, além de ser um processo racista, também foi um processo pelo qual a hegemonia masculina foi instituída e legitimada nas sociedades africanas. Sua manifestação definitiva foi o Estado patriarcal. As especificidades de como as anafêmeas iorubás foram

230

"desconsideradas" foram o ponto focal deste capítulo. No entanto, o reconhecimento do profundo impacto da colonização não impede o reconhecimento da sobrevivência de estruturas e formas ideológicas autóctones. A sociedade colonial e neocolonial iorubá não era a Inglaterra vitoriana em termos de gênero porque homens e mulheres resistiram ativamente às mudanças culturais em diferentes níveis. As formas autóctones não desapareceram, embora tenham sido agredidas, subordinadas, corroídas e até modificadas pela experiência colonial. É importante notar que as hierarquias de gênero na sociedade iorubá hoje operam diferentemente do que no Ocidente. Sem dúvida, existem semelhanças baseadas no fato de que, no sistema global, homens brancos continuam a definir a agenda do mundo moderno e mulheres brancas, por causa de seus privilégios raciais, são o segundo grupo mais poderoso deste programa internacional. Lembremos as conferências da Organização das Nações Unidas (ONU) sobre mulheres. No Ocidente, para parafrasear Denise Riley, o desafio do feminismo é como avançar da categoria saturada de gênero de "mulheres" para a "plenitude de uma humanidade sem sexo".[118] Para as *obìnrin* iorubás, o desafio é obviamente diferente porque, em certos níveis da sociedade e em algumas esferas, a noção de uma "humanidade sem sexo" não é um sonho a que se aspirar, nem uma memória a ser resgatada. Ela existe, embora em concatenação com a realidade de sexos separados e hierarquizados, impostos durante o período colonial.

5

A TRADUÇÃO DAS CULTURAS: GENERIFICANDO A LINGUAGEM, A ORALITURA E A COSMOPERCEPÇÃO IORUBÁS

> Nossos tradutores [iorubás], em seu zelo em encontrar uma "palavra que expressasse a ideia inglesa para sexo, em vez da idade, cunharam as palavras *arakonrin*, isto é, parente masculino; *arabinrin*, parente feminino; estas palavras precisam sempre ser explicadas ao genuíno, mas analfabeto, homem iorubá".
>
> Samuel Johnson, *The History of the Yorubas*

> Nosso estoque comum de palavras [em inglês] incorpora todas as distinções que os homens consideraram dignas de serem traçadas e as conexões que eles acharam dignas de marcação nas vidas de muitas gerações.
>
> John Langshaw Austin, *Philosophical Papers*

Os capítulos anteriores demonstraram repetidamente que, em muitos níveis, as questões de linguagem e tradução são centrais para este estudo.[1] As teóricas feministas ocidentais enfatizaram a importância da linguagem na construção do gênero. No ocidente de língua inglesa, as feministas mostraram as conexões entre a centralidade masculina da língua e o status secundário da mulher em suas sociedades.[2] A linguagem é uma instituição social e, no nível do indivíduo, afeta o comportamento social. A linguagem de um povo reflete seus padrões de interações sociais, linhas de status, interesses e obsessões. Isso é evidente na epígrafe de Austin; se o inglês faz muitas diferenças de gênero, é porque essas são as distinções que a sociedade achou que vale a pena traçar. Se a sociedade iorubá não fez distinções de gênero e, em vez disso, fez distinções etárias, como sugere a citação de Johnson, então, para os povos iorubás, as distinções etárias valem a pena ser consideradas, pelo menos até os britânicos aparecerem à nossa porta. É significativo que, apesar do fato de Johnson ter consciência da inexistência de especificidade iorubá de gênero, sua referência ao homem iorubá em seu exemplo, em vez de uma pessoa iorubá sem especificidade de gênero, possa ser interpretada como o privilégio do homem, como no uso de Austin da palavra inglesa "homem" (linguistas feministas argumentaram, de forma convincente, que o chamado uso genérico de "homem" em inglês não é realmente genérico, mas mais uma maneira de promover o homem como norma através da linguagem).[3] A questão que isso levanta é a seguinte: em um ambiente em que essas duas línguas em interação – iorubá e inglês – articulam valores culturais diferentes, como distinguimos entre a ausência de gênero na língua iorubá e a andronormatividade do inglês no discurso e na escrita de pessoas iorubás bilíngues? Essa questão tem um significado especial quando analisamos a literatura e a tradução cultural.

Richard Gilman, escrevendo sobre a importância da linguagem na sociedade, resume a relação entre linguagem e gênero:

> A natureza da maioria das línguas nos diz mais sobre a estrutura hierárquica dos relacionamentos homem-mulher do que todas as histórias de horror físico que poderiam ser compiladas... O fato de nossa língua [o inglês] empregar as palavras homem e humanidade [*mankind*] como termos para toda a raça humana demonstra que a dominação masculina, a *ideia* de superioridade masculina, é perene, institucional e enraizada no nível mais profundo de nossa experiência histórica.[4]

Não é de surpreender, portanto, que em uma sociedade onde o gênero seja o princípio organizador principal, as distinções de gênero sejam refletidas na língua.

Como mostrei no capítulo 2, o iorubá é uma língua sem especificidade de gênero: os nomes e pronomes iorubás não distinguem o gênero. Os pronomes da terceira pessoa *ó* e *wón* são usados para homens e mulheres; o primeiro é usado em referência a uma pessoa que está em uma posição inferior ou igual ao enunciador; o último, o pronome formal, é usado para pessoas idosas e com status mais elevado. A ausência de categorias específicas de gênero no idioma é um reflexo do grau em que as diferenças sexuais na Iorubalândia não formam a base das categorias sociais. Portanto, a falta de palavras em iorubá traduzíveis como "filho" [*son*], "filha" [*daughter*], "irmão" [*brother*] ou "irmã" [*sister*] em inglês reflete a ausência de papéis sociais com base nesses termos de parentesco generificado.[5] A palavra *ọmọ*

234

é usada para se referir à prole masculina e feminina. *Ègbón* e *àbúrò* são as palavras que denotam a irmandade, independentemente do sexo, sendo a distinção entre irmãs ou irmãos mais velhos e mais novos. É a senioridade que é linguisticamente codificada na língua iorubá.

No entanto, o iorubá e o inglês mantiveram contato próximo nos últimos 150 anos. Devido à colonização e à imposição do inglês como língua franca da Nigéria, muitas pessoas iorubás agora são bilíngues. O impacto do inglês sobre o iorubá continua a ser sentido por meio de palavras-chave, tradução da cultura iorubá para o inglês e adoção de valores ocidentais. O papel do estabelecimento educacional é crucial nesse processo. A escolaridade e a pesquisa acadêmica representam as formas mais sistemáticas pelas quais a sociedade e o discurso iorubá estão sendo generificados. O foco deste capítulo é investigar o impacto do inglês na língua, literatura e sociedade iorubás, no que se refere a questões de gênero.

Talvez não seja surpreendente para quem estuda a cultura iorubá o fato da isenção de gênero na língua não ser segredo. O intrigante, no entanto, é o fracasso de muitas dessas pessoas dedicadas à pesquisa em examinar o significado e as implicações desse fato em seu próprio trabalho. Alguns exemplos serão suficientes para demonstrá-lo. Depois de ler o trabalho de Ayodele Ogundipe, uma estudiosa da literatura iorubá, o crítico literário Henry Louis Gates Jr. supôs, de forma correta, que "metafisicamente e hermeneuticamente, pelo menos, os discursos fon e iorubá são verdadeiramente sem gênero, oferecendo à crítica literária feminista uma oportunidade única de examinar um campo de textos, um universo discursivo, que escapou da armadilha do sexismo inerente ao discurso ocidental".[6] Quem pesquisa a língua e cultura iorubás tende a não compreender o pleno significado da neutralidade iorubá de gênero, mesmo quando esse fato é reconhecido. O próprio Gates não está livre dessa contradição, pois é rápido em acrescentar um aviso de que, ao reconhecer a falta de gênero iorubá, ele não está tentando mostrar que não há sexismo nessa sociedade, mas apenas que os "universos discursivos e hermenêuticos" iorubás não são enviesados pelo gênero.[7] Como a linguagem faz parte do

235

comportamento social, é impossível separar o discurso e o comportamento social iorubá, como sugere Gates.

Ayo Bamgbose, o principal linguista iorubá, escreve: "Uma afirmação sobre gênero em iorubá é (...) sem nenhuma base real na língua. Em vez disso, deve ser vista como uma afirmação sobre a estrutura inglesa transferida para o iorubá".[8] No entanto, na discussão de Bamgbose sobre os romances de D. O. Fagunwa, o romancista iorubá pioneiro, ele destaca as "mulheres" como um dos temas sem levantar qualquer dúvida, independentemente de sua afirmação anterior sobre a ausência de categorias de gênero no iorubá. Discutir "mulheres" como tema é fazer uma afirmação estereotipada de gênero, como "Elas [as mulheres] ficam com um homem quando as coisas estão boas". Além disso, Bamgbose continua discutindo outro tema nos romances que ele chama de "o homem e outras criaturas".[9] Questionando o romance de Fagunwa, ele observa que "o homem é mostrado como inimigo de outras criaturas... Mamíferos, pássaros, cobras, peixes (...) todos odeiam os homens; a razão disso é a crueldade do homem".[10] Pareceria, a princípio, que seu uso de "homem", nesta passagem, pudesse ser lido para incluir as fêmeas, mas aparentemente não, pois ele continua fazendo a seguinte afirmação: "Esses comentários [sobre o homem] são, é óbvio, exagerados quando tomados como referência aos homens em geral, mas é verdade que essas características são encontradas em graus variados, pelo menos em alguns homens".[11] Essa declaração, em conjunto com suas afirmações anteriores, cria pelo menos confusão sobre a noção de gênero entre os povos iorubás e seu uso por Bamgbose.

Da mesma forma, em um estudo abrangente sobre *oriki* (poesia de louvor), um gênero oral iorubá, Karin Barber chega à seguinte conclusão: "Diferentemente de muitas culturas africanas tradicionais, o mundo iorubá não é dicotomizado em setores masculinos e femininos nitidamente distintos. Os rígidos pares de correspondências que aparecem em tantos relatos da cosmologia africana não aparecem aqui. A casa não está dividida, e o mundo mental é esculpido em função dos domínios masculino e feminino".[12] No centro do estudo de Barber, no entanto, está a ideia de que existe uma categoria social como "mulheres" na Iorubalândia – como mostra o subtítulo de seu livro, *Oriki, Women, and the Past in a Yoruba Town*. Sua análise dos *orikis* é, de fato, baseada na suposição de que é um gênero feminino. Existe uma contradição no reconhecimento de uma categoria social "mulheres" constituída com base na anatomia e ao mesmo tempo reconhecendo que o mundo iorubá não é generificado. A associação feita por Barber entre os *orikis* e as "mulheres" está relacionada ao papel especial das "esposas"[13] no uso da poesia de louvor para afirmar e promover a linhagem de seus maridos. A categoria iorubá *ọkọ* inclui o que, em inglês, uma mulher casada chamaria de marido e cunhadas; portanto, não é relativa ao gênero, mas indica a participação na linhagem. A contradição, então, nessas afirmações acadêmicas sobre a cosmopercepção iorubá é resultado do fracasso em reconhecer a distinção fundamental entre a identidade social das anafêmeas como *ìyàwó*[14] e *ọkọ*, com todas as suas implicações para papéis sociais, acesso e até mesmo questões de lugar e identidade. Nessa abordagem, é um erro agrupar as fêmeas em uma categoria chamada "mulheres", com base em sua anatomia, como se sua anatomia definisse seus papéis sociais. As fêmeas, assim como os machos, têm vários papéis que mudam de um momento para o outro e de um ambiente social para outro. Dizer que o *oriki* é realizado por esposas tem um significado diferente de dizer que é realizado por mulheres, porque em qualquer reunião particular na Iorubalândia, nem todas as fêmeas são esposas; de fato, haveria outras fêmeas que são definidas como "maridos" em relação às esposas que cantam os louvores. Generalizar o papel de "esposa" para todas as fêmeas (o que acontece quando se as rotula como "mulheres") é distorcer a realidade iorubá. O problema, como indiquei anteriormente, não tem relação com o fato de que quem pesquisa tende a se concentrar no casal e na prole como a unidade de análise, vendo, assim, as fêmeas apenas no papel de *ìyàwó* e os homens apenas como *ọkọ*, uma vez que, após o casamento, muitas noivas moram com sua família conjugal. Mais uma vez, uma análise cuidadosa da discussão de Bamgbose sobre o tema das mulheres em Fagunwa mostrará que o retrato estereotipado das fêmeas se concentra exageradamente em seu papel de esposas. Isso não faz justiça aos outros papéis definidos. Vejamos: "Elas [as mulheres] ficam com um homem enquanto as coisas estão bem".[15] Ou: "O declínio do pai do herói em quase todos os romances se deve principalmente ao acúmulo de esposas... Uma mulher, felicidade plena; duas mulheres, dois problemas".[16] Parece que "esposa" é usada nesses escritos como sinônimo de "mulher", como se a sociedade iorubá fosse como as sociedades ocidentais onde, até recentemente, a identidade social de uma esposa era total, definindo a mulher. Nenhum papel isolado define *obìnrin* na Iorubalândia. Se algum papel é preponderante, é a maternidade, e não a esposidade [*wifehood*]. Mas a maternidade, em si, não é apenas uma coisa; ao contrário, sugere uma multiplicidade de possibilidades para a categorização social.

Sem dúvida, mudanças nas instituições e organização social ocorreram na Iorubalândia desde a colonização britânica, e qualquer discussão sobre hierarquias sociais e sobre a cosmopercepção iorubás deve reconhecer essas mudanças. Essa análise deve especificar o período histórico e a dialética das construções autóctones e das "adoções impostas". A dialética da cosmopercepção autóctone e dos valores e instituições ocidentais impostos ou adotados representa o desafio para interpretar os processos sociais em nossas sociedades no período contemporâneo. É nesse contexto que se pode entender a importância da leitura que o crítico literário Olakunle George fez do primeiro romance de D. O. Fagunwa, *Ogboju ode ninu igbo irunmale*. George argumenta convincentemente que, no nível da linguagem, o efeito da colonização europeia não pode ser reduzido à adoção da língua estrangeira pelos colonizados. Igualmente importante é o impacto da experiência colonial no universo "linguístico autóctone – ou seja, conceitual – dos colonizados".[17] George postula que a escolha feita por Fagunwa pela língua iorubá como seu meio artístico não deve ser automaticamente interpretada como significando que ele defendia os valores iorubás em oposição aos valores ingleses. De fato, para George, "Fagunwa demonstra um indesculpável hibridismo e hibridação de heranças epistêmicas... O terreno epistêmico no qual ele opera valoriza sinceramente a

238

modernidade ocidental – pelo menos – enquanto ele procura urgentemente reivindicar o sistema tradicional iorubá".[18] Pode-se discordar de George sobre o fato de Fagunwa ter sido influenciado pelo Ocidente, mas é ainda mais discutível que esses efeitos devam ser usados para definir seu trabalho como híbrido. Rotular Fagunwa como híbrido é apagar seu centro iorubá.

Mais fundamental para o meu argumento neste livro é o fato de que existe, inquestionavelmente, uma realidade da linguagem em si e por si mesma. Portanto, a escolha do iorubá por Fagunwa como o idioma de seu trabalho tem importantes implicações, além da oposição binária entre nativos e estrangeiros e a dialética de sua articulação. Por um lado, no nível da política da linguagem, na situação colonial, Fagunwa se coloca ao lado dos povos iorubás e a serviço da língua iorubá – uma instituição iorubá. Sua contribuição para a cultura não pode ser subestimada.

Sem dúvida, em contato, as línguas afetam umas às outras e, nesse sentido, nenhuma língua é uma ilha. Por exemplo, no caso iorubá, o inglês não é o único idioma do qual houve empréstimos extensivos; hausá tem sido uma fonte mais antiga do vocabulário iorubá. A questão mais importante, no entanto, é a natureza do contato, pois isso tem um efeito enorme no sentido, quantidade e conteúdo da troca. De fato, a escolha de chamar essas intrusões linguísticas de empréstimo ou imposição repousa no contexto social do contato. O povo iorubá foi colonizado pelos britânicos. Nesse contexto, imposição é a descrição mais precisa dessa situação específica, pelo menos em uma primeira instância. Além disso, em um contexto no qual duas línguas em interação, como o iorubá e o inglês, defendem valores culturais diferentes, fica explícito que a questão da tradução e do empréstimo não é um inócuo contato entre as línguas, mas é importante para o impacto colonial e suas implicações negativas para a cultura receptora. Um problema mais profundo associado à imposição de valores europeus à cultura iorubá por meio da tradução foi observado por outras pessoas dedicadas à pesquisa. O crítico literário Olabiyi Yai considera as traduções acríticas do iorubá para o inglês essencialmente um fracasso em reconhecer as diferenças epistemológicas entre as duas culturas.[19] Isso, segundo Adeleke Adeeko, resulta em uma "insistência acrítica de quem pesquisa encontrar equivalentes de termos ingleses em iorubá [como se eles definissem constantes humanas]".[20] Esse problema não é novo, como mostra a epígrafe de 1877 de Samuel Johnson, no início deste capítulo.

TRADUZINDO CULTURAS

Comentando a qualidade musical da língua iorubá, Ulli Beier observa corretamente que, quando o iorubá é traduzido para o inglês, "a *poesia* é deixada de fora".[21] Tenho afirmado que o *gênero* é incluído. Além de criar novas palavras em iorubá, os povos iorubás tomaram, extensivamente, palavras do inglês. Uma olhada na *Grammar and Vocabulary of Yorùbá* de Crowther, publicada em 1852, mostra cerca de vinte palavras importadas do inglês. Cento e trinta anos depois, Adebisi Salami contou em 2 mil o número de palavras inglesas em iorubá, em números conservadores.[22] Os empréstimos continuaram em ritmo acelerado, particularmente no que diz respeito aos chamados termos técnicos e científicos. Também houve empréstimos de gênero, sendo os mais notórios duas pequenas palavras que podem ser encontradas nas partes mais remotas da Iorubalândia hoje, mesmo entre as pessoas falantes monolíngues iorubás: *mà* (como em "madame") e *sà* (como em "senhor"). Essas duas palavras com especificidade de gênero são usadas para mostrar respeito à pessoa superior (em termos de status ou idade) a quem o orador esteja se dirigindo. Elas foram popularizadas no pátio da escola e foram originalmente usadas para abordar professoras e professores. Hoje, são uma maneira universal de demonstrar deferência. Suspeita-se que a atração dessas palavras pelas pessoas falantes do iorubá exista menos em sua especificidade de gênero e mais na capacidade de codificar a senioridade, linguisticamente. Da mesma forma, o uso de *bròdá* (parente masculino mais velho) e *sìstá* (parente feminina mais velha) fala dessa preocupação iorubá. Curiosamente, em iorubá, uma língua tonal, a senioridade não se expressa tanto no uso da palavra, mas no tom em que é dita. Assim, por exemplo, alguém poderia dizer em iorubá: *Sìstà mi ni* (Esta é minha irmã mais nova) ou *Sìstá mi ni* (Esta é minha irmã mais velha). As palavras nas duas frases são essencialmente as mesmas; a diferença de significado é carregada pelas combinações tonais indicadas pelos diferentes acentos. Embora o interesse iorubá em denotar a senioridade seja mantido mesmo na assimilação dessas palavras em inglês, seus generificados não são menos significativos. O uso desses pares (*mà/sà* ou *bròdá/sìstá*) chama a atenção para o sexo do destinatário ou da personagem em questão de uma maneira completamente nova no discurso iorubá.[23]

Uma palavra generificada, amplamente adotada e usada de maneira muito sexista, é "madame". Ela se tornou uma forma de referir-se às mulheres em posições de autoridade em relação ao orador. No ambiente doméstico, a "esposa do senhor" é chamada de "madame" pelas pessoas que trabalham como servidoras domésticas; estudantes usam o termo para se dirigir a uma professora; e os que estão mais abaixo na hierarquia de um escritório usarão a palavra para se dirigir a uma secretária ou funcionária mais importante. Usa-se também madame em sinal de respeito por uma mulher mais velha que não seja parente. É um termo para todos os fins. O problema é que ele é frequentemente usado para chefas em vez de *ògá* ou *ààre*, que eram os termos comuns iorubás, não generificados, para "chefe" ou "sênior" ou "líder". *Ògá* e *ààre* estão cada vez mais associados à autoridade masculina.[24] Além disso, os termos de autoridade e liderança como "presidente" ou "diretor" são cada vez mais usados apenas para machos; as fêmeas em tais posições são identificadas como "madame". Portanto, podemos começar a falar sobre a generificação linguística da autoridade na Iorubalândia. Isso acontece através da adoção de palavras derivadas do inglês e da generificação de palavras iorubás que antes não tinham especificidades de gênero.

O problema de impor o gênero ao discurso iorubá é particularmente grave na tradução da literatura iorubá para o inglês. No entanto, o simples fato de o gênero não ser linguisticamente codificado em iorubá não parece ser levado em consideração nas traduções da literatura oral e escrita iorubá – por exemplo, como observado anteriormente, os pronomes iorubás não específicos "*o*" e "*wón*" são traduzidos como "ele"/"eles" [*"he"/"-they"*], como se fossem equivalentes. A palavra iorubá *ènìyàn*, que significa "humanos", é rotineiramente traduzida como "homem", e a palavra iorubá *omo*, que significa "criança" ou "prole", é rotineiramente traduzida como "filho". No mínimo, seria de esperar que tradutores oferecessem um aviso semelhante ao que Oyekan Owomoyela faz em seu livro sobre os provérbios iorubás:

> Uma palavra sobre meu uso de pronomes pessoais. Os pronomes iorubás são neutros em termos de gênero. Ao usá-los, portanto, não se corre o risco de sexismo não intencional, como ocorre com os pronomes ingleses. Eu achei um pouco desajeitado usar a combinação "ele ou ela", "ele/ela" ou "o ou a" (...). Espero que quem me leia aceite o uso de pronomes masculinos com aplicação universal no espírito não sexista em que eu os uso.[25]

Este é um raro reconhecimento da imposição do sexismo do inglês na literatura iorubá através da tradução. No entanto, a aceitação de Owomoyela das categorias em inglês não é uma solução. Sua identidade masculina está do lado do privilégio, portanto, não é de surpreender que ele subestime a distorção que essa adoção impõe. A questão vai além do constrangimento; é sobre precisão. O uso de pronomes masculinos quando a masculinidade não é especificada comunica informações imprecisas. Mais sério é o fato de que aceitar a categorização em inglês apaga a estrutura iorubá isenta de gênero.

Mais fundamental no discurso iorubá é o problema de "pensar em inglês" no caso das pessoas iorubás bilíngues, mesmo quando falamos e nos envolvemos em iorubá. Esse problema é revelado no título de um ensaio que pretende falar sobre poetas orais na sociedade iorubá: "The Yorùbá Oral Poet and His Society".[26] Mesmo que esse uso possa ser justificado pela ideia de que o pronome masculino inglês é genérico e, portanto, não marcado, o uso a seguir, que vem do mesmo ensaio, não pode: "O poeta oral iorubá não é uma ferramenta, mas um homem".[27] No mínimo, acrescenta confusão quanto à identidade de poetas orais, a quem o autor admite em seu ensaio são homens e mulheres. Outro exemplo dessa confusão

242

na tradução devido à diferença de gênero entre o iorubá e o inglês é encontrado em uma resenha de Oludare Olajubu de um livro sobre os mitos iorubás. Ele afirma que existem muitos contos iorubás conhecidos como *sènìyàn seranko*, que devem ser traduzidos como "ser humano, ser animal", mas que Olajubu traduz como "ser-homem-ser-animal".[28] Nitidamente, em iorubá a ênfase está em um ser humano se transformando em animal, mas a implicação de sua tradução é de uma pessoa masculina se transformando em animal. A palavra iorubá *ènìyàn* não significa "homem"; ressalta os seres humanos em geral.

Muitas das pessoas que registraram e traduziram a literatura oral iorubá são treinadas como críticos literários e, portanto, a principal ferramenta de seu trabalho é a linguagem; portanto, não se pode desculpar sua falta de atenção a um fator tão crítico na tradução do iorubá para o inglês. Assim, construções como esta, de outro estudioso iorubá, são preferíveis: "Poetas orais iorubás não apenas procuraram explicar o mundo (…) também alimentaram as chamas da curiosidade nas crianças".[29] Obviamente, o inglês pode ser usado de maneira menos generosa. A formação das pessoas iorubás dedicadas à pesquisa faz parte do problema, e esse fato também foi apontado como uma razão para o privilégio da literatura escrita sobre a oral. As observações de Olabiyi Yai são relevantes: "As pessoas que realizam a crítica da poesia oral são quase invariavelmente treinadas nas críticas à poesia escrita antes de se especializarem na oralidade. Essa inversão cronológica, aparentemente inofensiva, é consagrada como lógica na medida em que a crítica da literatura escrita serve de base à crítica da poesia oral, sendo esta última vista como seu apêndice".[30] A literatura escrita na Iorubalândia é principalmente a literatura escrita por iorubás em inglês, e até a literatura em língua iorubá é influenciada pelo inglês. Isso ocorre porque a maioria das pessoas dedicadas (se não todas) à escrita da literatura são bilíngues iorubá/inglês, formadas principalmente em inglês. Como resultado, o viés de gênero transmitido em inglês é transferido para a literatura iorubá.

A pesquisa em língua e gênero vai além da análise da estrutura da língua. As feministas também estão preocupadas com as diferenças de gênero no uso da língua, e algumas delas argumentam que a diferença entre o discurso de homens e mulheres está relacionada ao sexismo da língua inglesa. Nos Estados Unidos, por exemplo, algumas pessoas dedicadas à pesquisa argumentam que homens e mulheres falam diferentes "idiomas de gênero".[31] Não há evidências suficientes sobre sociedades não ocidentais para justificar uma conclusão tão decisiva. No entanto, os antropólogos também se preocuparam com a relação entre gênero e fala e articularam uma maneira de conceituá-la em um subcampo conhecido como etnografia da fala. De acordo com Joel Sherzer, "a etnografia da fala está preocupada com o uso da linguagem no contexto social e cultural... [Ela] também se preocupa com as maneiras pelas quais as formas de discurso e os padrões de fala estão relacionados aos vários papéis em uma sociedade, como os de homens e mulheres".[32] Ele continua, sugerindo que a distinção de gênero na linguagem, em sociedades industrializadas, estão, por um lado, relacionadas à gramática superficial, à maneira de falar, que usa certas categorias de palavras mais que outras, e assim por diante. Por outro lado, ele diz que, nas sociedades não industrializadas, está relacionada ao gênero verbal, definido como "formas e categorias de discurso reconhecidas culturalmente, rotinizadas e, às vezes, embora não necessariamente, abertamente marcadas e formalizadas".[33] Nesse contexto, e dadas as abordagens de gênero à literatura iorubá por pessoas dedicadas à pesquisa, como Barber, deve-se colocar a questão: existe uma base de gênero para a performance e a classificação do gênero oral iorubá?

Pessoas dedicadas à pesquisa que tentaram classificar o gênero oral iorubá concluíram que a poesia iorubá é classificada não tanto por seu conteúdo ou estrutura, mas pelo grupo ao qual o recitador pertence e pelas técnicas de recitação que ele (ou ela) emprega. Assim, vários gêneros foram identificados e estudados.[34] Eles incluem:

- *Ìjálá*: poesia de caçadores e devotos de Ogum cantada em reuniões sociais.

- *Iwì*: poesia cantada por membros do culto Egúngún – isto é, mascarados.
- *Ìyèrè ifá*: cantos executados por sacerdotes-divinadores.
- *Oríkì*: poesia laudatória, um gênero cotidiano cantado mais notavelmente por esposas da linhagem e cantores de louvor profissionais.
- *Ìtàn*: histórias contadas pelos anciãos da linhagem sobre a cidade e a família em ocasiões especiais ou quando houver necessidade.
- *Ẹkún ìyàwó*: (ou *rárá ìyàwó*): lamentos de noiva cantados na véspera do casamento.
- *Èṣù-pípè*: cantos executados pelos devotos da divindade Exu.
- *Ṣàngô-pípè*: cantos executados pelos devotos da divindade Xangô.
- *Ògún-pípè*: cantos executados pelos devotos da divindade Ogum.
- *Ọya-pípè*: cantos realizados pelos devotos da divindade Oyá.
- *Òwe*: provérbios usados na fala cotidiana por qualquer pessoa.
- *Àlọ́ àpamọ̀*: enigmas para entretenimento de crianças e adultos.
- *Àlọ́*: contos populares.

A maioria dos gêneros é realizada por grupos de linhagem, ocupacionais e/ou religiosos. *Ìjálá*, *Iwì*, *Ìyèrè ifá*, *Ṣàngô-pípè*, *Ọya-pípè* e *Èṣù-pípè* se enquadram nessa categoria. Como, na Iorubalândia, a religião e as ocupações são baseadas na linhagem, o acesso a cada gênero é moldado por outros fatores que não o sexo. A partir da abordagem da etnografia da fala, parece que um gênero como *Ẹkún ìyàwó* (o lamento das noivas) pode ser classificado como gênero feminino, principalmente porque os lamentos estão associados a mulheres na literatura intercultural.[35] Essa classificação estaria equivocada, no entanto, porque *Ẹkún ìyàwó* está relacionado ao papel social de uma noiva (não à sua anatomia), que é alguém que deve deixar sua família natal para ir viver como um estranho na habitação do marido. É uma apresentação única na vida de cada noiva, e homens e mulheres idosos estão envolvidos no ensino da noiva em preparação para essa apresentação pública. Se uma fêmea nunca se torna noiva, não tem motivo para fazer essa poesia oral. Além disso, como o conteúdo de um gênero oral iorubá é indistinguível de outro: a razão da apresentação, em vez do conteúdo, torna-se a característica distintiva. Como explica Olajubu: "Todas as principais formas da poesia iorubá se baseiam em uma fonte comum de nomes laudatórios, provérbios e ditados sábios; eles empregam o mesmo padrão de linguagem poética".[36] A maioria dos gêneros verbais iorubás se baseia nos *orikis*, classificados como um gênero por si só. Mas as pessoas dedicadas à pesquisa também notaram a dificuldade de distinguir o *oriki* de outros gêneros devido à sua onipresença. Barber chama o *oriki* de "discurso mestre" devido às suas "expressões múltiplas (...) na vida cotidiana";[37] outros gêneros verbais são compostos principalmente por ele. Parafraseando Barber, os *orikis* são compostos por inúmeros temas de todos os tipos − humano, animal e espiritual − e são executados em diferentes modos ou gêneros. Eles são um componente central de quase todas as cerimônias significativas na vida da habitação e da cidade e estão constantemente no ar na forma de saudações, congratulações e anedotas.[38] A onipresença dos *orikis* e o número infinito de usos para os quais se destinam torna difícil entender o que Barber quer dizer quando ela o rotula de gênero feminino em seu estudo da forma na cidade de Òkukù. Da mesma forma, a preocupação no campo da etnografia da fala com a identificação de gêneros orais com homens ou mulheres está relacionada à constituição de homens e mulheres como categorias *a priori*, com base na anatomia, o que não é necessariamente uma maneira universal de estruturar o mundo social.

Na Iorubalândia, não podemos falar de papéis de gênero; hoje, em vez disso, podemos falar dos papéis de *ọkọ*, *aya*, noivas, irmãs ou irmãos mais novos, mães, sacerdotes de Ifá ou devotos de Ogum, por exemplo. Distinções na fala e gênero oral estão mais relacionadas a papéis sociais do que a diferenças bioanatômicas. Na Iorubalândia, a fala não pode ser caracterizada pelo gênero da pessoa falante. Pelo contrário, a posição na qual se fala determina o modo de discurso e a escolha dos pronomes. Por exemplo, como a língua iorubá é minuciosa com relação à senioridade, apenas as pessoas mais velhas podem se dirigir a alguém com um determinado nome na fala e também podem usar o pronome informal *o*. Da mesma forma, *ìyàwó*, sendo subordinada, deve abordar seu parceiro conjugal usando o *ẹ*, pronome que denota senioridade. No entanto, como ninguém fica permanentemente em uma posição subordinada, de um momento para o outro, ou de um orador para o outro, a posição muda – a fala de qualquer indivíduo é fluida e mutável, refletindo a posição em uma interação social em um particular momento no tempo. O discurso de machos e fêmeas exibe o mesmo tipo de características, porque ambos têm oportunidades de ser mais velho e mais novo, dependendo de com quem estão interagindo. Distinguir a fala masculina e feminina na língua iorubá é uma questão empírica que exige pesquisa. A preocupação nos últimos tempos com a rotulagem de textos como masculino ou feminino pode ser necessária em algumas culturas, mas o que torna um texto específico com relação ao gênero deve ser explicado, e não assumido. Será que um texto é feminino ou do gênero feminino, porque somente (e todas) as mulheres têm conhecimento dele? Ou porque, na sociedade em particular, somente as mulheres têm permissão para executá-lo? Ou por causa de alguns outros critérios? O ponto é que as condições desse tipo de categorização devem ser explicitamente estabelecidas.

FAZENDO GÊNERO: UMA PESQUISA ARRISCADA

Esta seção analisa um estudo da tradição oral iorubá que levantou questões interessantes sobre gênero e língua, além de oferecer um estudo de caso sobre como as predileções ocidentais de gênero são impostas à cultura iorubá. O estudo é intitulado *"Esu Elegbara: The Yorùba God of Chance and Uncertainty: A Study of Yòrúuba Mythology"*, de Ayodele Ogundipe. É um estudo sobre Exu, a divindade iorubá da incerteza, realizado por meio da poesia, narrativas e mitos laudatórios coletados com os devotos da divindade. O estudo é interessante pelos seguintes motivos:

1. A especificidade sexoanatômica (ou a falta dela) de Exu tem sido crítica para muitas interpretações acadêmicas do lugar da divindade na religião e no pensamento iorubá. A contribuição de

Ogundipe é ir além das atribuições de gênero e mostrar que, na construção autóctone de Exu, a divindade é frequentemente representada tanto como fêmea quanto como macho. Consequentemente, ela demoliu de forma convincente a ideia de que Exu é uma divindade fálica.

2. Os dados para o estudo foram coletados de dois grupos de devotos – o grupo de Lagos, que era de machos, e o grupo de Ibadan, do sexo feminino. Isso deve nos dar a rara oportunidade de descobrir se há algum efeito de gênero no conhecimento dos devotos, modo de culto e na maneira como são apresentadas e apresentados por quem pesquisa.

3. A autora, uma mulher iorubá, afirma que seu sexo e idade afetaram sua capacidade de coletar os dados. No entanto, ela não analisou o impacto dessa alegação de maneira sistemática.

Os dados para o estudo foram coletados no final da década de 1960, com grupos devotos de Exu em Lagos e Ibadan. Ogundipe afirma que havia "certas partes do santuário de Exu onde as mulheres não eram aceitas".[39] Ela sente que o grupo masculino de Lagos relutava em discutir alguns assuntos em sua presença por causa de seu gênero feminino e pouca idade. Ela explica essa situação: "Embora as mulheres não sejam excluídas dos cultos iorubás, as participantes fêmeas que ocupam cargos significativos geralmente têm mais idade".[40] Seu próprio estudo contradiz essa afirmação. Se, de fato, no culto de Exu na Iorubalândia, "as mulheres" não tinham permissão para se aproximar do santuário, por que havia um grupo exclusivamente feminino em Ibadan, com seu próprio santuário e que não era menos dedicado à adoração a Exu do que o grupo de Lagos? Ogundipe não nos diz que os dois grupos eram devotos de divindades diferentes – era o mesmo Exu. Infelizmente, ela não contrasta a restrição sexual em Lagos com suas próprias descobertas. Poderíamos perguntar o porquê. Sua afirmação de que "mulheres não são excluídas", mas que apenas mulheres com mais idade poderiam ocupar posições de liderança, tem as seguintes implicações: cultos religiosos são fundados por homens na Iorubalândia e mulheres são incluídas ou excluídas. Isso é equivocado, considerando que ela descobriu que existem cultos religiosos femininos, masculinos, mistos e outros na Iorubalândia. Além disso, o recrutamento para cultos religiosos geralmente é baseado na linhagem. No nível do indivíduo, está relacionado a problemas pessoais na família que podem levar ao culto de uma divindade ou de outra. Por exemplo, dois dos informantes de Ogundipe em Lagos haviam se tornado "devotos" porque foram consagrados ao culto por sua mãe, que havia feito tal promessa a Exu. Por outro lado, a líder do grupo em Ibadan disse que havia herdado a adoração de sua mãe, que ela mesma era uma "devota de Exu *lati orun wa*, que significa 'por direitos celestes'".[41] Em outras palavras, sua mãe nascera no culto. A religião autóctone iorubá não tem restrição de gênero tanto na fundação quanto na filiação ao culto. De fato, algumas pessoas dedicadas ao estudo das igrejas alternativas iorubás sugeriram que essa influência pode ter sido operante na fundação da seita Aladura; muitas de suas igrejas foram fundadas por mulheres, apesar da dominação masculina no cristianismo.[42] A observação de Ogundipe de que as líderes femininas de cultos têm mais idade é sempre lida para explicar que mulheres mais jovens são restringidas devido à menstruação. Essa suposição não foi testada e não é apoiada por nenhum tipo de dado. Não foi demonstrado que existam tabus menstruais nos cultos autóctones iorubás e, em algumas das igrejas cristãs iorubás, em que essas restrições foram identificadas, vale a pena investigar a influência das religiões mundiais (islamismo e cristianismo) que possuem tais restrições. Finalmente, acho que é falso apontar que "mulheres" em posições de liderança tendem a ser idosas. Em geral, o mesmo parece ser verdade para a liderança masculina.

Uma revisão contínua do estudo sugere que Ogundipe aceita acriticamente as afirmações de alguns de seus informantes sobre sexo e desconsidera as informações contrárias das devotas e de suas próprias descobertas. Esse privilégio dos homens pode estar relacionado aos seus próprios vieses e pressupostos, que se baseiam em sua formação acadêmica e formação cristã, ambos ocidentais e importantes fontes de distinções de gênero (isso não é específico de Ogundipe – a maioria das pessoas africanas dedicadas à pesquisa tem antecedentes semelhantes). Há, nitidamente, um viés masculino na maneira como ela escreve sobre os dois grupos de pessoas devotas. Isso é particularmente aparente em sua biografia dos diferentes informantes. É preciso lembrar que seu principal interesse era adquirir conhecimento sobre Exu por meio da poesia oral e da prosa do culto. Em sua breve biografia das informantes, ela diz sobre Mutiu Adeleke: "De todas as mulheres, (...) Mutiu era certamente a mais bonita. Uma mulher de aparência impressionante, na casa dos quarenta anos (...) Uma mulher não convencional, apesar de sua boa aparência".[43] Sobre Ajisafe Mosebolatan, uma devota idosa de sessenta ou setenta anos: "As mulheres disseram que ela era uma beldade quando era mais jovem, mas achei difícil de acreditar, porque ela parecia tão envelhecida e enrugada quando a conheci".[44] Além do fato de que alguém possa se perguntar como esse tipo de informação sobre "concurso de beleza" se relaciona com a devoção das mulheres a sua divindade, intriga o tipo de perguntas feitas pela pesquisadora que tenham ensejado essas declarações das mulheres sobre a beleza desbotada de Ajisafe. Ao escrever sobre os homens, essas informações não são oferecidas, mesmo quando Ogundipe se concentra em sua aparência física. De Gbadamosi Àkànní, um "informante" masculino, ela afirma: "De porte e altura medianos, ele parecia mais alto do que realmente era porque se mantinha muito ereto".[45] Bola Esubiyi, outro macho, era "um homem baixo e escuro, na casa dos cinquenta anos", e Moses Olojede "era um homem escuro e magro".[46] É óbvio que ela não oferece nenhuma informação sobre quem era o mais escuro e o mais bonito dos três, como fazia com as mulheres.

O modo como ela descreve as habilidades de dança de dois informantes, um macho e uma fêmea, ambos coincidentemente chamados Bola, é interessante. Sobre Bola Esubiyi (o macho), ela escreve: "Ele era um dançarino habilidoso".[47] Sobre Bola Esubunmi (a fêmea), ela escreve: "Bola era uma dançarina magnífica. Durante um dos festivais, ela dançava como uma tempestade".[48] Ficamos com a impressão de que a dança é natural

250

para a fêmea, mas o macho teve que cultivá-la. Essa interpretação recorda a distinção de gênero que algumas feministas observaram nas culturas ocidentais, nas quais as mulheres estão associadas à natureza, e os homens, à cultura.

O problema do viés de gênero continua em sua descrição das lideranças dos dois grupos. Vamos comparar as informações que ela apresenta sobre eles:

> Baderinwa Esunbunmi (a fêmea). Baderinwa Esunbunmi comandou as pessoas devotas de Ibadan. Uma mulher alta e robusta, com mais de 60 anos, Baderinwa foi certamente a grande dama do grupo. Todos os outros membros do grupo se *intimidavam* diante dela. Baderinwa era uma mulher majestosa, com pele escura e brilhante e penetrantes olhos vermelhos.[49]

> O Elegushe (macho). O Elegushe é o título tradicional do sr. J. O. Buraimoh, um homem alto e magro, com mais de 70 anos, que tinha a cabeça raspada e uma aparência rigorosamente limpa. O sr. Buraimoh teve uma presença muito intimidadora. Seus olhos luminosos olhavam fixamente...[50]

A descrição do Elegushe é reverencial; ele é retratado adequadamente como o líder de um culto religioso. Em contraste, Baderinwa é apresentada como se ela fosse a líder de um clube social. Alguém se pergunta se sua pele escura e brilhante era uma de suas qualificações para a liderança como a "grande dama" do grupo. Mesmo quando Ogundipe está discutindo um atributo obviamente semelhante dos dois líderes, ele é apresentado como negativo no feminino e positivo no masculino. Quando Ogundipe escreve que "o grupo se intimidava" com Baderinwa, fica-se com a impressão de que ela procurou ativamente intimidar o grupo. Elegushe, em contraste, sem esforço "tinha uma presença muito intimidadora". Seus olhos eram "luminosos", enquanto os dela eram "penetrantemente vermelhos".[51] O tratamento de Ogundipe às devotas é ainda menos reverente, se não totalmente desrespeitoso. Por exemplo, isso acontece quando a pesquisadora pergunta a Baderinwa (a quem havia descrito anteriormente como uma comerciante próspera, uma mulher que vive em uma casa grande, mãe de cinco filhos) se ela era casada. É difícil imaginar como Ogundipe, uma jovem iorubá que se apresentara como uma pessoa de dentro da cultura, poderia ter dito para madame Baderinwa, que teria pelo menos a mesma idade da mãe da pesquisadora: "Você é casada?". Não há maneira que não seja indelicada de fazer isso em iorubá. Para coroar tudo, ao relatar a reação de Baderinwa a essa pergunta, Ogundipe escreve que ela "simplesmente deu uma risadinha".[52] Para uma mulher descrita como tendo sessenta e poucos anos, robusta, uma comerciante próspera, uma mulher de recursos, mãe de cinco filhos, o verbo "rir" parece totalmente deslocado. Baderinwa não era uma colegial; ela era uma líder de sessenta e poucos anos de um culto religioso.

Em sua dimensão individual, as devotas são apresentadas de maneira diferente dos homens. No que tange ao coletivo, também existem diferenças, principalmente na forma como são nomeadas. Os informantes de Lagos, o grupo masculino, são referidos de várias formas como "grupo Iddo", "anciãos", "membros", "devotos de Exu" e "o grupo". O grupo feminino de Ibadan é simplesmente chamado de "mulheres": "As mulheres começaram a guardar objetos religiosos dentro de casa… As mulheres envolvidas em diferentes meios de subsistência… O grupo de mulheres da habitação de Olunloyo".[53] Quando Ogundipe visitava a líder feminina, ela enviava seus filhos para buscar as outras "mulheres". Já em Lagos, quando visitava a casa do líder masculino, "membros importantes do grupo foram, então, convocados".[54] A partir desta apresentação, obtém-se a nítida impressão de que as devotas eram, antes de tudo, mulheres e que essa era a base para se unirem como um grupo, em vez do fato de que elas cultuavam juntas, como membros de um culto religioso. A referência constante a elas como mulheres, e não como devotas, sugere que elas se encontraram principalmente para se socializarem e, apenas como uma reflexão tardia, se envolviam no culto; isso, é óbvio, lança uma sombra sobre a seriedade de sua devoção religiosa. Ogundipe não nos oferece nenhum fato a respeito do comportamento delas que sugerisse que as devotas eram menos dedicadas à sua divindade. Pelo contrário, ela escreve: "Baderinwa tinha um conhecimento muito esotérico do culto a Exu. Ela sempre se preparava ritualmente, assim como as outras mulheres, antes de cada entrevista. Não se podia simplesmente entrar e começar uma discussão sobre Exu. Havia sacrifícios a serem oferecidos e, às vezes, limpeza ritual a ser realizada antes que qualquer discussão séria pudesse ocorrer".[55]

Ogundipe funciona como um vetor das normas ocidentais de gênero, inserindo-as em seu estudo. Maria Black e Rosalind Coward postularam que "a exclusão das mulheres como representantes de uma humanidade generalizada [no idioma inglês] não é produto de uma regra semântica". Em vez disso, é devido ao fato de que "os atributos do homem podem, de fato, desaparecer em um 'sujeito não generificado'. As mulheres, por outro lado, nunca aparecem como sujeitos não generificados".[56] Ogundipe transferiu esse problema do viés sexual na língua e na sociedade inglesas para seus sujeitos. Ela apresenta as devotas como tendo uma identidade de gênero; os devotos masculinos são adoradores de Exu protótipicos, portanto, não há referências de gênero concedidas a eles. No entanto, ela não fornece nenhuma informação sobre o comportamento das devotas que justifique a diferença de representação.

Sem dúvida, Ogundipe se sentiu mais próxima e mais livre e, portanto, mais familiarizada com o "grupo de Ibadan", provavelmente em função de sua própria consciência do sexo como uma possível fonte de identidade. Ela menciona, algumas vezes, que ela e os informantes de Lagos se sentiram desconfortáveis durante suas entrevistas por causa de sua pouca idade e sexo feminino. Acredito que essa representação nos conte sobre os antecedentes e os vieses de quem pesquisa. Além do embasamento intelectual e religioso ocidental, de gênero, parece haver também um viés de classe. Os membros do grupo de Lagos, além de homens, pareciam ter melhores condições econômicas e serem mais cosmopolitas; alguns deles eram, de fato, alfabetizados e podiam falar inglês.[57]

Não obstante os vieses conscientes e inconscientes de Ogundipe, ela é capaz de problematizar, de forma convincente, a visão de algumas pessoas dedicadas ao estudo da religião iorubá de que Exu seja uma divindade fálica. Ela é particularmente crítica a Westcott, a quem acusa de impor valores ocidentais aos dados iorubás. Vale a pena citar um pouco. Para ela, a interpretação de Westcott de Exu como um símbolo fálico "demonstra a desenvoltura do autor com as associações psicanalíticas freudianas e ocidentais, bem como sua preocupação intelectual ocidental com a leitura de interpretações fálicas em qualquer coisa com mais extensão que circunferência".[58]

Ela continua:

> Como macho ou fêmea na escultura, Exu, geralmente, usa um penteado elaboradamente longo, (...) ocasionalmente estilizado como um falo. Como masculino, geralmente usa avental púbico ou calça; como feminino, os seios femininos são proeminentes. Exu também é retratado de várias maneiras, com um cachimbo na boca, um bastão na mão, chupando o polegar ou soprando um apito.

A própria Ogundipe não está totalmente livre de associações ocidentais, no entanto, mesmo quando conclui corretamente que a representação de Exu na religião iorubá é masculina e feminina. Ela escreve: "Embora sua masculinidade seja retratada visual e graficamente de maneira impressionante, sua feminilidade é igualmente expressiva, o que torna sua grande sexualidade *ambígua*, contraditória e sem gênero".[59] O ponto, no entanto, não é que a sexualidade de Exu seja ambígua ou que a divindade seja andrógina, mas o anassexo desse Exu é *incidental* para a concepção, função, papel e poderes da divindade. É precisamente porque a cosmopercepção iorubá não rotula atributo algum como masculino ou feminino que é possível que Exu seja retratado como ambos sem contradições ou ginástica mental. Consequentemente, Ogundipe ignora completamente o ponto e impõe uma estrutura de gênero ocidental quando escreve: "Figurativamente, Exu é feminino quando ele é positivo, atencioso, conformista, previsível e gentil; ele é masculino quando é negativo, desatento, inconformado, imprevisível e implacável".[60] Essa é uma nítida generificação do discurso iorubá, não apoiada por seus dados ou mesmo pelo retrato de outras divindades na cultura iorubá. Sua interpretação é baseada na oposição binária entre os atributos masculino e feminino no Ocidente: ou seja, se os homens são uma coisa, as mulheres são o oposto. Por exemplo, os dois não podem ser fortes – se os homens são fortes, as mulheres devem ser fracas. Na Iorubalândia, machos e fêmeas têm atributos comuns. Os povos iorubás não fazem atribuições de gênero para o caráter ou a personalidade.

Vejamos a representação de outra divindade iorubá – Oyá, a divindade iorubá do rio (não deusa, porque o termo orixá, em iorubá, não é generificado). Ela é geralmente retratada como temível e cruel; uma das frases de sua poesia laudatória diz: "*Obìnrin gbona, okùnrin sa*" (literalmente: as fêmeas entram no caminho, os machos correm; todo mundo foge quando ela aparece).[61] Isso dificilmente corrobora a ideia ocidental de feminilidade. Judith Gleason, em um estudo sobre a poderosa Oyá, observa que a concepção iorubá sobre essa divindade sugere um "tipo de energia que nossa cultura [ocidental] não vê como feminina".[62]

A ausência de gênero iorubá não deve ser lida como androginia ou ambiguidade de gênero. Não é uma ausência de gênero em termos da presença de atributos masculinos e femininos. Em vez disso, é isenta de gênero porque os atributos humanos não são, em si, generificados. As diferenças bioanatômicas não são uma fonte de distinção nem de identidade na Iorubalândia. O *orí*, a cabeça metafísica e a fonte do destino e da identidade individuais, não tem sexo. As diferenças anassexuais são *incidentais* e não definem muito. Como observei anteriormente, o fato de a sociedade iorubá ser interpretada com base nas linguagens e conceituações ocidentais introduz certa medida de generificação. Por exemplo, a observação de que o discurso iorubá não tem gênero impõe necessariamente uma maneira de ver e ouvir o iorubá. Afinal, como se diria "sem gênero" em iorubá? Essa não é uma categoria iorubá e só tem significado em um discurso que está no processo de encaixar o iorubá no padrão dominante ocidental.

IORUBÁ: UMA LÍNGUA SEM GÊNERO EM UM MUNDO REPLETO DE GÊNERO

O iorubá está mudando e, como muitas línguas africanas, mudando rapidamente – resultado, em parte, da imposição de línguas e estruturas europeias nas sociedades africanas. Uma das mudanças mais notáveis na cultura iorubá é a crescente importância das categorias de gênero na língua, literatura e sociedade. O papel de quem pesquisa e das pessoas bilíngues foi relevante no processo. No entanto, a questão dos vieses na linguagem não é apenas uma questão de uso da língua; como as declarações são ouvidas é igualmente importante. Em outras palavras, o que os membros de uma audiência trazem para a situação constitui parte do significado de uma expressão específica. Se tiverem consciência de gênero, tenderão a "ouvir" distinções de gênero na fala. O gênero é uma maneira de ver e ouvir o mundo. Por exemplo, notei que é difícil para muitos ocidentais conceberem uma *oko* fêmea (comumente traduzido como "marido") sem pensar em homossexualidade ou travestismo. Pelo contrário, na Iorubalândia, as mulheres como *oko* são um dado suposto e seu papel é entendido como social e não sexual. Em um mundo saturado de gênero, que se estende muito além e fora de controle dos povos iorubás, não surpreende que a não especificidade de gênero iorubá possa ser interpretada como a norma androcêntrica da língua inglesa. As pessoas iorubás dedicadas à pesquisa precisam ser explícitas sobre questões de gênero na tradução – não podemos, por exemplo, esperar que o pronome da terceira pessoa, sem especificidade de gênero, apareça antes de usarmos o inglês de uma maneira menos androcêntrica, como as pessoas começam a fazer nos Estados Unidos (embora seja uma tarefa árdua e seu sucesso seja questionável).

Talvez se deva notar que a busca feminista por uma linguagem sem gênero seja frequentemente apresentada como capaz de se realizar apenas fora deste mundo, no mundo da ficção científica. Mas Douglas R. Hofstadter sugere tal realização no plano terreno: "Não conheço nenhum ser humano que tenha um idioma não sexista como língua nativa. Será muito interessante perceber se essas pessoas existem. Nesse caso, será preciso muito trabalho de muitas pessoas para chegar a esse ponto".[63] Eu, como milhões de outras pessoas iorubás, falo uma língua não sexista. Para nós, no entanto, o que precisa ser documentado não é como chegamos a falar essa língua não sexista, mas como cada vez mais estamos falando uma língua "sexista" – processo que tentei documentar. Deve-se notar que existem

256

outras línguas além do iorubá que, ao menos uma vez, poderiam ser caracterizadas como sem gênero. Mas essas línguas são ouvidas como tal? A falta de gênero na linguagem não é necessariamente uma tarefa futurista; infelizmente, poderia muito bem ser coisa do passado.

OS SEMELHANTES E DIFERENTES MUNDOS DE GÊNERO

Os discursos ocidentais, feministas e não feministas, assumem que todas as sociedades percebem o corpo humano como generificado e, em seguida, organizam homens e mulheres como categorias sociais com base nessa premissa. Uma contribuição importante do discurso feminista foi o fato de explicitar a natureza generificada e de dominação masculina de todas as formas ocidentais de instituições e discursos. Antes das investigações feministas, a pesquisa e a ciência, em particular, eram consideradas como desincorporadas/objetivas, isto é, não ligadas à cultura. Entretanto, argumentei neste livro que nem todas as sociedades usam a "evidência" do corpo para constituir categorias de gênero. Existem outras categorias que são constituídas usando a percepção do corpo e existem muitas categorias que parecem ignorar o corpo. Afinal, mesmo no Ocidente, apesar da suposição profunda de corpos humanos generificados, presume-se que o corpo constitua evidência para outra categoria – a raça. Os corpos generificados não são universais nem atemporais. As categorias sociais iorubás não se baseavam em diferenças anatômicas.

No entanto, as pessoas dedicadas à pesquisa empregam categorias e teorias entre diferentes culturas, sem examinar seus fundamentos etnocêntricos. Assumiram corpos generificados na Iorubalândia e em outras sociedades africanas. Este estudo argumenta não apenas que isso é um erro, mas também um obstáculo à busca do conhecimento, e isso tem consequências para a condução da pesquisa e para a formulação de políticas.

A partir da abordagem desta pesquisa, o pressuposto da mulher como categoria social nos impede de fazer as perguntas "certas" sobre uma determinada sociedade, uma vez que as perguntas já são conceituadas *a priori*. Isso nos impede, como pessoas que buscam o conhecimento, de fazer perguntas fundamentais, de primeira ordem, geradas a partir das evidências de sociedades particulares. Em vez disso, o que encontramos são perguntas formatadas, baseadas em experiências ocidentais que se disfarçam de universais. Por fim, não se trata de quais perguntas são feitas, mas de quem as faz e por que as faz.[64]

Talvez algumas das armadilhas da propagação do ponto de vista ocidental como universal possam ser ilustradas examinando a maneira como as Nações Unidas foram constituídas e as políticas que elas adotam. Sue Ellen Charlton, em um livro sobre mulheres e desenvolvimento do Terceiro Mundo, afirma que "a tríade da dependência descreve a situação que existe em praticamente todos os países do mundo, em que as mulheres são dependentes dos homens em políticas formais, nas esferas local, nacional e internacional".[65] Mas essa afirmação é verdadeira apenas porque tanto a política formal quanto a mulher, como categoria política, são produtos de um sistema internacional que foi criado e continua a ser dominado pelo Ocidente. As Nações Unidas são emblemáticas desse domínio ocidental. As atividades e políticas das Nações Unidas em torno da questão das mulheres como categoria globalmente vitimada tornaram possível a concepção de "mulheres" como uma categoria reconhecível e sociopoliticamente vitimada. O movimento feminista ocidental foi globalizado, e feministas internacionais criaram um conjunto de discursos e práticas sobre gênero e um clima de opinião mundial em torno do qual as ideias ocidentais sobre as "mulheres" são institucionalizadas e exportadas para todos os cantos do mundo. Portanto, em certo sentido, a divisão do mundo em esferas local, nacional e internacional é falsa, devido às inter-relações entre os diferentes níveis.

De fato, a Década das Mulheres da ONU encapsulou o paradoxo das mulheres como categoria local e global e ajudou a iluminar o modo como ela é implantada nos diferentes níveis. As Nações Unidas declararam 1975 como o Ano Internacional da Mulher. Uma conferência mundial foi realizada no México, durante a qual se inaugurou o intervalo entre 1975 e 1985 como a Década das Mulheres. Uma conferência de acompanhamento foi realizada em Copenhague em 1980 e, finalmente, em 1985, o final da Década das Mulheres foi marcado por uma conferência em Nairóbi. A importância da Década das Mulheres se relaciona com a maneira como inequivocamente coloca as "mulheres" como uma categoria vitimizada na agenda mundial. A feminilidade foi patologizada, em nível global, e as preocupações da feminista internacional sublinharam essa globalização do que antes era uma preocupação ocidental local. A feminista australiana Germaine Greer estava certa quando afirmou, em 1975:

> A decisão de ter um ano de mulheres foi simplesmente um reconhecimento tardio da popularização do feminismo no Ocidente, cujo estilo de vida domina a autoimagem da ONU (...). O Ano Internacional da Mulher é uma extensão única do feminismo da Madison Avenue: as trabalhadoras agrícolas da Ásia e da África podem muito bem baixar suas enxadas e acender um Virginia Slim.[66]

Mais do que isso, o foco nas mulheres pelas Nações Unidas representou uma convergência de interesses entre feministas ocidentais, governos ocidentais e as Nações Unidas. A preocupação das feministas com o controle da reprodução das mulheres coincidiu com os interesses dos governos ocidentais e das Nações Unidas em controlar o crescimento populacional no Terceiro Mundo. A conferência das mulheres de 1975 foi essencialmente uma continuação da conferência da população da ONU realizada em Bucareste no ano anterior. A divergência de opinião entre feministas ocidentais e feministas do Terceiro Mundo nessas conferências sobre o que constitui as questões e prioridades das mulheres ressalta a dificuldade de conceber uma categoria sociopolítica de "mulheres", em nível global.

A Década das Mulheres da ONU é particularmente significativa porque institucionalizou e sistematizou em todo o mundo uma maneira ocidental específica de perceber o corpo humano. A colonização colocou esse processo em movimento; o feminismo ocidental contribuiu para isso; e as Nações Unidas, por meio de suas políticas e declarações, elevaram-no a uma norma, particularmente no nível da política formal e dos governos. As ideias ocidentais sobre gênero também chegaram às partes mais remotas do mundo. Na África, as ações de organizações internacionais são dignas de nota por proliferar essas estruturas e processos por meio da criação de organizações não governamentais (ONGs) locais de mulheres locais e por usar as construções de gênero como uma ferramenta política. Como elas interagem com as construções autóctones é um problema empírico que depende das questões e do contexto, mas é impossível negar a influência do Ocidente na formação de discursos e práticas locais sobre gênero.

O maior impacto dessas ideias ocidentais em relação à primazia do gênero é que elas dificultaram a apresentação de formas alternativas de olhar para as distinções sexuais anatômicas sem patologizar o feminino. Após os conflitos e controvérsias entre mulheres ocidentais e não ocidentais durante as conferências da Década da ONU, uma pergunta recorrente foi: Qual é a preocupação central das mulheres no mundo inteiro? Aline K. Wong, uma estudiosa de Cingapura, corretamente afirmou: "Penso que seja: o que as mulheres querem *ser* como mulheres?"[67] Mas, muito mais do que isso, deve-se perguntar por que essa categoria, "mulheres", foi escolhida e qual é a composição desse grupo. Infelizmente, essas não são perguntas que são feitas antes que o construto "mulheres" seja imposto transculturalmente. As perguntas de pesquisa levam a respostas específicas; o fato de os parâmetros de muitos discursos ocidentais, incluindo o feminismo, serem predefinidos limita as questões que podem ser colocadas.

O objetivo de minha pesquisa foi ir além dos parâmetros predefinidos para que se possa fazer perguntas de primeira ordem sobre a sociedade iorubá. A tarefa não foi simples porque tive que elucidar por que, em primeiro lugar, as categorias de gênero são investigadas na Iorubalândia e por que as anafêmeas iorubás foram consideradas subordinadas e vitimizadas antes mesmo de a pesquisa ser realizada em sua sociedade. Perguntas como: "Por que as mulheres são vitimadas ou subordinadas?" e "Qual é a divisão sexual do trabalho?" não são perguntas de primeira ordem em relação à Iorubalândia, porque essas duas questões pressupõem o gênero. Perguntas fundamentais para uma pessoa interessada na organização social podem ser: "Qual é a concepção iorubá da diferença?" e "O corpo humano é usado como evidência nessa conceituação?" Uma pessoa

260

curiosa, dedicada à pesquisa sobre diferença e hierarquia pode perguntar: "O que constitui a diferença na Iorubalândia?" (Não é, de forma alguma, óbvio que todas as sociedades concordem com o que constitui diferenças sexuais – por exemplo, no Ocidente, hormônios e cromossomos fazem parte da distinção, mas em muitas outras sociedades essas conceituações estão ausentes).

As pessoas dedicadas à pesquisa precisam interrogar seus próprios pontos de vista e vieses enquanto colocam questões, coletam dados e interpretam evidências. Para começar, quem pesquisa deve levar a sério a advertência de Linda Nicholson de que "é hora de nós [ocidentais] reconhecermos explicitamente que nossas reivindicações sobre mulheres não se baseiam em uma determinada realidade, mas emergem de nossos próprios lugares na história e na cultura; são atos políticos que refletem os contextos em que emergimos e os futuros que gostaríamos de ver".[68] O presente livro abriu um caminho para fazer perguntas fundamentais de primeira ordem sobre gênero e diferença na sociedade iorubá. Isso mostrou que nosso interesse em gênero na Iorubalândia não pode ser separado do domínio ocidental da constituição da academia/pesquisa e das esferas sociopolíticas e econômicas do mundo. Por fim, este estudo levanta a questão de saber se é possível ter questões e interesses independentes de pesquisa, dadas as origens ocidentais da maioria das disciplinas e o contínuo domínio ocidental do mundo, por enquanto.

AGRADECIMENTOS

A sociologia estadunidense desconhece a África. Na idade das trevas, a África foi cedida à antropologia como "o gramado da frente" da disciplina. Assim, a "sociologia africana" é considerada um oximoro. Mas algumas e alguns de nós sociólogas e sociólogos insistem em que há muita sociologia a ser feita na África; e nós apenas fazemos isso. Nesse aspecto, sou grata a Troy Duster e Robert Blauner, que, como membros de minha banca de tese (este livro se originou de minha tese), me guiaram pelo departamento de sociologia de Berkeley. Barbara Christian foi o terceiro membro da banca; agradeço a ela por um apoio intelectual incansável no decorrer de todo o meu tempo de faculdade. David Lloyd, do departamento de inglês, como amigo, leu a dissertação e fez comentários generosos que me levaram a refinar minhas ideias. Lula Fragd e Pauline Wynter, membros de um grupo de dissertação, fizeram comentários valiosos, indispensáveis para o andamento do trabalho.

Ao contrário da sociologia, o discurso feminista não é impermeável à África. O problema, no entanto, é que a África constitui parte do que Marnia Lazreg (em *The Eloquence of Silence: Algerian Women in Question*) chama de "desgraça e melancolia da dominação discursiva" ocidental. À luz da atitude "mais liberada do que tu" das feministas ocidentais em relação às mulheres africanas e, na verdade, mulheres de outras partes do mundo, a pintura *Mirror on the Wall* de Nkiru Nzegwu é mais apropriada e apreciada.[1] "Espelho, espelho meu, quem é a mais libertada de todas?" é um refrão constante no discurso feminista. Sou grata a Nkiru Nzegwu, amiga, filósofa, historiadora de arte e artista, por chamar minha atenção para a pintura, por me permitir usá-la e por suas muitas contribuições, intelectuais ou não, a este projeto.

---

1 A pintura foi reproduzida na capa da edição original deste livro pela editora da Universidade de Minnesota, em 1997 (N. T).

Meus sinceros agradecimentos vão aos meus amigos Naheed Islam, Thokozani Xaba e Hyun Ok Park por todas aquelas estimulantes trocas intelectuais e por tornarem o departamento de sociologia de Berkeley menos provinciano.

Aos meus amigos e amigas Leonie Hermantin, Zita Nunes e Adhiambo Odaga: agradeço por fazerem parte de maneira positiva de minha vida pessoal, política e intelectual.

Este projeto teve um longo período de gestação. Consequentemente, a lista de instituições e pessoas que me apoiaram em vários pontos é longa. Minha viagem mais prolongada à Nigéria foi paga por uma bolsa da Fundação Ford. Recebi uma bolsa do Conselho de População em Ciências Sociais, uma bolsa internacional da Associação Americana de Mulheres Universitárias (AAUW) e uma bolsa de pós-doutorado em Humanidades Rockefeller no Centro de Estudos Feministas Avançados (CAFS) da Universidade de Minnesota. Meus agradecimentos ao CAFS por fornecer acesso a uma comunidade feminista da qual meu trabalho se beneficiou; meus agradecimentos especiais a Shirley Nelson Garner, que era a diretora na época. O Instituto de Estudos Africanos da Universidade de Ibadan forneceu as instalações e uma comunidade intelectual indispensável ao meu trabalho. Os professores S. O. Babayemi e C. O. Adepegba foram especialmente generosos com o tempo. Minha sincera gratidão à professora Bolanle Awe, diretora do Instituto; seu trabalho na história e nos estudos iorubás continua a me inspirar.

Aos meus amigos eternos Olufunke Okome e Ọ̀jọ̀gbọn Olufemi Taiwo: agradeço por serem bons "informantes locais"; a visão do nativo é sempre indispensável. A ajuda da minha "camponesa" Ify Iweriebor foi inestimável para tornar o manuscrito mais legível. Agradeço profundamente a ajuda de Yetunde Laniran, amiga e linguista, que trouxe sua experiência para meus textos em língua iorubá.

Várias pessoas dedicadas à pesquisa estiveram dispostas a atender minhas ligações sempre que eu precisasse entender o sentido iorubá de uma coisa ou outra. A esse respeito, agradeço especialmente a contribuição de

Olabiyi Yai, professor de literatura comparada, e Jacob Olupona, professor de religião.

Na Universidade de Santa Bárbara, na Califórnia, meu atual local de trabalho, Cedric Robinson e Gerald Home leram e comentaram partes do manuscrito. Mimi Navarro, Carolyn Grapard e Rachel Bargiel, equipe do Departamento de Estudos Negros, contribuíram de uma maneira ou de outra para o projeto. Meu profundo agradecimento a todas elas. Também expresso minha profunda gratidão à Universidade de Santa Barbara, Califórnia, pelo apoio extraordinário ao meu trabalho em geral. A concessão de diversas bolsas de estudo da Regents' Junior Faculty para os meses de verão nos últimos anos foi especialmente importante para lubrificar as rodas do progresso.

Não posso agradecer suficientemente a Janaki Bakhle, minha editora original da University of Minnesota Press. Seu entusiasmo pelo projeto, mesmo antes de a tese ser concluída, constituía um verdadeiro incentivo. Com gratidão, também menciono Carrie Mullen, minha atual editora, que finalmente encerrou o projeto depois que Janaki deixou a editora.

Finalmente, para minha família e amigos, a quem eu impus continuamente perguntas estranhas e às vezes "ininteligíveis": obrigado por sua resistência. Dediquei o livro aos meus filhos, que sofreram muito e conseguiram nascer e crescer no meio do processo de escrita deste livro sem fim.

Preciso agradecer às muitas pessoas (familiares e amigos) em Ibadan, Oyó e Ògbómòsó que compartilharam seus pensamentos e partes de suas vidas comigo. *E seé o, Olorun yíò se nínú ti yín nàà. Ase o.*

Obviamente eu, e apenas eu, sou responsável pelo "mau" e "feio", se esse tipo de coisa for encontrado neste livro.

NOTAS

NOTA DE TRADUÇÃO

* Como referências para a grafia abrasileirada consultamos os seguintes textos: Nei Lopes, *Enciclopédia brasileira da diáspora africana*, São Paulo: Selo Negro, 2004; e Eduardo Fonseca Júnior, *Dicionário Antológico da Cultura Afro-Brasileira*: Português-Yorubá-Nagô-Angola-Gêge, São Paulo: Maltese/Fundação Banco do Brasil, 1995.

PREFÁCIO

1. D. E. Smith. *The Everyday World as Problematic: A Feminist Sociology*, p. 30.

2. J. Lorber, *Paradoxes of Gender*, p. 13.

3. M. Foucault, *The History of Sexuality*, vol. 1, p. 69.

4. Oyèrónké Oyěwùmí utiliza expressões como "gendered", "genderization", "engendering", "genderizing", "gendering" e outras derivadas do termo "gender" (*gênero*), que não possuem traduções dicionarizadas em português. Utilizaremos nesta tradução, o termo "generificar" e suas derivações, por serem de uso corrente nos estudos brasileiros de gênero (N. T.).

5. S. Errington, "Recasting Sex, Gender, and Power", p. 33.

6. Para uma história da emergência da categoria "mulheres" na Inglaterra e suas transformações, consultar D. Riley, *Am I That Name? Feminism and the Category of Women in History*.

7. O iorubá padrão, como é falado hoje, deriva principalmente do modo particular como a língua era falada em Oyó.

8. Para um delineamento da expressão "Velha Oyó", verificar a nota 4 do capítulo 2, abaixo.

9. J. Lorber, op. cit., p. 10.

10. K. Atkins, *The Moon Is Dead! Give Us Our Money! The Cultural Origins of an African Work Ethic*, p. 67.

CAPÍTULO 1

1. Comparar com o uso feito por T. Laqueur: "Destino é anatomia", que é o título do capítulo 2 de seu *Making Sex: Body and Gender from the Greeks to Freud*.

2. E. Spelman, *Inessential Woman: Problems of Exclusion in Feminist Thought*, p. 37.

3. J. E. Chamberlin; S. Gilman, *Degeneration: The Darker Side of Progress*, p. 292.

4. N. Scheman, *Engenderings: Constructions of Knowledge, Authority, and Privilege*, p. 186.

5. E.Grosz, "Bodies and Knowledges: Feminism and the Crisis of Reason", p. 198, destaques meus.

6. N. Scheman, op. cit.

7. Consultar, por exemplo, para relatos da importância da visão no pensamento ocidental: H. Jonas, *The Phenomenon of Life*; D. Lowe, *History of Bourgeois Perception*.

8. Traduzo aqui a expressão *"world-sense"* por *"cosmopercepção"* por entender que a palavra *"sense"* sinaliza tanto os sentidos físicos quanto a capacidade de percepção que informa o corpo e o pensamento. A palavra *"percepção"* pode indicar tanto um aspecto cognitivo quanto sensorial. E o uso da palavra *"cosmopercepção"* também busca seguir uma diferenciação – proposta por Oyěwùmí – com a palavra *"worldview"*, que é, usualmente, traduzida para o português como "cosmovisão" e não como "visão do mundo" (N. T.).

267

9. Comparar com a discussão de N. Scheper-Hughes e M. Lock em "The Mindful Body: A Prolegomenon to Future Work in Medical Anthropology", p. 7-41.

10. O trabalho de S. Gilman é particularmente elucidativo sobre as concepções de diferença e alteridade. Conferir *Difference and Pathology: Stereotypes of Sexuality, Race, and Madness*; *On Blackness without Blacks: Essays on the Image of the Black in Germany*; *The Case of Sigmund Freud: Medicine and Identity*; *Jewish Self Hatred: Anti-Semitism and the Hidden Language of the Jews*.

11. Consultar, por exemplo: L. Nicholson, "Feminism and Marx"; M. Barrett, *Women's Oppression Today*; H. Hartmann, "The Unhappy Marriage of Marxism and Feminism: Towards a More Progressive Union".

12. B. Turner, "Sociology and the Body", p. 31.

13. Ibid.

14. T. Duster, *Backdoor to Eugenics*.

15. Ibid.

16. M. Omi e H. Winant, *Racial Formation in the United States from the 1960s to the 1980s.* Comparar também com a discussão sobre a difusão da raça acima de outras variáveis, como a classe, na análise do motim de Los Angeles de 1992. Segundo Cedric Robinson, "A mídia de massa e as declarações oficiais subsumiram a genealogia das revoltas de Rodney King nas narrativas antidemocráticas de raça que dominam a cultura estadunidense. A inquietação urbana, o crime e a pobreza são economias discursivas que exprimem a raça e apagam a classe" (C. Robinson, "*Race, Capitalism and the Anti-Democracy*").

17. T. Duster, op. cit., salienta a noção amplamente difundida de que tanto as doenças como o dinheiro "correm dentro das famílias".

18. Comparar com o conceito de raciocínio racial de C. West em *Race Matters*.

19. Platão, *A República*, III, 415 a-c. (N. T.).

20. [Platão, *A República*, III, 415 d]. Citado em S. Gould, *The Mismeasure of Man*, p. 19.

21. Ibid.

22. Uma antologia recente questiona a autorrepresentação dominante dos judeus como "o Povo do Livro" e, no processo, tenta documentar uma imagem relativamente menos comum dos judeus como "o Povo do Corpo". O editor do volume faz um comentário interessante sobre "O pensador (judeu)" e seu livro. Ele comenta que o livro do pensador "evoca a sabedoria e a busca pelo conhecimento. Dessa forma, a imagem do judeu (que é sempre masculino) debruçada sobre um livro é sempre enganosa. Ele parece estar elevado na busca espiritual. Mas se pudéssemos espiar por cima dos ombros e ver o que seu texto diz, ele poderia, de fato, estar lendo sobre assuntos tão eróticos como que posição adotar durante a relação sexual. O que está acontecendo na cabeça do 'pensador' ou, mais interessantemente, em seu lombo?" H. Eilberg-Schwartz, "Povo do Corpo", introdução a *People of the Body: Jews and Judaism from an Embodied Perspective*. A natureza somatocêntrica dos discursos europeus sugere que a expressão "Povo do Corpo" pode ter um alcance mais amplo.

23. A atenção ao corpo também não foi um mar de rosas no feminismo. Consultar E. Grosz, *Volatile Bodies: Toward a Corporeal Feminism*.

24. Virginia Woolf resumiu sucintamente a posição feminista: "A ciência parece não ser assexuada; ela é um homem, também um pai infectado" (citado em H. Rose, "Hand, Brain, and Heart: A Feminist Epistemology for the Natural Sciences"). Consultar também S. Harding, *The Science Question in Feminism*; S. Harding (ed.), *The Racial Economy of Science*; D. J. Haraway, *Primate Visions: Gender, Race, and Nature in the World of Modern Science*; e M. Wertheim, *Pythagoras' Trousers: God Physics and the Gender Wars*.

25. D. E. Smith, op. cit., p. 30.

26. R. W. Connell, *Masculinities*, p. 53.

27. S. Okin, *Women in Western Political Thought*; E. Spelman, op. cit.

28. Citado em T. Laqueur, op. cit., p. 54.

29. Ibid.

30. L. Schiebinger, *The Mind Has No Sex? Women in the Origins of Modern Science*, p. 162.

31. Para a descrição de alguns desses dualismos, consultar "Hélène Cixous" em E. Marks e I. de Courtivron (ed.), *New French Feminisms: An Anthology*.

32. S. Gould, op. cit., p. 20.

33. Consultar S. J. Kessler e W. McKenna, *Gender: An Ethnomethodological Approach*.

34. Para elucidações, conferir J. F. Collier e S. J. Yanagisako (eds.), *Gender and Kinship: Essays toward a Unified Analysis*.

35. Linda Nicholson também explicou a difusão do fundacionismo biológico no pensamento feminista. Consultar L. Nicholson, "Interpreting Gender".

36. S. Kessler e W. McKenna, op. cit.

37. Utilizo o termo "sororarquia" no título desta seção para me referir às alegações bem fundamentadas contra feministas ocidentais por várias feministas africanas, asiáticas e latino-americanas que, apesar da noção de que a "sororidade é global", as mulheres ocidentais estão no topo da hierarquia da sororidade; consequentemente, é realmente uma "sororarquia". Nkiru Nzegwu utiliza o conceito em seu ensaio "O Africa: Gender Imperialism in Academia", no livro *African Women and Feminism: Reflecting on the Politics of Sisterhood*, editado por Oyèrónkẹ́ Oyěwùmí.

38. J. Lorber, op. cit., p. 17-18.

39. Consultar I. Amadiume, *Male Daughters, Female Husbands: Gender and Sex in an African Society*, para um relato dessa instituição na Igbolândia, no sudeste da Nigéria. Consultar também M. J. Herskovitz, "A Note on 'Woman Marriage' in Dahomey", para uma alusão anterior à sua ampla ocorrência na África.

40. S. Kessler, W. McKenna, op. cit., p. 24-36.

41. S. Nanda, "Neither Man Nor Woman: The Hijras of India".

42. G. Rubin, "The Traffic in Women".

43. S. Kessler, W. McKenna, op. cit., p. 7; T. Laqueur, op. cit.

44. J. Butler, *Problemas de gênero. Feminismo e subversão da identidade*, p. 25.

45. Em seu estudo da sociedade Igbô da Nigéria (*Male Daughters*), a antropóloga Ifi Amadiume introduziu a ideia de "flexibilidade de gênero" para capturar a real separabilidade de gênero e sexo nesta sociedade africana. Eu, no entanto, acho que os casamentos de "mulher com mulher" na Igbolândia convidam a um questionamento mais radical do conceito de gênero, uma interrogação que "flexibilidade de gênero" não consegue representar. Por um lado, o conceito de gênero, tal como elaborado na literatura, é uma dicotomia, uma dualidade fundamentada no dimorfismo sexual do corpo humano. Aqui, não há espaço para flexibilidade.

46. A "literatura de raça e gênero" baseia-se em noções de diferenças entre as mulheres.

47. Consultar, por exemplo, H. Devor, *Gender Blending: Confronting the Limits of Duality*; R. Gordon, "Delusions of Gender".

48. K. Ferguson, *The Man Question: Visions of Subjectivity in Feminist Theory*, p. 7.

49. Meu uso do século XIX como referência é meramente para reconhecer as configurações emergentes de gênero na sociedade; o processo deve ter começado mais cedo, dado o papel do tráfico escravagista no Atlântico na desorganização da Iorubalândia.

50. Consultar o capítulo 2 para um relato abrangente sobre como a cosmopercepção iorubá está mapeada nas hierarquias onto-sociais.

51. Não pretendo participar das discussões em alguns debates reducionistas sobre a "oralidade" das sociedades africanas em relação à "escrita" no Ocidente; nem a intenção deste livro é estabelecer uma oposição binária entre o Ocidente e a Iorubalândia, por um lado, e a escrita e a oralidade, por outro, como algumas pesquisadoras fizeram. Há uma enorme literatura sobre escrita e oralidade. Uma boa introdução ao debate, embora seja uma explicação excessivamente generalizada, é a de W. Ong, *Orality and Literacy: The Technologizing of the Word*. Para uma descrição recente de algumas questões de uma abordagem africana, consultar S. Diop, "*The Oral History and Literature of Waalo, Northern Senegal: The Master of the Word in Wolof Tradition*".

52. Consultar W. Abimbola, *Ifa: An Exposition of the Ifa Literary Corpus*.

53. A. Hampâté Bâ, "Approaching Africa", p. 9.

54. D. Lowe, op. cit., p. 7.

55. E. F. Keller, C. Grontkowski, "The Mind's Eye", p. 208.

56. Ibid.

57. H. Jonas, op. cit., p. 507.

58. E. F. Keller, C. Grontkowski, op. cit.

59. N. Chodorow, *Feminism and Psychoanalytic Theory*, p. 216.

60. Consultar I. Amadiume, op. cit.; e V. Amos, P. Parma, "Challenging Imperial Feminism".

61. C. Coles, B. Mack (eds.), *Hausa Women in the Twentieth Century*, p. 6.

62. C. Robertson, *Sharing the Same Bowl: A Socioeconomic History of Women and Class in Accra*, p. 23.

63. Ibid., p. 25.

64. Por exemplo, B. House-Midamba, F. K. Ekechi, *African Market Women's Economic Power: The Role of Women in African Economic Development.*; G. Clark, *Onions Are My Husband: Accumulation by West African Market Women*.

65. Digo isso no sentido de ser reativo; não me refiro ao sentido marxista de ser retrógrado, embora tal leitura também seja possível.

66. Na escola de história de Ibadan, consultar A. Temu e B. Swai, *Historians and Africanist History: A Critique*. A coleção da Organização das Nações Unidas para a Educação, a Ciência e a Cultura (Unesco) sobre a História Geral da África também foi uma resposta à acusação de que os africanos são povos sem história.

67. Consultar os seguintes livros para acompanhar alguns dos debates: P. J. Hountondji, *African Philosophy: Myth and Reality*; K. Wiredu, *Philosophy and African Culture*; P. O. Bodunrin (ed.), *Philosophy in Africa: Trends and Perspectives*; T. Serequeberhan (ed.), *African Philosophy: The Essential Readings*.

68. Em geral, a sociologia do conhecimento fala sobre questões de formação de conhecimento, identidade social e interesses sociais. De acordo com K. Mannheim, *Ideology or Utopia?*, p. 3: "as pessoas unidas em grupos lutam de acordo com o caráter e a posição dos grupos aos quais pertencem para mudar o mundo circundante. (...) É a direção dessa vontade de mudar ou manter, essa atividade coletiva, que produz o fio condutor para o surgimento de seus problemas, seus conceitos e suas formas de pensamento".

69. Consultar P. J. Hountondji, op. cit., como um exemplo de uma orientação antinativista.

70. Um exemplo de uma resposta nativista é o texto de O. Owomoyela, "Africa and the Imperative of Philosophy: A Skeptical Consideration".

71. A. Irele, "In Praise of Alienation", destaques meus.

72. Citado em C. Miller, *Theories of Africans: Francophone Literature and Anthropology in Africa*, p. 18.

73. S. Johnson, *The History of the Yorubas*, p. vii.

74. N. Nzegwu, "Gender Equality in a Dual-Sex System: The Case of Onitsha".

75. T. Pearce, "Importing the New Reproductive Technologies: The Impact of Underlying Models of Family, Females and Women's Bodies in Nigeria".

76. No original, a expressão é "*pater familias* of the Greeks". Entretanto, optamos por corrigir a informação, uma vez que essa é uma instituição romana. Sobre isso, consultar: Bruce W. Frier; Thomas A.J. McGinn. *A Casebook on Roman Family Law*. Nova York: Oxford University Press, 2004. (N. T.)

77. N. A. Fadipe, *The Sociology of the Yoruba*.

78. S. Johnson, op. cit.

79. M. Ogundipe-Leslie, *Re-creating Ourselves: African Women and Critical Transformations*, p. 212. Para uma discussão mais detida de *ilémosú*, consultar o próximo capítulo.

80. E. B. Idowu, *Olodumare: God in Yoruba Belief.*

81. J. Fabian, *Time and the Other: How Anthropology Makes Its Object.*

82. Aqui penso especificamente no subcontinente indiano.

83. T. Serequeberhan (ed.), op. cit., p. xviii.

84. É óbvio que a qualificação delas para a congregação depende de credenciais ocidentais. Esta também é uma questão fundamental que precisa ser problematizada, dadas as suas preocupações nacionalistas.

85. Este foi um acrônimo desenvolvido na década de 1980, a partir das guerras culturais/guerras canônicas, que foi uma disputa sobre o que deveria constituir o "cânone" nas humanidades nas universidades dos Estados Unidos. Para algumas das questões relevantes, consultar H. L. Gates Jr., *Loose Canons: Notes on the Culture Wars.*

86. Aqui aludo à tradição dos pais fundadores, que constituíam as principais preocupações de cada disciplina antes que as pessoas africanas, membras de um grupo dominado, pudessem participar. Nos estudos sobre mulheres, a mesma tradição é mantida com as mães fundadoras.

87. Robert Bates, V. Y. Mudimbe e Jean O'Barr (eds.), *Africa and the Disciplines.* Chicago: University of Chicago Press, 1993.

88. Aludo aqui à "Vênus Hotentote", a mulher africana que foi exibida na Europa no século XIX, sendo suas nádegas a curiosidade. Consultar S. Gilman, "Black Bodies, White Bodies". Gilman observa que as linhas de descoberta, desde os segredos possuídos pela "Vênus Hotentote" até a psicanálise do século XX, são razoavelmente retas (p. 257).

89. Dado o papel da antropologia como a serva da colonização, é surpreendente que esta questão não tenha sido analisada pelos editores do volume.

90. K. A. Appiah, "Out of Africa: Topologies of Nativism".

91. Agradeço especialmente aqui a Nkiru Nzegwu, por sua contribuição em nossas muitas discussões sobre a questão da subversão do princípio matrilinear como um apagamento das normas culturais akan.

92. Esta seção, em particular, beneficiou-se das muitas discussões que tive com Nkiru Nzegwu.

93. K. A. Appiah, op. cit.

94. A noção de tripla herança da África, de Ali A. Mazrui, parece sofrer do mesmo tipo de diminuição da África. Consultar A. A. Mazrui, *The Africans: A Triple Heritage.*

95. Consultar U. Beier, *Yoruba Myths*; W. Abimbola, "Ifa as a Body of Knowledge and as an Academic Discipline".

96. V. Y. Mudimbe, Parables and Fables: Exegesis, Textuality, and Politics in Central Africa, p. 24.

97. Ibid., p. 125.

98. Ibid.

99. V. Y. Mudimbe, *The Invention of Africa: Gnosis, Philosophy, and the Order of Knowledge*, p. 200.

100. Os estudos iorubás englobam o trabalho sobre os povos iorubás na África Ocidental e na diáspora iorubá, incluindo o Brasil e Cuba. Além do inglês, incorpora vários idiomas europeus, incluindo francês, português e espanhol. Os estudos em inglês predominam: isto é, a maioria de quem pesquisa faz seu trabalho principal em inglês. Estou mais ocupada com o discurso iorubá em inglês. Para definição e questões nos estudos iorubás, consultar A. I. Asiwaju, "Dynamics of Yoruba Studies". *Studies in Yoruba History and Culture.*

101. A. Apter, *Black Critics and Kings: The Hermeneutics of Power in Yoruba Society.*

102. Um apontamento similar é feito em O. Owomoyela, *Visions and Revisions: Essays on African Literatures and Criticism.*

103. P. J. Hountondji, op. cit.

104. M. Bloch, *The Historian's Craft*, p. 68-69.

105. A. Hampâté Bâ, op. cit., p. 8, destaques meus.

106. E. B. Idowu, op. cit., p. 27.

107. Ibid.

108. A. Obayemi, "The Phenomenon of Oduduwa in Ife History", p. 66, destaques meus.

CAPÍTULO 2

1. S. Tcherkézoff, "The Illusion of Dualism in Samoa", p. 55.

2. G. Rubin, op. cit.

3. J. Lorber, op. cit.

4. Velha Oyó refere-se ao Oyó-Ilê ("lar" Oyó), o espaço original que foi estabelecido. Há muitos outros espaços Oyós que foram ocupados em diferentes períodos históricos antes do estabelecimento da Nova Oyó, em 1837. A distinção que desejo traçar, no entanto, é entre a Nova Oyó, que foi estabelecida no século XIX, e todo o Oyó anterior. Oyó estava em muitos lugares, espacialmente falando, mas minha alusão é a uma cultura e suas continuidades, apesar de muito movimento. Este capítulo, então, diz respeito ao período anterior às monumentais mudanças do século XIX. De acordo com Robert Smith, "Os Oyós dos alafin são três: Oyó-ile, Oyó-oro e, por último, Nova Oyó. Embora somente estes três tenham o nome de 'Oyó', a tradição conta que, desde sua dispersão desde Ile-Ifé..., o povo de Oyó se estabeleceu em dezesseis lugares diferentes" (R. S. Smith, "Alafin in Exile: A Study of the Igboho Period in Oyo History"). Sobre a história e organização social de Oyó, consultar: S. Johnson, op. cit.; S. O. Babayemi, "The Rise and Fall of Oyo c. 1760-1905: A Study in the Traditional Culture of an African Polity"; J. A. Atanda, *The New Oyo Empire: Indirect Rule and Change in Western Nigeria, 1894-1934*; Robert S. Smith, *Kingdoms of the Yoruba*; R. Law, *The Oyo Empire c. 1600-c. 1836*; Toyin Falola (ed.), *Yoruba Historiography*; P. Morton-Williams, "An Outline of the Cosmology and Cult Organization of the Oyo Yoruba". "Cosmopercepção", por sua vez, é um termo mais holístico que "cosmovisão", porque enfatiza a totalidade e a percepção dos modos de ser.

5. S. de Beauvoir, *The Second Sex.*

6. M. Frye, *The Politics of Reality*, p. 165.

7. O. Owomoyela, op. cit., p. 81, propõe uma leitura de gênero desse ditado. Mas, na minha opinião, ele está apenas impondo o pensamento de gênero ocidental aos povos iorubás.

8. Consultar, por exemplo, T. Laqueur, op cit; e J. Butler, *Gender Trouble: Feminism and the Subversion of Identity*.

9. N. Chodorow, *Femininities, Masculinities, Sexualities: Freud and Beyond*.

10. Para uma discussão sobre o dimorfismo sexual e a necessidade de integrar construtos biológicos e sociais, consultar A. Rossi, "Gender and Parenthood", p. 1-19.

11. O título de um livro recente é especialmente apropriado nesse sentido; consultar E. Grosz, op. cit.

12. D. Fuss, *Essentially Speaking: Feminism and the Nature of Difference*, p. xi.

13. S. J. Kessler, W. McKenna, op. cit.

14. Consultar, por exemplo, a discussão de Judith Butler sobre o sexo como ficção em *Gender Trouble*.

15. S. Johnson, op. cit., p. 65.

16. Comunicação pessoal com o Dr. Jakob K. Olupona, historiador da religião iorubá.

17. Johnson alega que durante o festival Egúngún, há uma vigília noturna nos túmulos dos ancestrais; chama-se *ikúnlẹ* porque toda a noite é passada com as pessoas ajoelhadas e rezando (S. Jonhson, op. cit., p. 31).

18. Ibid., p. 65, destaques meus.

19. Ibid., p. 31.

20. Ifá é um dos sistemas de conhecimento mais importantes na Iorubalândia, produzindo um vasto depósito de informações sobre a sociedade nos versos de divinação. Ifá é o orixá (divindade) da divinação.

21. W. Abimbola, *Ifa: An Exposition of Ifa Literary Corpus*, p. 131-132. É somente na tradução inglesa que o anassexo dos três amigos se torna aparente ou construído.

22. R. Abiodun, "Verbal and Visual Metaphors: Mythical Allusions in Yoruba Ritualistic Art of Ori", p. 257, destaques meus.

23. J. Lorber, op. cit., p. 1.

24. N. W. Thiong'o, *Decolonising the Mind: The Politics of Language in African Literature*.

25. I. Amadiume, op. cit., traz um ponto similar sobre a especificidade não generificada dos pronomes igbôs (p. 89).

26. S. Johnson, op. cit., p. xxxvii.

27. N. A. Fadipe, op. cit., p. 129.

28. C. West, D. Zimmerman, "Doing Gender".

29. W. Bascom, *The Yoruba of Southwestern Nigeria*, p. 54.

30. J. S. Eades, *The Yoruba Today*, p. 53.

31. K. Ferguson, op. cit., p. 128.

32. H. Clapperton, *Journal of 2nd Expedition into the Interior of Africa*, p. 1-59.

33. T. J. Bowen, *Central Africa*, p. 218.

34. Para uma discussão sobre o urbanismo iorubá, consultar: E. Krapf-Askari, *Yoruba Towns and Cities: An Inquiry into the Nature of Urban Social Phenomena*; e A. Mabogunje, *Urbanization in Nigeria*.

35. Por exemplo, P. C. Lloyd, "The Yoruba Lineage".

36. Hoje, elas são chamadas de *iyàwó ilé*. O termo *iyàwó* parece ter suplantado *aya*. Em uso passado, *iyàwó* significava especificamente "noiva", mas agora foi estendido para significar "esposa".

37. Comparar com K. Sacks, *Sisters and Wives: The Past and Future of Sexual Equality*.

38. Tomei emprestada a expressão "prioridade por reivindicação" do estudo de Niara Sudarkasa sobre *awẹ*, uma comunidade iorubá. Meu uso difere, no entanto, já que não concordo que o gênero faça parte de sua composição. Consultar N. Sudarkasa, "In a World of Women: Fieldwork in a Yoruba Community".

39. Consultar M. Rosaldo, L. Lamphere (eds.), *Women, Culture, and Society*, p. 19-20.

40. S. T. Barnes, "Women, Property, and Power".

41. J. K. Olupona, *African Traditional Religions in Contemporary Society*.

42. S. O. Babayemi, "The Role of Women in Politics and Religion in Oyo".

43. J. K. Olupona, op. cit., p. 30.

44. S. Johnson, op. cit., p. 86.

45. N. A. Fadipe, op. cit., p. 126.

46. B. Awe, *Nigerian Women in Historical Perspective*, p. 58, 65.

47. N. Sudarkasa, *Where Women Work: A Study of Yoruba Women in the Market Place and at Home*, p. 100.

48. S. O. Babayemi, op. cit., p. 7.

49. "Agnático" e "cognático" são caracterizações de sistemas de parentesco nos quais se descende sanguineamente de linhagens masculinas ou femininas, respectivamente (N. T.).

50. J. S. Eades, op. cit.

51. Ibid.

52. F. Ekejiuba, *Contemporary Households and Major Socioeconomic Transitions in Eastern Nigeria*.

53. Consultar N. A. Fadipe, op. cit., para uma descrição abrangente do processo.

54. Retirado de D. Faniyi, "Ekun Iyawo: A Traditional Yoruba Nuptial Chant", apud W. Abimbola, op. cit., p. 685.

55. W. Abimbola, op. cit., p. 73.

56. Ibid.

57. N. A. Fadipe, op .cit., p. 74.

58. Ibid.

59. Comparar com R. Hallgren, *The Good Things in Life: A Study of the Traditional Religious Culture of the Yoruba People*.

60. I. O. Oruboloye, *Abstinence as a Method of Birth Control.*; A. Adepoju, "Rationality and Fertility in the Traditional Yoruba Society, South-West Nigeria".

61. M. Ogundipe-Leslie, op. cit., p. 69-75.

62. As roupas eram guardadas em caixas, com as mais valiosas colocadas na parte inferior. *Sanya* e *alari* são dois exemplos.

63. Uso o termo mais comum "poligamia" em vez do termo técnico "poliginia".

64. H. Clapperton, op. cit.

65. N. Sudarkasa, op. cit., p. 123.

66. W. Abimbola, op. cit., p. 139.

67. B. W. Hodder, *Markets in West Africa: Studies in Markets and Trade among the Yoruba and Ibo*, p. 103.

68. C. Lévi-Strauss, *Elementary Structures of Kinship*.

69. G. Rubin, op. cit.

70. E. Schmidt, *Peasants, Traders, and Wives: Shona Women in the History of Zimbabwe, 1870-1939*, p. 17.

71. Consultar J. U. Ogbu, "African Bride Wealth and Women's Status".

72. E. Shorter, *A History of Women's Bodies*, p. 4, destaques meus.

73. Ibid., p. xii.

74. Consultar, por exemplo, a introdução ao livro de J. Guyer, *Family and Farm in Southern Cameroon*.

75. Bernard T. Adeney, "Polygamy: How Many Wives in the Kingdom of God?".

76. A. Irele, op. cit.

77. Essa é uma referência a quem, a partir de teorias deterministas biológicas, ainda que sociobiológicas, nos faz acreditar que os machos são governados por hormônios.

78. Desde o período colonial, houve uma mudança no estabelecimento dos direitos de paternidade. Tradicionalmente, a paternidade era estabelecida por ser casado com a mãe da criança, independentemente de quem fosse o pai biológico. Hoje, a biologia é fomentada. Consultar P. Lloyd, "Divorce among the Yoruba".

79. R. Smith, op. cit.

80. N. Sudarkasa, op. cit., p. 25; P. Lloyd, "Craft Organization in Yoruba Towns".

81. B. Belasco, *The Entrepreneur as Cultural Hero: Preadaptations in Nigerian Economic Development*, p. 60.

82. J. Guyer, "Food, Cocoa, and the Division of Labour by Sex in Two West African Societies", p. 362.

83. N. Sudarkasa, op. cit., p. 25.

84. Consultar, por exemplo, F. Afolayan, "Women and Warfare in Yorubaland during the Nineteenth Century"; e T. M. Ilesanmi, "The Yoruba Worldview on Women and Warfare".

85. R. Smith, op. cit., p. 68.

86. Idem.

87. J. F. Ade Ajayi; R. Smith, *Yoruba Warfare in the Nineteenth Century*.

88. G. J. A. Ojo, *Yoruba Culture: A Geographical Analysis*.

89. T. Falola, "Gender, Business, and Space Control: Yoruba Market Women and Power".

90. G. J. A. Ojo, op. cit.

91. B. W. Hodder, op. cit., p. 103.

92. R. S. Smith, op. cit., p. 70.

93. N. Sudarkasa, op. cit., p. 26.

94. C. A. Diop, *Precolonial Black Africa*, p. 8.

95. Entrevista realizada em Ògbómòsó em 7 de maio de 1996. Todas as citações são das transcrições da gravação.

96. Há muito o que dizer sobre o conflito cultural contemporâneo entre as instituições autóctones e as recém-adquiridas atribuições ocidentais e islâmicas, mas este não é o lugar adequado.

97. K. Barber, *I Could Speak until Tomorrow: Oriki, Women, and the Past in a Yoruba Town*, p. 289.

98. Idem.

99. Parece haver uma disjunção linguística em chamar de *babalaô* a esta *obìnrin*, já que o prefixo *bàbá* é normalmente ligado a um adivinho macho adulto – *bàbá* sendo pai. Uma adivinha fêmea provavelmente teria *ìyá* (mãe) como prefixo, como em *iyanifa* ou *iyalawo*. Não sei se a disjunção é de Barber ou de seus informantes.

100. K. Barber, op. cit., p. 289.

101. Em um artigo sobre os Suku do Zaire, Igor Kopytoff discute por que as posições de liderança das mulheres parecem ser mais prevalentes em algumas culturas não ocidentais do que no Ocidente. Ele alude a Benazir Bhutto como um exemplo disso. A partir da abordagem iorubá, Bhutto não é uma exceção – ela está apenas realizando o comércio da família. Consultar I. Kopytoff, "Women's Roles and Existential Identities".

102. F. J. Pedler, *Economic Geography of West Africa*, p. 139.

103. B. W. Hodder, op. cit., p. 103.

104. Consultar J. Kopytoff, *A Preface to Modern Nigeria: Sierra Leonians in Yoruba 1830-1890*, p. 21, para uma discussão sobre a composição étnica das pessoas capturadas.

105. N. Sudarkasa, op. cit., p. 26.

106. S. Johnson, op. cit., p. 91.

107. H. Clapperton, op. cit., p. 6.

108. Consultar, por exemplo, J. Brown, "A Note on the Division of Labor by Sex", p. 1073.

109. N. Sudarkasa, op. cit., p. 156.

110. Idem.

111. F. Edholm, O. Harris, K. Young, "Conceptualizing Women", p. 119.

112. Ibid., p. 123.

113. N. Sudarkasa, op. cit., p. 34.

114. R. W. Connell, *Gender and Power*, p. 54.

115. Idem.

116. J. Guyer, op. cit., p. 363.

117. S. Errington, op. cit., p. 40.

118. Consultar essa discussão em S. Gould, op. cit.

119. F. Sulloway, *Born to Rebel: Birth Order, Family Dynamics, and Creative Lives*.

120. F. Edholm, O. Harris, K. Young, op. cit., p. 127.

CAPÍTULO 3

1. Um dos primeiros compromissos acadêmicos com a tradição oral africana como história é de S. Biobaku, em "The Problem of Traditional History with Special Reference to Yoruba Traditions", p. 1.

2. A. I. Asiwaju, "Political Motivation and Oral Historical Traditions in Africa: The Case of Yoruba Crowns".

3. Ibid., p. 116.

4. Consultar Eric Hobsbawn, Terence Ranger (eds.), *The Invention of Tradition*.

5. J. D. Y. Peel, "Making History: The Past in the Ijesha Present".

6. Ibid., p. 113.

7. A. Appadurai, "The Past as a Scarce Resource".

8. Para uma discussão sobre a complexidade da noção de "tradição inventada", consultar G. Kwame, *An Essay on African Philosophical Thought*, p. xxiii-xxxii.

9. O. Yai, "In Praise of Metonymy: The Concepts of Tradition and Creativity in the Transmission of Yoruba Artistry over Space and Time".

10. B. Awe, op. cit., p. 7.

11. Essa é minha própria caracterização dos universalismos desenfreados do feminismo ocidental.

12. B. Awe, "Writing Women into History: The Nigerian Experience".

13. J. D. Y Peel, op. cit., p. 114-115, discute a importância de reconhecer características conjunturais históricas em qualquer análise do passado.

14. Para aspectos de sua biografia, consultar J. F. Ade Ajayi, "Samuel Johnson: Historian of the Yoruba" e Phillip Zachernuk, "Samuel Johnson and the Victorian Image of the Yoruba", ambos em T. Falola (ed.), p. 33-46.

15. N. A. Fadipe, op. cit., p. 63.

16. Os Sàrós, também chamados de Akus e recapturados, eram escravos libertados que haviam se estabelecido na colônia britânica de Serra Leoa. Muitos originários da Iorubalândia, foram vendidos durante o comércio escravagista no Atlântico e depois foram libertados pela esquadra britânica na costa da África Ocidental durante a fase abolicionista da expansão britânica. Em 1843, depois de ocidentalizados e cristianizados, começaram a emigrar de volta para a Iorubalândia e deveriam desempenhar um papel decisivo na penetração dos valores e bens ocidentais entre os povos iorubás. Em meados do século XIX, eles se tornaram um grupo de elite em Lagos e Abeokutá. Eles representaram o fator interno que facilitou a colonização da Iorubalândia. Eles também trouxeram alfabetização e educação ocidental para a Nigéria. O bispo Ajayi Crowther – o primeiro bispo anglicano africano na África – foi um deles, e ele ajudou a sistematizar a escrita iorubá. De fato, o papel variado, individual e coletivo, dos Sàrós na história da Nigéria moderna não pode ser subestimado. Consultar J. Kopytoff, op. cit.

17. R. Law, "How Truly Traditional Is Our Traditional History? The Case of Samuel Johnson and the Recording of Yoruba Oral Tradition", p. 197.

18. Para uma discussão sobre reação em outras tradições orais africanas, consultar D. Henige, "The Problem of Feed Back in Oral Tradition: Four Examples from the Fante Coastlands". Para uma discussão sobre as reações a Johnson na história iorubá consultar B. A. Agiri, "Early Oyo History Reconsidered".

19. B. A. Agiri, op. cit., p. 1.

20. Idem.

21. R. Law, op. cit., p. 207-211.

22. Ibid., p. 209-210.

23. S. Johnson, op. cit., p. 176.

24. Ibid., p. xxxvii.

25. R. S. Smith, op. cit.

26. S. Johnson, op. cit., p. vii, destaques meus.

27. R. Law, op. cit., p. 198.

28. Curiosamente, ele não menciona as *akunyungba* fêmeas (bardas reais) ou as *ayaba* (consortes reais) como uma de suas fontes.

29. Consultar R. Law, op. cit., para acompanhar algumas destas disjunções.

30. Ibid. p. 213.

31. Quero agradecer a Olufemi Taiwo pela generosa contribuição de suas ideias sobre essa questão.

32. Não há referências conhecidas de registros escritos de Oyó antes dos séculos XVII ou início do XVIII. Invariavelmente, os primeiros relatos de testemunhas oculares são de europeus.

33. R. Law, op. cit., p. 213.

34. J. A. Atanda, op. cit.

35. R. Law, op. cit.

36. B. A. Agiri, op. cit., p. 5.

37. S. Johnson, op. cit., p. 41.

38. B. A. Agiri, op. cit., p. 5.

39. R. S. Smith, op. cit., p. 64.

40. S. Johnson, op. cit., p. 47.

41. Ibid., p. 41.

42. Idem.

43. J. A. Atanda, op. cit., p. 210, tradução minha.

44. S. Johnson, op. cit., p. 155.

45. B. A. Agiri, op. cit., p. 9. Ele argumenta que Xangô pode não ter sido um indivíduo e que mitos sobre ele se desenvolveram para explicar o período de controle de Nupê sobre Oyó.

46. S. Johnson, op. cit., p. 47.

47. Há outro significado: a prole da realeza é sexualmente livre – indomesticável.

48. S. Johnson, op. cit., p. 86.

49. Ibid., p. xx.

50. Ibid., p. 173, destaques meus.

51. Idem.

52. Ibid., p. 156.

53. Ibid., p. 155. De fato, há na literatura certa confusão geral sobre a identidade de linhagem (são esposas ou filhas?) das dirigentes na hierarquia política. A confusão é agravada pelo fato de, em inglês, serem chamadas de "rainhas" ou "damas do palácio" (R. S. Smith, *Kingdoms of the Yoruba*).

54. S. Johnson, op. cit., p. 63-67. Consultar também S. O. Babayemi, op. cit.

55. R. S. Smith, op. cit., p. 68, destaques meus.

56. O significado do termo *baálè* necessita de mais análises, pois está associado a *bábà* (pai).

57. Transcrições de entrevistas gravadas realizadas em Ògbómòsó nos dias 3 e 26 de março de 1996. Também tenho um panfleto autobiográfico que me foi entregue pela própria *baálè* Oloye Mary Igbayilola Àlàrí (*Baálè* Máyà, Ayetoro): *Iwe Itan Kukuru Nipa Ilu Máyà*.

58. R. Law, op. cit., p. 210.

59. R. S. Smith, op. cit., p. 75, n. 52.

60. J. D. Y. Peel, "Kings, Titles, and Quarters: A Conjectural History of Ilesha I: The Traditions Reviewed in History".

61. A mulher a quem Asiwaju e Oyěwùmí se referem é Olga Francisca Regis (1925-2005), Ialorixá do terreiro Ilê Axé Maroiá Laji (na literatura, encontramos outras escritas do nome do terreiro). Ela fora muitíssimo conhecida como *Mãe Olga do Alaketu*, uma das mais importantes mães-de-santo brasileiras. Sobre sua pertença à casa real de Ketu, consultar REGIS, O. F. Nação-Queto. In: *Encontro de Nações de Candomblé*. Salvador: Ianamá/CEAO-UFBA, 1981; CASTILLO, L. E. O Terreiro do Alaketu e seus fundadores: história e genealogia familiar, 1807-1867. *Afro-Ásia*, v. 43, p. 213-259, 2011 (N.T.).

62. A. I. Asiwaju, op. cit., p. 124. Deve-se lembrar que, segundo Johnson, Ketu era um dos reinos originais fundados pelos filhos de Oduduá. No caso de Ketu, no entanto, diz-se que, porque essa cria de Oduduá era fêmea, o ato de fundar passou para o filho dela.

63. A. I. Asiwaju, op. cit., p. 113, 120.

64. J. D. Y. Peel, op. cit., p. 129, 149, n. 70.

65. J. D. Y. Peel, "Making History: The Past in the Ijesha Present", p. 113.

66. S. Johnson, op. cit., p. 65.

67. A. Temu, B. Swai, op. cit.

68. P. F. de Moraes Farias, "History and Consolation: Royal Yoruba Bards Comment on Their Craft".

69. Ibid., p. 274-275.

70. Ibid., p. 275.

71. Idem.

72. Ibid., p. 277.

73. Na Bíblia iorubá, a mesma expressão é usada para indicar que Jesus é o único filho de Deus. As implicações do termo iorubá não específico de gênero, *ọmọ*, para se referir a Jesus não foram estudadas.

74. B. Awe, "Praise Poetry as Historical Data: The Example of Yoruba Oriki", p. 332.

75. Ibid., p. 348.

76. Ibid.

77. K. Barber, "Documenting Social and Ideological Change through Yoruba Personal Oriki: A Stylistic Analysis".

78. A. Babalola, *Awon Oriki Borokinni.*

79. S. O. Babayemi, *Content Analysis of Oriki Orile*, p. 168-169.

80. B. Awe, op. cit., p. 340-346.

81. K. Barber, *I Could Speak until Tomorrow: Oriki, Women, and the Past in a Yoruba Town*, p. 198.

82. Ibid., p. 34.

83. Ibid., p. 259.

84. A. Babalola, op. cit., p. 7-9.

85. Ibid.

86. Oloye Mary Igbayilola Álàrí (*Baál ẹ* Máyà, Ayetoro), *Iwe Itan Kukuru Nipa Ilu Máyà.*

87. K. Barber, op. cit., p. 30.

88. Ibid., p. 32.

89. B. Awe, "The Iyalode in the Traditional Yoruba Political System".

90. S. Johnson, op. cit., p. 66.

91. Ọba Oyěwùmí é meu pai. Tive diversas conversas sobre todas essas questões com ele.

92. Para a ascensão e influência de Ibadan, consultar B. Awe, *The Rise of Ìbàdàn as a Yoruba Power.*

93. Entrevista conduzida em sua residência, em Ògbómọ̀ṣọ́, em 7 de julho de 1996.

94. B. Awe, op. cit., p. 157.

95. Ibid., p. 147-148.

96. Ibid., p. 153.

97. O. Yemitan, *Madame Tinubu: Merchant and King-Maker*, p. 47-48.

98. Ibid., p. 152.

99. Consultar, por exemplo, a discussão de J. A. Atanda na op. cit.

100. B. Awe, op. cit., p. 151.

101. Estas medidas indicam algo como um intervalo de pouco menos de quatorze centímetros a pouco mais de um metro (N. T.).

102. M. T. Drewal, H. J. Drewal, "Composing Time and Space in Yoruba Art", p. 225.

103. 50 libras equivalem a cerca de 22 quilos (N. T.).

104. P. Stevens, *Stone Images of Esie, Nigeria.*

105. Ibid., p. 22.

106. Ibid., p. 65.

107. Idem.

108. J. Berger, *Ways of Seeing*.

109. C. O. Adepegba, *Yoruba Metal Sculpture*, p. 31.

110. P. Stevens, op. cit., p. 65.

111. J. Pemberton, "The Oyo Empire", p. 78.

112. Ibid., p. 82.

113. S. Johnson, op. cit., p. 65.

114. J. Pemberton, op. cit., p. 162.

115. Ibid.

116. S. O. Babayemi, "The Role of Women in Politics and Religion in Oyo".

117. J. Matory, "Sex and the Empire That Is No More: A Ritual History of Women's Power among the Oyo-Yoruba", p. 6.

118. Ibid., p. 538.

119. Entrevista realizada em sua residência em Ògbómòsó em 16 de março de 1996. As transcrições da entrevista gravada estão disponíveis.

120. Consultar R. Abiodun, op. cit., p. 257, e a discussão no capítulo 2 deste livro.

121. B. A. Agiri, T. Ogboni, "Among the Oyo-Yoruba", p. 53.

122. P. Morton-Williams, op. cit.

123. J. A. Atanda, "The Yoruba Ogboni Cult: Did It Exist in Old Oyo?", p. 371.

CAPÍTULO 4

1. Este é um mundo bifurcado – um mundo dividido em dois. Abdul Jan Mohammed elabora a ideia do maniqueísmo no mundo colonial como "um campo de oposições diversas, porém intercambiáveis, entre branco e preto, bem e mal, superioridade e inferioridade, civilização e barbárie, inteligência e emoção, racionalidade e sensualidade, o eu e o outro, sujeito e objeto" (A. J. Mohammed, "The Economy of Manichean Allegory: The Function of Racial Difference in Colonialist Literature", p. 82).

2. F. Fanon, *The Wretched of the Earth*; A. Memmi, *The Colonizer and the Colonized*.

3. A. Nandy, *The Intimate Enemy: Loss and Recovery of Self under Colonialism*, p. 5. A dominação é geralmente expressa em termos sexuais; consequentemente, a colonização é vista como um processo de tirar a masculinidade dos colonizados, e a libertação nacional vista como um passo em direção à sua restauração.

4. F. Fanon, op. cit., p. 63.

5. Ibid., p. 39, destaques meus.

6. A. Nandy, op. cit., p. x, destaques meus.

7. S. Urdang, *Fighting Two Colonialisms: Women in Guinea-Bissau*. E. Schmidt, op. cit., afirma que as mulheres shona do Zimbábue foram submetidas a dois patriarcados – autóctone e europeu.

8. Apud N. Mba, *Nigerian Women Mobilized: Women's Political Activity in Southern Nigeria, 1900-1965*, p. 65.

9. É enganoso supor que a relação entre homens e mulheres africanos não foi afetada pela colonização. Afinal, de acordo com Memmi, "eu descobri que poucos aspectos da minha vida e personalidade não foram tocados pelo fenômeno da colonização. Não apenas meus próprios pensamentos, minhas paixões e minha conduta, mas a conduta de outras pessoas em relação a mim foi afetada" (A. Memmi, op. cit, p. viii).

10. E. Spelman, op. cit., p. 123.

11. B. Freund, *The Making of Contemporary Africa*, p. 111.

12. H. Callaway, *Gender, Culture, Empire: European Women in Colonial Nigeria*, p. 4.

13. Ibid., p. 5-6.

14. Callaway parece insensível ao fato de que não havia distinções de gênero entre os africanos, apesar de parte de sua motivação para a escrita ser restaurar uma análise generificada da colonização.

15. Apud Callaway, op. cit., p. 5.

16. S. Johnson, op. cit., p. 656.

17. M. Crowder, O. Ikime, *West African Chiefs*, p. xv.

18. M. Chanock, "Making Customary Law: Men, Women and the Courts in Colonial Rhodesia", p. 59, destaque meu.

19. F. de Coulanges, *The Ancient City: A Study on the Religion, Laws and Institutions of Greece and Rome*, p. 293-294, destaques meus.

20. E. Shorter, *The Making of the Modern Family*, p. 50, destaques meus.

21. Ibid., p. 51.

22. Idem.

23. J. Guyer, *Family and Farm in Southern Cameroon*, p. 5.

24. A. Nandy, op. cit.

25. N. Mba, *Nigerian Women Mobilized: Women's Political Activity in Southern Nigeria, 1900-1965*, p. 54.

26. J. F. A. Ajayi, *Christian Missions in Nigeria, 1841-1891*, p. 15.

27. T. J. Bowen, op. cit., p. 321-322.

28. Sobre os Sàrós, consultar o capítulo 3, nota 16, acima.

29. A. Fajana, *Education in Nigeria, 1942-1939: An Historical Analysis*, p. 25.

30. J. F. A. Ajayi, op. cit.

31. Ibid., p. 139.

32. A. Fajana, op. cit., p. 29.

33. Ibid., p. 37.

34. Apud Ibid., p. 30.

35. A. Hinderer, *Seventeen Years in the Yoruba Country: Memorials of Anna Hinderer*, p. 69-70.

36. Chamo de "quatro Rs" (Religião, Aritmética [*Rithmetic*], Ritualística e Religião) para mostrar o quão completamente fora permeado por instruções religiosas.

37. A. Hinderer, op. cit.

38. Ibid., p. 206-207.

39. Ibid., p. 108.

40. As informações a seguir foram extraídas de Kemi Morgan, *Akinyele's Outline History of Ìbàdàn*.

41. Ibid.

42. T. Ogunkoya, *St. Andrews College, Oyo: History of the Premier Institution in Nigeria*, p. 25.

43. Extrapolado de N. Mba, op. cit., p. 61.

44. Para uma elaboração mais recente dessa linha de pensamento, consultar L. Denzer, "Yoruba Women: A Historiographical Study", p. 19.

45. T. Ogunkoya, op. cit., p. 25.

46. Esta é uma declaração curiosa, considerando o grande tamanho das famílias iorubás. Pode ser uma indicação de que a mãe da garota fora escravizada e, portanto, não tinha parentes maternos.

47. A. Hinderer, op. cit., p. 69.

48. Ibid., p. 151-152.

49. A. Fajana, op. cit., p. 25.

50. *Iwofa* em iorubá. Esse é um sistema de trabalho em servidão no qual um indivíduo promete seus serviços ou os serviços de pessoas que lhe são tuteladas aos credores até que um empréstimo seja pago. Os "penhores" eram frequentemente crianças. Para discussões sobre a instituição, consultar S. Johnson, op. cit.; e N. A. Fadipe, op. cit.

51. J. F. A. Ajayi, op. cit., p. 135.

52. N. Mba, op. cit., p. 62.

53. K. Mann, *Marrying Well: Marriage, Status, and Social Change among the Educated Elite in Colonial Lagos.*

54. Ibid., p. 77-91.

55. Idem.

56. N. Mba, op. cit., p. 62-64.

57. Apud ibid., p. 63.

58. Ibid., p. 64.

59. Ibid., p. 63.

60. T. Solarin, *To Mother with Love: An Experiment in Auto-biography*, p. 223.

61. Ibid., p. 226.

62. Consultar L. Schiebinger, op. cit., p. 10-11.

63. J. F. A. Ajayi, op. cit., p. 106.

64. Apud ibid., p. 107.

65. Ibid., p. 107.

66. Ibid., p. 106.

67. J. B. Webster, *The African Churches among the Yoruba, 1882-1922.*

68. Consultar J. D. Y. Peel, *Aladura: A Religious Movement among the Yoruba*, p. 71.

69. Ibid., p. 183.

70. Ibid., p. 83.

71. Ibid., p. 108, destaques meus.

72. Ibid., p. 270.

73. Ibid., p. 108.

74. E. A. Ayandele, *The Missionary Impact on Modern Nigeria 1842-1914: A Political and Social Analysis.*

75. J. B. Webster, op. cit.

76. E. B. Idowu, op. cit., p. 38.

77. J. O. Awolalu, P. A. Dopamu, *West African Traditional Religion*, p. 52.

78. C. Christ, "Why Women Need the Goddess: Phenomenological, Psychological, and Political Reflections", p. 275.

79. A. Hinderer, op. cit., p. 60.

80. N. A. Fadipe, op. cit., p. 169.

81. S. Johnson, op. cit., p. 96.

82. M. Lovett, "Gender Relations, Class Formation, and the Colonial State in Africa", p. 25.

83. G. B. A. Coker, *Family Property among the Yoruba*, p. 48.

84. P. C. Lloyd, *Yoruba Land Law*, p. 80.

85. G. B. A. Coker, op. cit.

86. Ibid., p. 189-190, destaques meus.

87. K. Mann, op. cit., p. 19-20.

88. T. O. Elias, *Nigerian Land Law and Custom*, p. 186.

89. S. Berry, *Cocoa, Custom and Socio-economic Change in Rural Western Nigeria*, p. 46-49.

90. S. Afonja, "Land Control: A Critical Factor in Yoruba Gender Stratification".

91. Apud ibid.

92. G. Kitching, *Class and Economic Change in Kenya: The Making of an African Petit Bourgeoisie*, p. 285.

93. N. A. Fadipe, op. cit., p. 171.

94. S. Afonja, "Changing Modes of Production and the Sexual Division of Labor among the Yoruba", p. 131.

95. O. Adewoye, "Law and Social Change in Nigeria", p. 150.

96. T. M. Aluko, *One Man, One Wife*, p. 40.

97. Apud N. Mba, op. cit., p. 40.

98. M. Chanock, op. cit., p. 60.

99. N. Mba, op. cit., p. 56, destaques meus.

100. O. Adewoye, op. cit., p. 156.

101. G. B. A. Coker, op. cit., p. 113.

102. Ibid., p. 162.

103. Ibid., p. 159, destaques meus.

104. W. Oyemakinde, "Railway Construction and Operation in Nigeria 1895-1911", p. 305.

105. Ibid., p. 305.

106. W. Rodney, *How Europe Underdeveloped Africa*, p. 227.

107. W. Oyemakinde, op. cit., p. 312.

108. D. Aronson, *The City Is our Farm: Seven Migrant Yoruba Families*, p. 128-129.

109. F. Ighodalo, "Barriers to the Participation of Nigerian Women in the Modern Labor Force", p. 363.

110. Ibid., p. 356.

111. T. M. Aluko, op. cit., p. 42.

112. A. Memmi, op. cit.

113. F. Fanon, op. cit., p. 41.

114. H. Callaway, op. cit., p. 55.

115. P. Ekeh, "Colonialism and the Two Publics: A Theoretical Statement".

116. Ibid., p. 92.

117. R. S. Rattray, *The Ashanti*, p. 84.

118. D. Riley, op. cit., p. 65.

CAPÍTULO 5

1. O título do capítulo usa o termo "oralitura". Sobre este termo, Micere Mugo escreveu: "Oralitura se refere a composições criativas que manipulam a linguagem para produzir expressão artística verbal. Idealmente, essas composições devem culminar em recitação, dramatização e outras formas de encenação artística. A oralitura africana abraça mitos, lendas, histórias, poemas, epopeias, drama, música e dança etc. Também incorpora história, religião, sociologia, antropologia e educação, para mencionar as

conexões mais óbvias. Estudar a oralitura africana, portanto, é envolver-se na exploração de todo um corpo de ética e estética que define o mundo africano, usando paradigmas autênticos e autóctones para fazê-lo". M. Mugo, "Orature in the Department of African American Studies".

2. D. Cameron, "Why Is Language a Feminist Issue?"; J. Orasanu, M. K. Slater. e L. L. Adler, *Language, Sex and Gender*; B. Thorne, C. Kramarae, N. Henley (eds.). *Language, Gender, and Society*; D. Spender, *Man Made Language*.

3. D. Spender, op. cit.

4. Apud ibid., p. 145-146.

5. Termos gerais de parentesco, em língua inglesa, trazem imensa dificuldade para traduções para o português, sem o viés de gênero e matriz androcêntrica, denunciados por Oyěwùmí. Termos como "*siblings*", "*offspring*" e "*parents*" são usualmente traduzidos, respectivamente, por "*irmãos*", "*filhos*" e "*pais*", apontando uma preponderância ainda maior da centralidade do masculino na língua portuguesa [N. T.].

6. H. L. Gates Jr., *The Signifying Monkey*, p. 30.

7. Ibid.

8. A. Bamgbose, *A Short Yoruba Grammar of Yoruba*, p. 2.

9. A. Bamgbose, *The Novels of D. O. Fagunwa*, p. 61, 63.

10. Ibid., p. 63.

11. Ibid.

12. K. Barber, op. cit., p. 277.

13. B. Awe, "Praise Poems as Historical Data: The Example of Yoruba Oriki".

14. Hoje, *ìyàwó* se tornou sinônimo de *aya* e é a palavra dominante usada para denotar "esposa". No passado, *ìyàwó* denotava "noiva".

15. A. Bamgbose, op. cit., p. 61.

16. Ibid., p. 62.

17. O. George, "The Predicament of D. O. Fagunwa".

18. Idem.

19. Consultar A. Adeeko, "The Language of Head-calling: A Review Essay on Yoruba Metalanguage".

20. Ibid., p. 199.

21. U Beier, *Yoruba Poetry: An Anthology of Traditional Poems*, p. 11.

22. A. Salami, "Vowel and Consonant Harmony and Vowel Restriction in Assimilated English Loan Words in Yoruba".

23. Para uma discussão mais ampliada dos empréstimos iorubá/inglês, consultar O. Ajolore, "Lexical Borrowing in Yoruba".

24. Comparar, por exemplo, com a poesia laudatória da linhagem Oko na qual se faz referência a Ààre Alakẹ, sua fundadora (consultar S. O. Babayemi, *Content Analysis of Oriki Orile*).

25. O. Owomoyela, *A Kì i: Yoruba Proscriptive and Prescriptive Proverbs*, p. ix.

26. O. O. Olatunji, "The Yoruba Oral Poet and His Society", p. 178.

27. Ibid. p. 203.

28. Oludare Olajubu, "Book Review", p. 541.

29. I. Akinwumi, "The African Writer's Tongue", p. 18.

30. O. Yai, "Issues in Oral Poetry: Criticism, Teaching, and Translation", p. 59.

31. D. Tannen, *You Just Don't Understand: Women and Men in Conversation*.

32. J. Sherzer, "A Diversity of Voices: Men's and Women's Speech in Ethnographic Perspective", p. 99.

33. Ibid., p. 98, 99.

34. B. Ajuwon, *Funeral Dirges of Yoruba Hunters*; W. Abimbola, op. cit.; W. Abimbola, *Yoruba Oral Tradition*; Adeboye Babalola, op. cit.; O. Owomoyela, "Tortoise Tales and Yoruba Ethos"; S. O. Bada, *Owe Yoruba Ati Isedale Won*; Ulli Beier, *Yoruba Myths*.

35. J. Sherzer, op. cit., p. 112-113.

36. O. Olajubu, "Composition and Performance Technics in Iwi Egungun", p. 877.

37. K. Barber, op. cit., p. 10.

38. Idem.

39. A. Ogundipe, "Esu Elegbara: The Yoruba God of Chance and Uncertainty: A Study in Yoruba Mythology", p. 21.

40. Ibid., p. 22.

41. Idem.

42. J. D. Y. Peel, op. cit., p. 183.

43. A. Ogundipe, op. cit., p. 81.

44. Ibid., p. 83.

45. Ibid., p. 75.

46. Ibid., p. 97.

47. Ibid., p. 95-96.

48. Ibid., p. 85.

49. Ibid., p. 85, destaques meus.

50. Ibid., p. 91.

51. Idem.

52. Ibid., p. 86.

53. Ibid., p. 15-16.

54. Ibid., p. 91.

55. Ibid., p. 90.

56. M. Black, R. Coward, "Linguistics, Social and Sexual Relations: A Review of Dale Spender's 'Man Made Language'", p. 129.

57. O conhecimento de inglês, na Nigéria, é um sinal de privilégio de classe e mobilidade social.

58. A. Ogundipe, op. cit., p. 164.

59. Ibid., p. 172-173, destaques meus.

60. Ibid., p. 173.

61. K. Barber, op. cit., p. 277.

62. J. Gleason, *Oya: In Praise of an African Goddess*, p. 2.

63. Douglas R. Hofstadter, "A Person Paper on Purity in Language", p. 195.

64. T. Duster, em "Purpose and Bias", ajudou a elucidar minha reflexão sobre este tema.

65. S. E. Charlton, *Women in Third World Development*, p. 23.

66. Apud E. Sciolino, "800 Women Look to the Future of the Decade for Women".

67. A. K. Wong, "Comments on Turner's Feminist View of Copenhagen".

68. L. Nicholson, op. cit., p. 103.

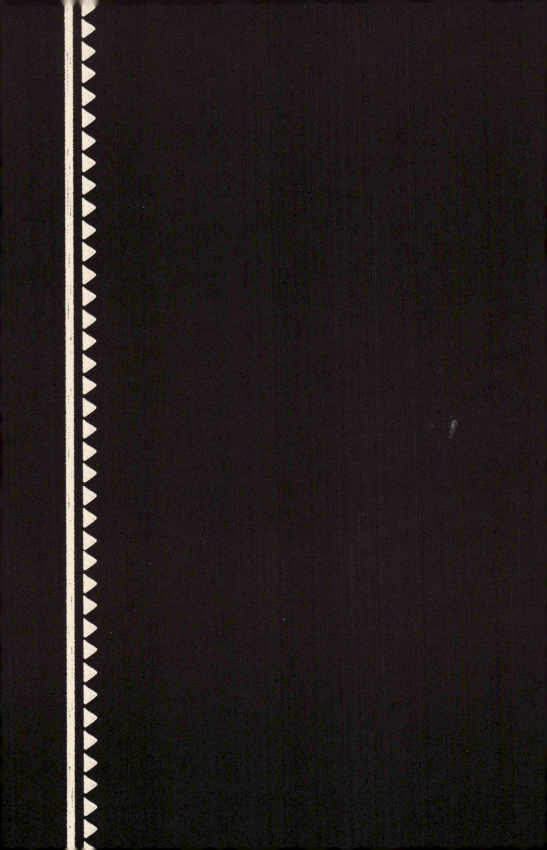

POSFÁCIO

UMA OBRA REFERENCIAL PARA A AFIRMAÇÃO DO PENSAMENTO E DOS MODOS DE EXISTÊNCIAS AFRICANOS

Claudia Miranda

No julgamento de Rivônia (1964), Nelson Mandela inicia seu discurso de defesa com a frase: "A falta de dignidade humana vivida pelos africanos é resultado direto da política de supremacia branca. A supremacia branca supõe a inferioridade negra." Concordamos que é libertador educar as novas gerações no pensamento criativo e nas forças transformadoras, como defendeu o líder do movimento contra o *Apartheid*, mesmo preso, por 27 anos, na ilha de Robben (África do Sul). Como desdobramento de opções políticas insubordinadas, esforços empreendidos em diferentes setores, no campo da pesquisa, marcam o início do século XXI. Refiro-me a uma dinâmica em que as epistemologias disputam espaços em áreas de grande importância, sendo essa uma percepção sobre *outsider within*, como definiu Patricia Hill Collins no texto "Learning from the outsider within: the sociological significance of black feminist thought".[1]

No contato com esse tipo de ativismo, somos convocadas(os) a promover expedições e, para tanto, acendemos linhas historicamente ofuscadas, capazes de nos reconectar com universos que nos levem a compreender muito das demandas por realinhamentos com estéticas e poéticas descolonizadoras, com formas de participar e de disputar, mas que não alcançaríamos sem essas ancoragens. Oyèrónké Oyěwùmí promove um itinerário de pesquisa revigorante, incidindo na reorientação do pensamento descolonizador, sendo esse um reconhecimento indispensável.

Ao apresentar como problemática os discursos ocidentais do gênero, a socióloga nigeriana, de origem iorubá, construiu um esquema explicativo

---

1 O artigo foi publicado pela autora em *Social Problems*, v. 33, n. 6, *Special Theory Issue*, p. 14-32, out.-dez. 1986.

incluindo vetores que se interconectam e favorecem a compreensão das armadilhas elaboradas pelo Ocidente. Nos seus objetivos, ratifica a preocupação com os rumos dos estudos africanos, sobretudo pelas marcas descritas, em detalhes, ao longo da obra aqui presente. A pesquisa produzida como tese de doutoramento, no início. A tese é 1993 e o livro de 1997. Recebeu o devido reconhecimento pela inovação que promove e chega ao Brasil agora em uma versão em português. Não poderia deixar de ressaltar a importância das provocações contidas em um trabalho que revela atalhos para um caminho essencial. No país que concentra o maior número de afrodescendentes, no mundo, o pensamento iorubá tem grande penetração.

Compreender a África na sua pluridiversidade é imprescindível para impulsionarmos a insurgência de redes de colaboração que possam descravar representações inventadas sobre contextos estrategicamente soterrados. O pano de fundo no itinerário proposto tem a ver com o universo africano deliberadamente clandestinizado[2] e ocultado da vida de sociedades africanas e afrodescendentes.

O projeto de tradução realizado pelo pesquisador wanderson flor do nascimento,[3] docente da Universidade de Brasília (UnB), responsável pela pesquisa "Ensino de Filosofia e relações raciais na formação docente para a Educação Básica: subsídios para a implementação do artigo 26-A da LDB" (2017), faz parte de uma agência descolonizadora e emancipatória que, a meu ver, privilegia, no contexto universitário, coletividades deslocadas e invisibilizadas. Sua imersão com a divulgação científica, tendo como mote o pensamento africano, inclui a tradução como eixo essencial de perspectivas inclusivas e que têm mobilizado campos diversos por instigar realinhamentos com as epistemologias africanas.

---

2 Adoto o verbo "clandestinizar", no sentido trabalhado pelo intelectual-ativista Santiago Arboleda Quiñonez (Universidad Andina Simon Bolivar) em *Le han florecido nuevas estrellas al cielo: suficiências íntimas y clandestinización del pensamento afrocolombiano*. Cali: Poemia, su casa editorial, 2016.
3 O tradutor do livro em questão é doutor em Bioética pela Universidade de Brasília (UnB), mestre em Filosofia e filósofo.

288

A empreitada da tradução de uma obra de referência pós-colonial reflete muito do compromisso com o ativismo teórico defendido por bell hooks. Com o título *A invenção das mulheres: construindo um sentido africano para os discursos ocidentais de gênero*, carrega as marcas de um projeto que se converte em um marco para o debate já consolidado sobre as relações étnico-raciais. Consequentemente, falantes do "pretuguês"[4] se aproximam de uma produção com capilaridade nos estudos multidisciplinares, com grande destaque no final do século XX, e de autoria de uma pensadora que, incansavelmente, tem projetado suas análises com preocupações explícitas em incluir as novas gerações de estudantes. Oyěwùmí desenvolve seu esquema tomando, como estudo de caso, as afetações que sofre um grupo específico da sociedade iorubá. E vemos aqui achados de pesquisa que serviram para compreender como a aventura colonial europeia alcançou cravar uma percepção a respeito das sociedades africanas a partir de suas premissas colonizadoras. Com o estudo, foi possível rastrear efeitos de medidas com capilaridade suficiente para clandestinizar processos legítimos das sociedades afetadas. Tais efeitos têm levado às interpretações exclusivamente ocidentais sobre as experiências e travessias africanas. Em outros termos, as formas de controle das engrenagens da colonização encapsularam suas histórias e culturas, favorecendo um tipo de apagamento pela desorganização de mosaicos estéticos, poéticos, litúrgicos e filosóficos.

Nosso contexto latino-americano é formado por uma diáspora que, quando examinada com lupa, revela um *continuum* de urgências para subsidiarmos inúmeras demandas, estando, entre essas, a demanda por outras pegadas investigativas, processos impulsionados a partir de abordagens libertadoras e que só podem ser produzidas em redes colaborativas de (des) aprendizagens e de (re)aprendizagens sobre nossas travessias. Decerto, não é exagero situarmos nesse meio a empreitada que define a pesquisa "Colaborações entre os estudos das africanidades e o ensino de filosofia", desenvolvida no âmbito do Grupo de Estudos e Pesquisas em Educação,

---

4 Definição cunhada pela pesquisadora-ativista Lélia Gonzalez (1935-1994) para explicar a marca de africanização do português falado no Brasil.

Raça, Gênero e Sexualidades Audre Lorde – Geperges (UFRPE/UnB-CNPq). Sob tal orientação, tem subsidiado análises no referido campo e auxiliado movimentos na contracorrente e comprometido, portanto, com contranarrativas. As redes colaborativas em que atuamos, com objetivos semelhantes, nos levam aos territórios africanos e nos impactam quando entendemos os rastros das armadilhas coloniais no cotidiano.

PENSAR EM MOVIMENTOS EXPEDICIONÁRIOS

A colonização organizada por países como Inglaterra, França, Espanha, Portugal, Bélgica e Alemanha subjugou o continente africano, colocando-o no lugar de "resto do mundo" e, consequentemente, fortaleceu a invenção do "continente europeu" para ocupar o outro extremo e ser identificado como único referencial de existência. Por outra parte, somos interpelados(as) por crises profundas e sem precedentes. Ao mesmo tempo, vimos crescer notícias de mobilização insurgente que favoreceram transformações imprevistas, incluindo reações em diferentes territórios. Nas últimas quatro décadas, o mundo se alarma por ver o continente asiático protagonizar uma virada geopolítica, com a empreitada chinesa, que se constitui no combate à pobreza, em grande escala na China, um país conhecido por suas especificidades no modo de controlar a sociedade. Um dos pontos de pauta da grande imprensa é a disputa pelo poder econômico. Problemas como as rotas comerciais e a questão da inteligência artificial se convertem em um tipo de ameaça para o Ocidente. Uma nova versão de "guerra fria" tem sido responsável por tensões e impactos abalando, sobremaneira, o Brasil.

Quando acompanhamos as mudanças em curso que ameaçam a economia global e levantam novas questões sobre velhos dilemas, situamos as alternativas possíveis para os movimentos sociais, e, no contexto brasileiro, com destaque para o Movimento Negro. A tarefa em curso, se pudermos pensar com Frantz Fanon,[5] é contribuir com maior visibilidade para os

---

5 Médico psiquiatra martinicano, Frantz Omar Fanon (1925-1961) é reconhecido como um dos mais importantes pensadores revolucionários do século XX e referência para os estudos pós-coloniais e para os estudos decoloniais latino-americanos.

vínculos fundamentais com os conhecimentos africanos. Entende-se que é preciso gritar bem alto, denunciando os efeitos da engrenagem colonial, e assinalar quão decisivo será garantirmos a ampliação de esferas de disputas epistemológicas bem como rever aspectos da vigência das suas armadilhas, conforme o que Oyĕwùmí apresenta em sua crítica.

Em um exercício descolonizador, a autora elabora, pela arquitetura empreendida, um desenho interpretativo revelador que explora aspectos como a imposição da língua do colonizador e os efeitos predominantes no campo da linguística, da literatura, dos estudos etnográficos e, em outras palavras, na produção do conhecimento sobre África. A diáspora, portanto, tem interesse em desvendar esses percursos coloniais e tem como tarefa pensar-se a partir dos efeitos irrefutáveis. E, se assim pudermos entender, garantir um canal de reconexão "Diáspora-África" dependerá, dentre outras questões, do reconhecimento da violência e dos mecanismos que serviram para normatizar supremacias ideológicas. Aqui no Brasil, será pertinente dar ênfase para o esforço e o interesse de se promover aproximações constantes, tendo em vista o fato de sermos parte da história de deslocamento forçado. Uma variedade de vínculos pode ser visibilizada e, do mesmo modo, aspectos que revelam os motivos da luta por direito às nossas memórias.

O exercício de deslocamento implica acionarmos estratégias que nos redirecionem, significa ter direito ao patrimônio – material e imaterial. Na Bahia (Nordeste do Brasil), vimos cinco terreiros de tradição nagô – Ilé Àse Iyá Nassó Okà (Casa Branca do Engenho Velho), Ilé Àse Opo Àfonjá, Ilé Iyá Omi Àse Iyamassé (Terreiro do Gantois), Ilé Maroialaji (Terreiro Alaketu) e Ilé Osùmàré Arákà Àse Ogodó (Casa de Oxumarê) – se juntarem para a realização do "Primeiro Seminário para Preservação do Patrimônio Cultural" (2014). Numa ação colaborativa com reconhecida importância, Brasil e Nigéria reforçaram seus laços e deram testemunho do que, efetivamente, sustenta as memórias soterradas na gramática social vigente. Aláàfin de Oyó (Oba Ladeyemi III), considerado guardião do povo iorubá (herdeiro da coroa de Xangô), foi uma das presenças no importante encontro na primeira capital brasileira. Essa proposta recebeu o apoio do Ministério da Cultura, do Instituto do Patrimônio Histórico e Artístico Nacional (Iphan) e do governo do estado da Bahia.

Ao mencionar o empenho coletivo, destaco também que esse apoio institucional é resultado da atuação das populações envolvidas com as religiões de matrizes africanas, que assumiram como tarefa defender suas culturas e modo de resistir em um contexto marcado pela negação da presença africana. O ano de 2018 foi escolhido por Adéyeye *Ènitán* Ogunwusi Ojaja II, rei de Ifé (cidade sagrada da Nigéria), para realizar uma visita histórica ao Brasil. Esse feito mobilizou diferentes setores instados a conectar nossas coletividades e instituições antirracistas, numa perspectiva de irmandade com o país africano mais populoso do continente. Dessa vez, circulou a notícia da agenda de um rei nigeriano, e isso provocou a grande imprensa a acompanhar as celebrações em torno da visita de uma autoridade.

"Negligência" pode ser um termo para definirmos o fosso existente, em termos de compreensão de nossas raízes culturais, históricas e perspectiva existencial. Podem ser essas algumas pistas sobre a gênese de problemas que se acumulam, em termos das urgências por repactuação que teremos que tratar, para rever as condições de coexistência por enfrentarmos os dilemas da empreitada colonizadora. Por longos períodos, setores conservadores da sociedade brasileira negaram e invisibilizaram o racismo, por não o considerar um desafio a ser enfrentado, já que não foi assumido como um fenômeno que merecesse preocupação – sobretudo pelo desprezo manifesto em relação à luta antirracista.

Chegamos ao ano de 2020, e a *hashtag #BlacklivesMatter* saiu das redes sociais e se concretizou como uma ação mobilizadora, tomando as ruas de quase todas as grandes metrópoles dos diferentes continentes. A notícia do assassinato de George Floyd[6] no ato de sua prisão provocou uma onda de

---

6 George Floyd (homem negro, 46 anos) foi assassinado em Minneápolis (EUA) por um policial que o sufocou pelo pescoço até a morte. O crime ocorreu no dia 25 de maio de 2020 e deflagrou uma série de protestos analisados como os mais expressivos dos últimos anos.

indignação e fez emergir protestos reunindo milhares de pessoas. Lidamos com uma realidade em que o impacto de inúmeras formas de subjugação não está no centro das preocupações no debate público. Não é considerado um obstáculo pelas equipes gestoras responsáveis pela proposição de políticas inclusivas. Somos um país do Terceiro Mundo em um processo de reinvenção constante de saídas para oxigenação. A racialização exigiu que reelaborássemos mosaicos desfeitos pela violência do colonizador. Nomes de grande expressão do cenário artístico, científico e político, do universo africano, figuram como referencial, sendo parte de nossas táticas de manutenção de vínculos. O movimento contra o *Apartheid* ultrapassou os limites geográficos da África do Sul e confirmou uma cultura de realinhamento imprescindível para pensarmos as possibilidades de viver a contrapelo. Nelson Mandela liderou processos de resistência mesmo preso por três décadas, e esse modo de sobrepor-se aos mecanismos de dominação europeia impactou em larga escala as lutas antirracistas.

A Nigéria é o país de origem de Ngozi Okonjo-Iweala, Funmilayo Ransome-Kuti, Wole Soyinka, Fela Sowande, Olufela Olusegun Oludotun Ransome-Kuti (Fela Kuti), Chigozie Obioma, Chris Obi Rapu, Christian Happi, e de Kayode Adebowale, Chimamanda Ngozi Adichie, K.C. Anyanwu, Tiwa Savage, Burna Boy, Dakore Egbuson e Oyèrónkẹ́ Oyěwùmí. São personagens de grande destaque nas áreas da economia, da política, da produção artística, da literatura, das ciências sociais e da filosofia. Carregaram/carregam, em suas *performances*, traços das culturas dos inúmeros grupos étnicos existentes. Ao mesmo tempo, são pensadoras(es) com projeção nacional e internacional. Revisamos nossas indagações sobre como se garante a ausência de determinadas produções tidas como essenciais para a diáspora. E sobre as incongruências que esse fenômeno revela – diante de exigências apresentadas por uma política insurgente, no início da década de 2000, no Brasil –, podemos avaliar que as alternativas foram encontradas nas fissuras e pelos movimentos sociais. Foram esses setores os responsáveis por alargar as propostas de formação educacional, com ênfase na inclusão das histórias e das culturas africanas e afrodescendentes. A proliferação de estereótipos e manifestações de racismo, em toda a diáspora africana, movimentou uma agenda internacional, sendo a Conferência da Organização das Nações Unidas (ONU), em Durban (2001), um marco fundamental para a viabilização de contranarrativas relacionadas com denúncias sobre os efeitos e consequências históricas.

Com as devastadoras crises sanitárias e políticas, sem precedentes no mundo, nos aproximamos de cotidianos antes pouco presentes em nossas preocupações diárias. Desde fevereiro de 2020, como nunca antes, os noticiários internacionais ganharam novo status e passaram a fazer parte de nossas rotinas. E nessa reconfiguração de vida às avessas, tivemos a oportunidade de ouvir (e ver) conferências e palestras de distintas(os) profissionais que se localizam no campo da medicina e da saúde pública, mais especificamente. Do país mais populoso da África, ganhou notoriedade o trabalho de pesquisa do biólogo molecular Christian Happi,[7] um importante estudioso formado por Harvard, diretor do Centro Africano de Excelência para a Genômica de Doenças Infecciosas (Acegid), na Universidade de Redeemer, em Ede (Nigéria).

Christian Happi participou de importantes informes sobre encaminhamentos e avanços no campo da pesquisa e deu ênfase nos resultados exitosos que favoreceram novos projetos voltados para o avanço da saúde pública mundial. Não é o único nigeriano de projeção na área e não é demais lembrar que o continente africano possui cerca de um bilhão de pessoas. O apagamento desse continente na diáspora africana exige que tenhamos como meta um realinhamento insurgente, capaz de facilitar a retomada de projetos de cooperação concebidos por organismos de fomento à pesquisa acadêmica.

Destaco como prioritário na leitura da obra produzida por Oyěwùmí, entendermos o tipo de escavação elaborada, tendo como um de seus desdobramentos a observância acerca das engrenagens coloniais que assolam a incomensurável existência humana. Ao elaborar uma tese sobre

---

7 Apresentação disponível em: https://www.ted.com/talks/pardis_sabeti_and_christian_happi_a_virus_detection_network_to_stop_the_next_pandemic/transcript?language=pt-br

discursos que incidiram na promoção da degenerescência e estigmatização de um segmento iorubá, consolida a ideia da renascença africana indo além do âmbito de uma área do conhecimento. A autora explorou traços de uma engrenagem colonial baseada na subalternização de sociedades de heróis e heroínas, de reis e rainhas. Na leitura da obra, aprendemos como os discursos científicos soterraram inúmeras culturas, promovendo substituições, apagamentos, alteração de registros, e tudo isso ocultando dados históricos e desviando sentidos de pertença africana.

Em "Visualizando o corpo: teorias ocidentais e sujeitos africanos", um dos pontos da crítica é que: "A senioridade como fundamento da relação social iorubá é relacional e dinâmica; e, ao contrário do gênero, não é focada no corpo" (p.44). Oyèrónké Oyěwùmí explorou a dimensão e centralidade do termo "visão de mundo", usado para sintetizar a lógica cultural de uma sociedade no Ocidente, como indicador de suas preocupações, que incluem a sociedade da qual faz parte. Ela desenvolveu sua análise pontuando percepções orientadoras e presentes em um mosaico proposto para entendermos a lógica visual que sustenta distinções de gênero e de raça onde antes não existiam. Assim, ratifica suas percepções sobre a interpretação biológica do mundo social e aponta para a vigência, no final do século XX, do determinismo biológico. A partir dessa abordagem, Oyěwùmí explica, em múltiplas camadas, como o Ocidente conseguiu impor ideias sobre categorias sociais tais como "homem da razão" e "mulher do corpo".

Decerto, nossa compreensão estará atravessada por inúmeras indagações sobre como esses mecanismos engendrados foram capazes de garantir resultados que persistem aniquilando subjetividades coletivas, não apenas na Nigéria. Rejeitar as formas de produção de conhecimento advindas dessas culturas foi e ainda é uma ação recorrente, inclusive dentro do próprio território. Encontramos, nessa pesquisa, vetores que nos levam a compreender diferenças e hierarquias consagradas nos corpos além de explicitar uma versão inspiradora sobre como se consolidaram as justificativas para a elaboração das categorias examinadas no quadro interpretativo de

Oyěwùmí sobre a invenção da mulher na sociedade iorubá. Nessa remontagem, o corpo alicerça a construção de categorias sociais, enquanto a "construção social" e o "determinismo biológico" aparecem funcionando juntos, como "dois lados da mesma moeda" (p.37).

O trabalho transversal indica como o Ocidente processou o soterramento de universos que nos constituem como diáspora. Pelas análises realizadas, a autora nos convida a descravar aspectos singulares das culturas africanas, colocando no centro a sociedade Oyó-Iorubá e promovendo com essa transversalidade uma reorientação metodológica que nos permite localizar um complexo de perdas reais, que afetam, sobremaneira, nossa compreensão acerca dos arranjos coloniais. É possível acompanhar o desenho onde estão situadas as deformações conceituais, apresentadas como um traço da operação onde se embutiu um molde ocidental; pode-se observar, também, que essa operação não recebeu crítica suficiente.

No capítulo "(Re)constituindo a cosmologia e as instituições socioculturais Oyó-Iorubás", é indispensável acompanharmos a explicação sobre como os países europeus, implicados na aventura colonial, inventaram discursos e, em seguida, criaram engrenagens para sua experimentação na vida prática das sociedades dominadas. Na frase "O tempo do 'gênero' viria durante o período colonial" (p.131), vimos a confirmação do *modus operandi* das forças colonizadoras e, sobretudo, entendemos como tem sido desafiador desmontá-lo. Com a pesquisa multifacetada que caracteriza a obra, somos surpreendidas(os) pelas remontagens historiográficas ocidentais em dimensões inaceitáveis, justamente pela negação da cultura iorubá, enchendo de efeitos dramáticos o campo dos Estudos Africanos.

No centro dessa problemática aparece a invenção de tradições generificadas e, nessa violação epistemológica, "homens" e "mulheres" são inventados como categorias sociais. Em outros termos, a autora chama a atenção para o fato de que escrever a história iorubá tem sido um processo de atribuição de gênero e consolida, com essas premissas, sua proposição de fundo. Pouco a pouco, podemos debater sobre as texturas e camadas que se constituem em um apagamento da existência africana no mundo.

Isso porque é imprescindível entender a colonização como um fato social total, capaz de mudar em absoluto a condição de diferentes sociedades na geopolítica. África e diáspora passam a enfrentar um mundo confuso por deformações de percurso da produção de conhecimento.

O itinerário de pesquisa realizado por Oyèrónkẹ́ Oyěwùmí provocou impacto e passou a se configurar como uma convocatória. Na "Améfrica Ladina"[8] de Lélia Gonzalez – uma convocadora brasileira, responsável por viradas conceituais de forte penetração nos estudos das relações étnico-raciais –, outras elaborações passam a ganhar novos contornos com as preocupações que emergiram de uma reorientação descolonizadora.

MAIS PERTO DE NÓS MESMAS(OS)

Para ir do Brasil ao país de Fela Kuti, é preciso fazer escalas, incluindo cidades como Amsterdã e Paris, capitais europeias que estão no meio desse caminho. São períodos desafiadores entre aeroportos e longos intervalos de espera. Assim como aprendemos nos itinerários para outros países do continente africano, esse é marcado por obstáculos que são perceptíveis e, infelizmente, perduram. A mobilidade geopolítica, incluindo populações africanas e brasileiras, na contemporaneidade está marcada pelo traço da desconexão estratégica. Dados do Banco Mundial indicam que a Nigéria tem cerca de 190 milhões de habitantes, e, no estado de Níger, o Monte Zuma (Zuma Rock) figura como um dos pontos turísticos mais famosos do país. Ao sermos convocadas(os) a pensar sobre repactuação e sobre urgências relacionadas com a saúde psíquica de populações deslocadas, que se converteram em "condenadas da Terra", faz sentido recuperarmos as multidimensionalidades que nos constituem como *outsider within*.

Afrodescendentes do Brasil e de outros contextos da diáspora resistem por processos de reinvenção de suas origens e formas de pertencimento. Conhecer Zuma Rock ganha importância e faz parte do escopo indicado na Lei n. 10639/2003. Do mesmo modo, é tarefa essencial realizarmos

---

8 Definição desenvolvida por Lélia Gonzalez no artigo "Racismo e sexismo na cultura brasileira", publicado na revista *Ciências Sociais Hoje*, Anpocs, p. 233-244, 1984. Foi adotada para explicar o Brasil africanizado, bem como a América Latina africanizada.

imersões que promovam desestabilizações no inventário colonial sobre o mundo africano. De alguma maneira, a saga enfrentada como deslocados exige que façamos novas perguntas sobre por que Amsterdã e Paris fazem parte do percurso de brasileiras(os) para a Nigéria e/ou outros destinos africanos. Zuma Rock, representado na cédula de 100 nairas,[9] ainda está bem distante dos livros escolares que circulam nas instituições do sistema de ensino brasileiro. São mais de quinhentas línguas vivas que o processo colonial transformou em "dialetos", e tal definição é aceita, por exemplo, em diferentes setores por onde se dá a produção de estudos linguísticos. O inglês é o idioma oficial, conforme explicitado nos filmes já inseridos na plataforma *Netflix* e que são produzidos em *Nollywood*, a indústria cinematográfica que está entre as três mais importantes do mundo, em termos de faturamento. *Living in Bondage* (Chris Obi Rapu, 1992) foi responsável pelo *boom* do cinema nigeriano e, no continente africano, é referência de escola da sétima arte.

A tradução do livro de Oyèrónkẹ́ Oyěwùmí para o português é uma espécie de "abre caminhos", e seu interesse vai além das populações afrodiaspóricas e atinge todo o sul global. A insurgência do Movimento Negro no Brasil, com suas diferentes tecnologias de resistência, serviria para justificar a batalha pela diminuição do fosso existente, ainda hoje, e que nos afeta, tendo em vista o lugar onde fixamos nossas africanidades. A gramática social que enfrentamos dia a dia é cruel e de inspiração colonial. Desde a publicação original deste livro (1997), já se passaram 24 anos de ausência desse importante referencial para o pensamento filosófico, historiográfico, sociolinguístico e socioantropológico. Como não perguntarmos sobre as razões dessa invisibilização no campo da pesquisa em Ciências Sociais, em um país da magnitude do Brasil, quando recuperamos a presença afrodescendente?

A mitologia greco-romana celebrada nas diferentes áreas da vida sociopolítica e acadêmica não dá conta da pluridiversidade brasileira. Com a permissão dos "awọn òrìṣà" (orixás) e "nkisi" (inquice), é possível entender

---

9 Moeda nigeriana.

que "ogunizar" é muito mais que um neologismo. Sugere, aos grupos interessados, que se impulsionem abordagens descolonizadoras, novas escavações epistemológicas e investigações expedicionárias em redes colaborativas para (des)aprender e (re)aprender sobre os conhecimentos africanos. São essas algumas inspirações que podemos aproveitar para produzir outros estudos, sem deixar de localizar os interstícios que revelam aspectos não explicitados, mas que são pontos de partida para o trabalho investigativo em sentido amplo.

Foi por ocasião do Seminário Internacional Decolonialidade e Perspectiva Negra (UnB, 2016) que conheci, pessoalmente, a professora Oyèrónkẹ́ Oyěwùmí, uma das mais brilhantes intelectuais da contemporaneidade. Sua presença entre nós foi de forte impacto, e sua retórica envolvente, carregada de positividade, marcou a dinâmica de trabalho naqueles dias. Voltei para o Rio de Janeiro e retomei minhas atividades como professora da Universidade Federal do Estado do Rio de Janeiro (Unirio) pensando em sua conferência de encerramento. Lembrei-me das ênfases sobre as teorias sociais, os estudos africanos, e sobre a tarefa coletiva de descolonizarmos as diferentes áreas do conhecimento. A versão em português de seu livro de referência se converte em uma oportunidade ímpar para orientarmos desconstruções inevitáveis.

Claudia Miranda é professora do Programa de Pós-graduação em Educação da Escola de Educação da Universidade Federal do Estado do Rio de Janeiro (Unirio), com pesquisas em políticas curriculares, pedagogia alternativa, didáticas interculturais e diversidade nas políticas curriculares.

BIBLIOGRAFIA

ABIMBOLA, Wande. *Yoruba Oral Tradition*. Ibadan: Oxford University Press, 1975.

_____. *Ifa: An Exposition of the Ifa Literary Corpus*. Ibadan: Oxford University Press, 1976.

_____. "Ifa as a Body of Knowledge and as an Academic Discipline". *Journal of Cultures and Ideas*, v. 1, n. 1, p. 1-11, 1983.

ABIODUN, Rowland. "Verbal and Visual Metaphors: Mythical Allusions in Yoruba Ritualistic Art of Ori". *Word and Image*, v. 3, n. 3, p. 252-270, 1987.

ADE AJAYI, J. F. "Samuel Johnson: Historian of the Yoruba", in FALOLA, Toyin (ed.). *Pioneer, Patriot, and Patriarchy: Samuel Johnson and the Yoruba People*. Madison: African Studies Program, University of Wisconsin, 1993.

ADE AJAYI, J. F.; SMITH, Robert. *Yoruba Warfare in the Nineteenth Century*. Ibadan: Ìbàdàn University Press, 1971.

ADEEKO, Adeleke. "The Language of Head-calling: A Review Essay on Yoruba Metalanguage". *Research in African Literatures*, v. 23, n. 1, p. 197-201, 1992.

ADENEY, Bernard T. "Polygamy: How Many Wives in the Kingdom of God?". *Transformation: An International Evangelical Dialogue on Missions and Ethics*, v. 12, n. 1, p. 5, 1995.

ADEPEGBA, C. O. *Yoruba Metal Sculpture*. Ibadan: Ìbàdàn University Press, 1991.

ADEPOJU, Aderanti. "Rationality and Fertility in the Traditional Yoruba Society, South-West Nigeria". *in* CALDWELL, John C. (ed.). *The Persistence of High Fertility: Population Prospects in the Third World*. Canberra: Department of Demography, Australian National University, 1977.

ADEWOYE, O. "Law and Social Change in Nigeria". *Journal of Historical Society of Nigeria*, v. 3, n.1, dez. 1973.

AFOLAYAN, Funso. "Women and Warfare in Yorubaland during the Nineteenth Century", in FALOLA, Toyin; LAW, Robin (eds.). *Warfare and Diplomacy in Precolonial Nigeria*. Madison: African Studies Program, University of Wisconsin, 1992.

AFONJA, Simi. "Changing Modes of Production and the Sexual Division of Labor among the Yoruba", in SAFA, H; LEACOCK, E. (eds.). *Women's Work, Development and Division of Labor by Gender*. South Hadley: Bergin and Garvey, 1986.

_____. "Land Control: A Critical Factor in Yoruba Gender Stratification", in ROBERTSON, C.; BERGER, I. (eds.). *Women and Class in Africa*. Nova York: Africana Publishing, 1988.

AGIRI, B. A. "Early Oyo History Reconsidered". *History in Africa*, n. 2, p. 1-16, 1975.

AGIRI, B. A.; OGBONI, T. "Among the Oyo-Yoruba". *Lagos Notes and Records*, n. 3, p. 53, 1972.

301

AJAYI, J. F. Ade. *Christian Missions in Nigeria, 1841-1891*. Evanston, 111: Northwestern University Press, 1965.

AJIBOLA, J. O. *Owe Yoruba*. Ibadan: University Press Limited, 1979.

AJOLORE, Olusola. "Lexical Borrowing in Yoruba", in AFOLAYAN, Adebisi (ed.). *Yoruba Language and Literature*. Ile Ife: University of Ife Press, 1982.

AJUWON, Bade. *Funeral Dirges of Yoruba Hunters*. Nova York: Nok Publishers International, 1982.

ALUKO, T. M. *One Man, One Wife*. Londres: Heinemann, 1959.

AMADIUME, Ifi. *Male Daughters, Female Husbands: Gender and Sex in an African Society*. Londres: Zed Books, 1987.

AMOS, Valerie; PARMA, Pratibha. "Challenging Imperial Feminism". *Feminist Review*, n. 17, p. 3-20, 1984.

APPADURAI, Arjun. "The Past as a Scarce Resource". *Man*, v. 16, p. 201-281, 1981.

APPIAH, Kwame Anthony. *In My Father's House: African in the Philosophy of Culture*. Nova York: Oxford University Press, 1992.

_____. "Out of Africa: Topologies of Nativism". *Yale Journal of Criticism*, v. 12, n. 1, p. 153-178, 1988.

APTER, Andrew. *Black Critics and Kings: The Hermeneutics of Power in Yoruba Society*. Chicago: University of Chicago Press, 1993.

ARONSON, Dan. *The City Is our Farm: Seven Migrant Yoruba Families*. Cambridge: Schenkman Publishing Co., 1978.

ASIWAJU, A. I. "Political Motivation and Oral Historical Traditions in Africa: The Case of Yoruba Crowns". *Africa* (Londres), v. 46, n. 2, p. 113-147, 1976.

_____. "Dynamics of Yoruba Studies", in OLUSANYA, G. O. (ed.). *Studies in Yoruba History and Culture*. Ibadan: University Press Limited, 1983.

ATANDA, J. A. *The New Oyo Empire: Indirect Rule and Change in Western Nigeria, 1894-1934*. Bristol: Longman, 1973.

_____. "The Yoruba Ogboni Cult: Did It Exist in Old Oyo?". *Journal of the Historical Society of Nigeria*, v. 6, n. 4, p. 371, 1973.

ATKINS, Keletso. *The Moon Is Dead! Give Us Our Money! The Cultural Origins of an African Work Ethic, Natal, South Africa 1843-1900*. Londres: Heinemann, 1993.

AUSTIN, John Langshaw. *Philosophical Papers*. Oxford: Oxford University Press, 1961.

AWE, Bolanle. "The Rise of Ìbàdàn as a Yoruba Power". Tese de doutorado, Oxford University, 1964.

_____. "Praise Poems as Historical Data: The Example of Yoruba Oriki". *Africa* (Londres), v. 44, n. 4, p. 331-349, 1974.

_____. "The Iyalode in the Traditional Yoruba Political System", in SCHLEGEL, Alice (ed.). *Sexual Stratification: A Crosscultural View*. Nova York: Columbia University Press, 1977.

_____. "Writing Women into History: The Nigerian Experience", in OFFEN, Karen et al. (eds.). *Writing Women's History: International Perspectives*. Londres: Macmillan Academic and Professional Press, 1991.

_____. *Nigerian Women in Historical Perspective*. Lagos: Sankore, 1992.

AWOLALU, J. O.; DOPAMU, P. A. *West African Traditional Religion*. Ibadan: Onibonoje Press and Book Industries, 1979.

AYANDELE, E. A. *The Missionary Impact on Modern Nigeria 1842-1914: A Political and Social Analysis*. Londres: Longmans, Green, and Co., 1966.

BABALOLA, Adeboye. *Awon Oriki Borokinni*. Ibadan: Rosprint Industrial Press Limited, 1981.

BABAYEMI, S. O. *Content Analysis of Oriki Orile*. n.p., n.d.

_____. "The Rise and Fall of Oyo c. 1760-1905: A Study in the Traditional Culture of an African Polity". Tese de doutorado, Center for West African Studies, Birmingham, University of Birmingham, 1979.

_____. "The Role of Women in Politics and Religion in Oyo". Artigo apresentado ao Institute of African Studies, University of Ibadan, no seminário intitulado "Women's Studies: The State of the Arts Now in Nigeria", nov. 1987.

_____. *Topics on Oyo History*. Ibadan: Lichfield, 1991.

BADA, S. O. *Owe Yoruba ati Isedale Won*. Ibadan: University Press Limited, 1970.

BAMGBOSE, Ayo. *A Short Yoruba Grammar of Yoruba*. Ibadan: Heinemann Educational Books, 1967.

_____. *The Novels of D. O. Fagunwa*. Benin: Ethiope Publishing Corp., 1974.

BARBER, Karin. "Documenting Social and Ideological Change through Yoruba Personal Oriki: A Stylistic Analysis". *Journal of the Historical Society of Nigeria*, v. 10, n. 4, 1981.

_____. *I Could Speak until Tomorrow: Oriki, Women, and the Past in a Yoruba Town*. Edinburgh: Edinburgh University Press, 1991.

BARNES, Sandra T. "Women, Property, and Power", in SANDAY, Peggy Reeves; GALLAGHER, Ruth (eds.). *Beyond the Second Sex: New Directions in the Anthropology of Gender*. Filadélfia: University of Pennsylvania Press, 1990.

BARRETT, Michele. *Women's Oppression Today*. Londres: New Left Books, 1980.

BASCOM, William. *The Yoruba of Southwestern Nigeria*. Prospect Heights, 111: Waveland Press, 1969.

BATES, Robert; MUDIMBE, V. Y.; O'BARR, Jean (eds.). *Africa and the Disciplines*. Chicago: University of Chicago Press, 1993.

BEAUVOIR, Simone de. *The Second Sex*. Nova York: Vintage Books, 1952.

BEIER, Ulli. *Yoruba Poetry: An Anthology of Traditional Poems*. Londres: Cambridge University Press, 1970.

_____. *Yoruba Myths*. Nova York: Cambridge University Press, 1980.

BELASCO, B. *The Entrepreneur as Cultural Hero: Preadaptations in Nigerian Economic Development*. Nova York: Praeger, 1980.

BERGER, John. *Ways of Seeing*. Londres: Penguin, 1972.

BERRY, Sara. *Cocoa, Custom and Socio-economic Change in Rural Western Nigeria*. Oxford: Clarendon Press, 1975.

BIOBAKU, Saburi. "The Problem of Traditional History with Special Reference to Yoruba Traditions". *Journal of the Historical Society of Nigeria*, 1956.

BLACK, Maria; COWARD, Rosalind. "Linguistics, Social and Sexual Relations: A Review of Dale Spender's 'Man Made Language'", in CAMERON, Deborah (ed.). *The Feminist Critique of Language: A Reader*. Nova York: Routledge, 1990.

BLOCH, Marc. *The Historian's Craft*. Nova York: Knopf, 1954.

BODUNRIN, P. O. (ed.). *Philosophy in Africa: Trends and Perspectives*. Ilê Ifé: University of Ife Press, 1985.

BOWEN, T. J. *Central Africa*. Charleston: Southern Baptist Publication Society, 1857.

BROWN, Judith. "A Note on the Division of Labor by Sex". *American Anthropologist*, v. 72, n. 5, p. 1073-1078, 1970.

BUTLER, Judith. *Gender Trouble: Feminism and the Subversion of Identity*. Nova York: Routledge, 1990. [No Brasil: BUTLER, Judith. *Problemas de gênero. Feminismo e subversão da identidade*. Rio de Janeiro, Civilização Brasileira, 2003.]

CALLAWAY, Helen. *Gender, Culture, Empire: European Women in Colonial Nigeria*. Oxford: MacMillan Press in association with St. Anthony's College, 1987.

CAMERON, Deborah. "Why Is Language a Feminist Issue?" Introduction to CAMERON, Deborah (ed.) *The Feminist Critique of Language: A Reader*. Nova York: Routledge, 1990.

CHAMBERLIN, J. Edward; GILMAN, Sander. *Degeneration: The Darker Side of Progress*. Nova York: Columbia University Press, 1985.

CHANOCK, Martin. "Making Customary Law: Men, Women and the Courts in Colonial Rhodesia", in HAY, Margaret J.; WRIGHT, Marcia (eds.). *African Women and the Law: Historical Perspectives*. Boston University Papers on Africa, n. 7. Boston: African Studies Center, Boston University, 1982.

CHARLTON, Sue Ellen. *Women in Third World Development*. Boulder: Westview Press, 1984.

CHODOROW, Nancy. *Feminism and Psychoanalytic Theory*. New Haven: Yale University Press, 1989.

_____. *Femininities, Masculinities, Sexualities: Freud and Beyond*. Lexington: University of Kentucky Press, 1994.

CHRIST, Carol. "Why Women Need the Goddess: Phenomenological, Psychological, and Political Reflections", in CHRIST, C. P.; PLASKOW, J. (eds). *Womanspirit Rising: A Feminist Reader in Religion*. São Francisco: Harper and Row, 1979.

CLAPPERTON, Hugh. *Journal of the 2nd Expedition into the Interior of Africa*. Filadélfia: Carey, Lea, and Carey, 1829.

CLARK, Gracia. *Onions Are My Husband: Accumulation by West African Market Women*. Chicago: University of Chicago Press, 1994.

COKER, G. B. A. *Family Property among the Yoruba*. Londres: Sweet and Maxwell, 1958.

COLES, Catherine; MACK, Beverly (eds). *Hausa Women in the Twentieth Century*. Madison: University of Wisconsin Press, 1991.

COLLIER, Jane F.; YANAGISAKO, Sylvia J. (eds.). *Gender and Kinship: Essays toward a Unified Analysis*. Stanford: Stanford University Press, 1987.

CONNELL, R.W. *Gender and Power.* Stanford, Calif.: Stanford University Press, 1987.

_____. *Masculinities*. Cambridge: Polity Press, 1995.

CROWDER, M.; IKIME, O. (eds.). *West African Chiefs: Their Changing* Status *under Colonial Rule and Independence*. Ifé: University of Ife Press, 1970.

DE COULANGES, Fustel. *The Ancient City: A Study on the Religion, Laws and Institutions of Greece and Rome*. n.p., [1983] 1987.

DE MORAES FARIAS, P. F. de Moraes "History and Consolation: Royal Yoruba Bards Comment on Their Craft". *History in Africa*, v. 19, p. 263-297, 1992.

DENZER, Laray. "Yoruba Women: A Historiographical Study". *International Journal of African Historical Studies*, v. 27, n. 1, p. 1-38, 1994.

DEVOR, Holly. *Gender Blending: Confronting the Limits of Duality*. Bloomington: Indiana University Press, 1989.

DIOP, Cheikh Anta. *Precolonial Black Africa*. Trenton: Africa World Press, 1987.

DIOP, Samba. "The Oral History and Literature of Waalo, Northern Senegal: The Master of the Word in Wolof Tradition". Tese de doutorado. Berkeley, University of California, 1993.

DREWAL, Margaret T.; DREWAL Henry J. "Composing Time and Space in Yoruba Art". *Word and Image: A Journal of Verbal/Visual Enquiry*, v. 3, p. 225-251, 1987.

DUSTER, Troy. "Purpose and Bias". *Transaction, Social Science and Modern Society*, v. 24, n. 2, 1987.

_____. *Backdoor to Eugenics*. Nova York: Routledge, 1990.

EADES, J. S. *The Yoruba Today*. Nova York: Cambridge University Press, 1980.

EDHOLM, Felicity; HARRIS, Olivia; YOUNG, Kate. "Conceptualizing Women". *Critique of Anthropology*, v. 3, n. 9-10, p. 101-130, 1978.

EKEH, Peter. "Colonialism and the Two Publics: A Theoretical Statement". *Comparative Studies in Society and History*, v. 17, n. 1, p. 91-112, 1975.

EKEJIUBA, Felicia. "Contemporary Households and Major Socioeconomic Transitions in Eastern Nigeria". Artigo apresentado no encontro intitulado "Workshop on Conceptualizing the Household: Issues of Theory, Method, and Application", Boston University, Boston, 1994.

ELBERG-SCHWARTZ, Howard (ed). *People of the Body: Jews and Judaism from an Embodied Perspective*. Albany: State University of New York Press, 1992.

ELIAS, T. O. *Nigerian Land Law and Custom*. Londres: Routledge and Kegan Paul, 1951.

ERRINGTON, Shelly. "Recasting Sex, Gender, and Power", in ATKINSON, Jane; ERRINGTON, Shelly (eds.). *Power and Difference: Gender in Island Southeast Asia*. Stanford: Stanford University Press, 1990.

FABIAN, Johannes. *Time and the Other: How Anthropology Makes its Object*. Nova York: Columbia University Press, 1983.

FADIPE, N. A. *The Sociology of the Yoruba*. Ibadan: Ìbàdàn University Press, 1970.

FAJANA, A. *Education in Nigeria, 1939-1942: An Historical Analysis*. Ibadan: Longman, 1978.

FALOLA, Toyin. "Gender, Business, and Space Control: Yoruba Market Women and Power", in HOUSE-MIDAMBA, Bessie; Ekechi, Flix K. (eds.). *African Market Women's Economic Power: The Role of Women in African Economic Development*. Westport: Greenwood Press, 1995.

_____ (ed). *Yoruba Historiography*. Madison: University of Wisconsin Press, 1991.

FANIYI, Dejo. "Ekun Iyawo: A Traditional Yoruba Nuptial Chant", in ABIMBOLA, Wande (ed.). *Ifa: An Exposition of the Ifa Literary Corpus*. Ibadan: Oxford University Press, 1976.

FANON, Frantz. *The Wretched of the Earth*. Nova York: Grove Weidenfeld, 1963.

FERGUSON, Kathy. *The Man Question: Visions of Subjectivity in Feminist Theory*. Berkeley: University of California Press, 1993.

FOUCAULT, Michel. *The History of Sexuality.*, v. 1, *An Introduction*. Nova York: Random House, 1990.

KELLER, Evelyn Fox; GRONTKOWSKI, Christine R. "The Mind's Eye", in HARDING, Sandra; HINTIKKA, Merrill B. (eds.). *Discovering Reality: Feminist Perspectives on Epistemology, Metaphysics, Methodology, and Philosophy of Science*. Boston: Reidel, 1983.

FREIERMAN, Steven. "African Histories and the Dissolution of World History", in BATES, V. Y. Mudimbe; O'BARR, Jean (eds.). *Africa and the Disciplines*. Chicago: University of Chicago Press, 1993.

FREUND, Bill. *The Making of Contemporary Africa*. Bloomington: Indiana University Press, 1984.

306

FRYE, Marilyn. *The Politics of Reality*. Trumansburg: Crossing Press, 1983.

FUSS, Diana. *Essentially Speaking: Feminism and the Nature of Difference*. Nova York: Routledge, 1989.

GATES JR., Henry Louis. *The Signifying Monkey: A Theory of Afro-American Literary Criticism*. Nova York: Oxford University Press, 1988.

_____. *Loose Canons: Notes on the Culture Wars*. Nova York: Oxford University Press, 1992.

GBADAMOSI, Bakare; BEIER, Ulli. *Not Even God Is Ripe Enough: Yoruba Stories*. Londres: Heinemann Educational Books, 1968.

GEORGE, Olakunle. "The Predicament of D. O. Fagunwa". Artigo apresentado ao Institute for Advanced Study and Research in the African Humanities, Northwestern University, Evanston, 111, 27 jan. 1993.

GILMAN, Sander. *On Blackness without Blacks: Essays on the Image of the Black in Germany*. Boston: G. K. Hall, 1982.

_____. *Difference and Pathology: Stereotypes of Sexuality, Race, and Madness*. Ithaca: Cornell University Press, 1985.

_____. *Jewish Self-Hatred: Anti-Semitism and the Hidden Language of the Jews*. Baltimore: Johns Hopkins University Press, 1986.

_____. "Black Bodies, White Bodies", in GATES JR., Henry Louis (ed.). *Race, Writing, and Difference*. Chicago: University of Chicago Press, 1988.

_____. *The Case of Sigmund Freud: Medicine and Identity*. Baltimore: Johns Hopkins University Press, 1993.

GLEASON, Judith. *Oya: In Praise of an African Goddess*. São Francisco: Harper, 1987.

GORDON, Rebecca. "Delusions of Gender". *Women's Review of Books*, v. 12, n. 2, p. 18-19, 1994.

GOULD, Stephen. *The Mismeasure of Man*. Nova York: Norton, 1981.

GROSZ, Elizabeth. "Bodies and Knowledges: Feminism and the Crisis of Reason", in ALCOFF, Linda; POTTER, Elizabeth (eds.). *Feminist Epistemologies*. Nova York: Routledge, 1993.

_____. *Volatile Bodies: Toward a Corporeal Feminism*. Bloomington: Indiana University Press, 1994.

GUYER, Jane. "Food, Cocoa, and the Division of Labour by Sex in Two West African Societies". *Comparative Studies in Society and History*, v. 22, n. 3, p. 355-373, 1980.

_____. *Family and Farm in Southern Cameroon*. Boston: Boston University, African Studies Center, 1984.

HALLGREN, Roland. *The Good Things in Life: A Study of the Traditional Religious Culture of the Yoruba People*. Loberod: Plus Ultra, 1988.

HAMPÂTÉ BÂ, Amadou. "Approaching Africa", in MARTIN, Angela (ed.). *African Films: The Context of Production*. Londres: British Film Institute, 1982.

HARAWAY, Donna J. (ed). *Primate Visions: Gender, Race, and Nature in the World of Modern Science.* Nova York: Routledge, 1989.

HARDING, Sandra. *The Science Question in Feminism.* Ithaca: Cornell University Press, 1986.

_____. (ed.). *The Racial Economy of Science.* Bloomington: Indiana University Press, 1993.

HARTMANN, Heidi. "The Unhappy Marriage of Marxism and Feminism: Towards a More Progressive Union", in SARGENT, Lydia (ed.). *Women and Revolution: A Discussion of the Unhappy Marriage of Marxism and Feminism.* Boston: South End Press, 1981.

HENIGE, David. "The Problem of Feed Back in Oral Tradition: Four Examples from the Fante Coastlands". *Journal of African History*, v. 14, n. 2, p. 223-225, 1973.

HERSKOVITZ, Melville J. "A Note on 'Woman Marriage' in Dahomey". *Africa*, n. 10, p. 335-341, 1937.

HINDERER, Anna. *Seventeen Years in the Yoruba Country: Memorials of Anna Hinderer.* Londres: Seeley, Jackson and Halliday, 1877.

HOBSBAWN, Eric; RANGER, Terence (eds.). *The Invention of Tradition.* Cambridge: Cambridge University Press, 1983.

HODDER, B. W. *Markets in West Africa: Studies in Markets and Trade among the Yoruba and Ibo.* Ibadan: Ìbàdàn University Press, 1969.

HOFSTADTER, Douglas R. "A Person Paper on Purity in Language", in CAMERON, Deborah (ed.). *The Feminist Critique of Language.* Nova York: Routledge, 1990.

HOUNTONDJI, Paulin J. *African Philosophy: Myth and Reality.* Londres: Hutchinson, 1983.

HOUSE-MIDAMBA, Bessie; EKECHI, Felix K. (eds.). *African Market Women and Economic Power: The Role of Women in African Economic Development.* Westport: Greenwood Press, 1995.

IDOWU, E. Bolaji. *Olodumare: God in Yoruba Belief.* Londres: Longman, 1962.

IGHODALO, Fola. "Barriers to the Participation of Nigerian Women in the Modern Labor Force", in OGUNSHEYE, O. et al. (eds.). *Nigerian Women and Development.* Ibadan: Ìbàdàn University Press, 1988.

ILESANMI, T. M. "The Yoruba Worldview on Women and Warfare", in FALOLA, Toyin; LAW, Robin (eds.). *Warfare and Diplomacy in Precolonial Nigeria.* Madison: University of Wisconsin, African Studies Program, 1992.

IRELE, Abiola. "In Praise of Alienation", in MUDIMBE, V. Y. (ed.). *The Surreptitious Speech: Presence Africaine and the Politics of Otherness, 1947-1987.* Chicago: University of Chicago Press, 1992.

ISOLA, Akinwumi. "The African Writer's Tongue". *Research in African Literatures*, v. 23, n. 1, p. 17-26, 1992.

JOHNSON, Samuel. *The History of the Yorubas.* Nova York: Routledge and Kegan Paul, 1921.

JONAS, Hans. *The Phenomenon of Life.* Nova York: Harper and Row, 1966.

308

KESSLER, Suzanne J.; MCKENNA, Wendy. *Gender: An Ethnomethodological Approach*. Nova York: John Wiley and Sons, 1978.

KITCHING, Gavin. *Class and Economic Change in Kenya: The Making of an African Petit Bourgeoisie*. New Haven: Yale University Press, 1980.

KOPYTOFF, Igor. "Women's Roles and Existential Identities", in SANDAY, Peggy Reeves; GOODENOUGH, Ruth Gallagher (eds.). *Beyond the Second Sex: New Directions in the Anthropology of Gender*. Filadélfia: University of Pennsylvania Press, 1990.

KOPYTOFF, Jean. *A Preface to Modern Nigeria: Sierra Leonians in Yoruba 1830-1890*. Madison: University of Wisconsin Press, 1965.

KRAPF-ASKARI, E. *Yoruba Towns and Cities: An Inquiry into the Nature of Urban Social Phenomena*. Oxford: Clarendon, 1969.

KWAME, Gyekye. *An Essay on African Philosophical Thought*. Filadélfia: Temple University Press, 1995.

LAQUEUR, Thomas. *Making Sex: Body and Gender from the Greeks to Freud*. Cambridge: Harvard University Press, 1990.

LAW, Robin. *The Oyo Empire c. 1600-c. 1836*. Oxford: Clarendon Press, 1977.

_____. "How Truly Traditional Is Our Traditional History? The Case of Samuel Johnson and the Recording of Yoruba Oral Tradition". *History in Africa*, n. 11, p. 195-221, 1984.

LAZREG, Marnia. *The Eloquence of Silence: Algerian Women in Question*. Nova York: Routledge, 1994.

LÉVI-STRAUSS, Claude. *Elementary Structures of Kinship*. Boston: Beacon Press, 1969.

LLOYD, Peter C. "Craft Organization in Yoruba Towns". *Africa* (Londres), v. 23, n. 1, p. 30-44, 1953.

_____. *Yoruba Land Law*. Nova York: Oxford University Press, 1962.

_____. "Divorce among the Yoruba". *American Anthropologist*, v. 70, n. 1, p. 67-81, 1968.

_____. "The Yoruba Lineage". *Africa* (Londres) v. 25, n. 3, p. 235-251, 1995.

LORBER, Judith. *Paradoxes of Gender*. New Haven: Yale University Press, 1994.

LOVETT, M. "Gender Relations, Class Formation, and the Colonial State in Africa", in PARPART, Jane L.; STAUDT, Kathleen A. (eds.). *Women and the State in Africa*. Boulder: Lynne Rienner Publishers, 1989.

LOWE, David M. *History of Bourgeois Perception*. Chicago: University of Chicago Press, 1982.

MABOGUNJE, Akin. *Urbanization in Nigeria*. Londres: University of London Press, 1968.

MANN, Kristin. *Marrying Well: Marriage, Status, and Social Change among the Educated Elite in Colonial Lagos*. Cambridge: Cambridge University Press, 1985.

MANNHEIM, Karl. *Ideology or Utopia?* Londres: Routledge and Kegan Paul, 1936.

Marks, Elaine; De Courtivron, Isabelle (eds). *New French Feminisms: An Anthology*. Amherst: University of Massachusetts Press, 1980.

Matory, James. "Sex and the Empire That Is No More: A Ritual History of Women's Power among the Oyo-Yoruba". Tese de doutorado, Chicago, University of Chicago, 1991.

Mazrui, Ali A. *The Africans: A Triple Heritage*. Nova York: Little Brown and Co., 1986.

Mba, Nina. *Nigerian Women Mobilized: Women's Political Activity in Southern Nigeria, 1900-1965*. Berkeley: University of California, Institute of International Studies, 1982.

Memmi, Albert. *The Colonizer and the Colonized*. Boston: Beacon Press, 1965.

Miller, Christopher. *Theories of Africans: Francophone Literature and Anthropology in Africa*. Chicago: University of Chicago Press, 1990.

Mohammed, Abdul Jan. "The Economy of Manichean Allegory: The Function of Racial Difference in Colonialist Literature", in Gates, Henry Louis, Jr. (ed.). *Race, Writing, and Difference*. Chicago: University of Chicago Press, 1986.

Morgan, Kemi. *Akinyele's Outline History of Ìbàdàn*. Ibadan: Caxton Press, n.d.

Morton-Williams, Peter. "An Outline of the Cosmology and Cult Organization of the Oyo Yoruba". *Africa*, v. 34, n. 3, p. 243-261, 1964.

Mudimbe, V. Y. *The Invention of Africa: Gnosis, Philosophy, and the Order of Knowledge*. Bloomington: Indiana University Press, 1988.

_____. *Parables and Fables: Exegesis, Textuality, and Politics in Central Africa*. Madison: University of Wisconsin Press, 1991.

Mugo, Micere. "Orature in the Department of African American Studies". *Pan African Studies at Syracuse University: A Newsletter*, n. 4, primavera de 1994.

Nanda, Serena. "Neither Man nor Woman: The Hijras of India", in Brettell, Caroline; Sargent, Carolyn (eds.). *Gender in Cross-cultural Perspective*. Englewood Cliffs: Prentice Hall, 1993.

Nandy, Ashis. *The Intimate Enemy: Loss and Recovery of Self under Colonialism*. Delhi: Oxford University Press, 1983.

Nicholson, Linda. "Feminism and Marx", in Benhabib, Seyla; Cornell, Drucile (eds.). *Feminism as Critique: On the Politics of Gender*. Minneapolis: University of Minnesota Press, 1986.

_____. "Interpreting Gender", *Signs*, v. 20, p. 79-104, 1994.

Nzegwu, Nkiru. "Gender Equality in a Dual-Sex System: The Case of Onitsha". *Canadian Journal of Law and Jurisprudence*, v. 7, n. 1, p. 88-91, 1994.

_____. "O Africa: Gender Imperialism in Academia", in Oyěwùmí, Oyèrónkẹ́ (ed.). *African Women and Feminism: Reflecting on the Politics of Sisterhood*. Trenton: African World Press, 2003.

Obayemi, Ade. "The Phenomenon of Oduduwa in Ife History", in *The Cradle of a Race: Ife from the Beginning to 1980*, I. A. Akinjogbin (ed.). Lagos: Sunray Publications, 1992.

OGBU, John U. "African Bride Wealth and Women's Status". *American Ethnologist*, v. 5, n. 2, p. 241-262, 1978.

OGUNDIPE, Ayodele. *Esu Elegbara: The Yoruba God of Chance and Uncertainty: A Study in Yoruba Mythology*. Tese de doutorado, Bloomington, Indiana University, 1978.

OGUNDIPE-LESLIE, Molara. *Re-creating Ourselves: African Women and Critical Transformations*. Trenton: Africa World Press, 1994.

OGUNKOYA, T. *St. Andrews College, Oyo: History of the Premier Institution in Nigeria*. Nova York: Oxford University Press, 1979.

OJO, G. J. Afolabi. *Yoruba Culture: A Geographical Analysis*. Londres: University of London Press, 1966.

OKIN, Susan. *Women in Western Political Thought*. Princeton: Princeton University Press, 1979.

_____. *Justice, Gender, the Family*. Nova York: Basic Books, 1989.

OLAJUBU, Oludare. "Composition and Performance Technics in Iwi Egungun", in ABIMBOLA, Wande (ed.). *Yoruba Oral Tradition: Poetry in Music, Dance, and Drama*. Ibadan: Ìbàdàn University Press, 1975.

_____. "Book review". *Research in African Literatures*, v. 14, n. 4, p. 538-543, 1983.

OLATUNJI, Olatunde O. "The Yoruba Oral Poet and His Society". *Research in African Literatures*, v. 10, n. 2, p. 179-207, 1979.

OLUPONA, Jacob K. (ed.). *African Traditional Religions in Contemporary Society*. Nova York: Paragon House, 1991.

OMI, Michael; WINANT, Howard. *Racial Formation in the United States from the 1960s to the 1980s*. Nova York: Routledge, 1986.

ONG, Walter. *Orality and Literacy: The Technologizing of the Word*. Nova York: Methuen, 1982.

ORASANU, Judith; SLATER, Mariam K.; ADLER, Leonore Loeb (eds.). *Language, Sex and Gender*. Nova York: New York Academy of Sciences, 1979.

OROGE, E. Adeniyi. "The Institution of Slavery in Yorubaland with Particular Reference to the Nineteenth Century". Tese de doutorado, Birmingham, University of Birmingham, 1971.

ORUBOLOYE, I. O. *Abstinence as a Method of Birth Control*. Canberra: Australian National University, Department of Demography, 1981.

OWOMOYELA, Oyekan. *A Kì ì: Yoruba Proscriptive and Prescriptive Proverbs*. Lanham: University Press of America, 1988.

_____. "Tortoise Tales and Yoruba Ethos". *Research in African Literatures*, v. 20, n. 2, p. 165-180, 1989.

_____. "Africa and the Imperative of Philosophy: A Skeptical Consideration", in SREBEREQUAN, Tsenay (ed.). *African Philosophy: The Essential Readings*. Nova York: Paragon House, 1991.

____. *Visions and Revisions: Essays on African Literatures and Criticism*. Nova York: Peter Lang, 1991.

OYEMAKINDE, Wade. "Railway Construction and Operation in Nigeria 1895-1911". *Journal of Historical Society of Nigeria*, v. 7, n. 2, p. 305, 1974.

PEARCE, Tola. "Importing the New Reproductive Technologies: The Impact of Underlying Models of Family, Females and Women's Bodies in Nigeria". Artigo apresentado ao World Institute for Development Economics Research na conferência "Women, Equality and Reproductive Technology", Helsinki, 3-6 ago. 1992.

PEDLER, F. J. *Economic Geography of West Africa*. Londres: Green, 1955.

PEEL, J. D. Y. *Aladura: A Religious Movement among the Yoruba*. Londres: Oxford University Press, 1968.

____. "Kings, Titles, and Quarters: A Conjectural History of Llesha I: The Traditions Reviewed in History". *Africa*, n. 6, p. 109-152, 1979.

____. "Making History: The Past in the Ijesha Present". *Man*, n. 19, p. 111-132, 1984.

PEMBERTON, John. "The Oyo Empire", in DREWAL, Henry et al. (ed.). *Yoruba: Nine Centuries of Art and Thought*. Nova York: Harry N. Abrams, Inc., 1989.

RATTRAY, R. S. *The Ashanti*. Oxford: Clarendon Press, 1969.

RILEY, Denise. *Am I That Name? Feminism and the Category of Women in History*. Minneapolis: University of Minnesota Press, 1988.

ROBERTSON, Claire. *Sharing the Same Bowl: A Socioeconomic History of Women and Class in Accra, Ghana*. Bloomington: Indiana University Press, 1984.

ROBINSON, Cedric. "Race, Capitalism and the Anti-Democracy". Artigo apresentado no Inter-disciplinary Humanities Center, University of California-Santa Barbara, 1994.

RODNEY, Walter. *How Europe Underdeveloped Africa*. Washington: Howard University Press, 1972.

ROSALDO, Michelle; LAMPHERE, Louise (eds.). *Women, Culture, and Society*. Stanford: Stanford University Press, 1974.

ROSE, Hillary. "Hand, Brain, and Heart: A Feminist Epistemology for the Natural Sciences", *Signs*, v. 9, n. 1, p. 73-90, 1983.

ROSSI, Alice. "Gender and Parenthood", *American Sociological Review*, v. 49, n. 1, p. 1-19, 1984.

RUBIN, Gayle. "The Traffic in Women", in REITER, Rayna R. (ed.). *Toward an Anthropology of Women*. Nova York: Monthly Review Press, 1975.

SACKS, Karen. *Sisters and Wives: The Past and Future of Sexual Equality*. Urbana: University of Illinois Press, 1982.

SALAMI, Adebisi. "Vowel and Consonant Harmony and Vowel Restriction in Assimilated English Loan Words in Yoruba", in OFOLAYAN, Adelbisi (ed.). *Yoruba Language and Literature*. Ifé: University of Ife Press, 1982.

SCHEMAN, Naomi. *Engenderings: Constructions of Knowledge, Authority, and Privilege*. Nova York: Routledge, 1993.

SCHEPER-HUGHES, Nancy; LOCK, Margaret. "The Mindful Body: A Prolegomenon to Future Work in Medical Anthropology". *Medical Anthropology Quarterly*, n.s., 1, mar. 1987.

SCHIEBINGER, Londa. *The Mind Has No Sex? Women in the Origins of Modern Science*. Cambridge: Harvard University Press, 1989.

SCHMIDT, Elizabeth. *Peasants, Traders, and Wives: Shona Women in the History of Zimbabwe, 1870-1939*. Portsmouth: Heinemann Educational Books, 1992.

SCIOLINO, Elaine. "800 Women Look to the Future of the Decade for Women". *New York Times*, 20 out. 1986.

SEREQUEBERHAN, Tsenay (ed.). *African Philosophy: The Essential Readings*. Nova York: Paragon House, 1991.

SHERZER, Joel. "A Diversity of Voices: Men's and Women's Speech in Ethnographic Perspective", in PHILLIPS, Susan (ed.). *Language, Gender, and Sex in Comparative Perspective*. Cambridge: Cambridge University Press, 1987.

SHORTER, Edward. *A History of Women's Bodies*. Nova York: Basic Books, 1982.

_____. *The Making of the Modern Family*. Nova York: Vintage Books, 1983.

SMITH, Dorothy E. *The Everyday World as Problematic: A Feminist Sociology*. Boston: Northeastern University Press, 1987.

SMITH, Robert S. *Kingdoms of the Yoruba*. Madison: University of Wisconsin Press, 1969.

_____. "Alafin in Exile: A Study of the Igboho Period in Oyo History". *Journal of African History*, n. 1, p. 57-77, 1965.

SOLARIN, Tai. *To Mother with Love: An Experiment in Auto-biography*. Ibadan: Board Publications Ltd., 1987.

SPELMAN, Elizabeth. *Inessential Woman: Problems of Exclusion in Feminist Thought*. Boston: Beacon Press, 1988.

SPENDER, Dale. *Man Made Language*. Nova York: Routledge and Kegan Paul, 1980.

STEVENS, Phillips, Jr. *Stone Images of Esie, Nigeria*. Nova York: Africana Publishing Co., 1978.

SUDARKASA, Niara. *Where Women Work: A Study of Yoruba Women in the Market Place and at Home*. Museum of Anthropology Anthropological Papers, n. 53. Ann Arbor: University of Michigan Press, 1973.

_____. *The Strength of Our Mothers*. Trenton: African World Press, 1996.

_____. "In a World of Women: Fieldwork in a Yoruba Community", *The Strength of Our Mothers*. n.p., 1996. p. 191-220.

SULLOWAY, Frank. *Born to Rebel: Birth Order, Family Dynamics, and Creative Lives*. Nova York: Pantheon Books, 1996.

TANNEN, Deborah. *You Just Don't Understand: Women and Men in Conversation*. Nova York: Ballantine Books, 1990.

TCHERKÉZOFF, Serge. "The Illusion of Dualism in Samoa", in VALLE, Teresa del (ed.). *Gender Anthropology*. Nova York: Routledge, 1989.

TEMU, Arnold; SWAI, Bonaventure. *Historians and Africanist History: A Critique*. Londres: Zed Press, 1981.

THIONG'O, Ngugi Wa. *Decolonising the Mind: The Politics of Language in African Literature*. Londres: James Currey, 1981.

THORNE, Barrie; KRAMARAE, Cheris; HENLEY, Nancy (eds.). *Language, Gender, and Society*. Rowley: Newbury Press, 1983.

TURNER, Bryan. "Sociology and the Body", in *The Body and Society: Explorations in Social Theory*. Oxford: Blackwell, 1984.

TUTUOLA, Amos. *The Brave African Huntress*. Nova York: Little Brown and Co., 1958.

URDANG, Stephanie. *Fighting Two Colonialisms: Women in Guinea-Bissau*. Londres: Zed Press, 1979.

WAMBA-DIA-WAMBA, E. "Philosophy in Africa: Challenges of the Philosopher", in SEREQUE-BERHAN, Tsenay (ed.). *African Philosophy: The Essential Readings*. Nova York: Paragon House, 1991.

WEBSTER, J. B. *The African Churches among the Yoruba, 1882-1922*. Londres: Clarendon Press, 1961.

WERTHEIM, Margaret. *Pythagoras' Trousers: God Physics and the Gender Wars*. Nova York: Random House, 1995.

WEST, Candance; ZIMMERMAN, Don. "Doing Gender", in LORBER, Judith; FARRELL, Susan A. (eds.). *The Social Construction of Gender*. Newbury Park: Sage, 1991.

WEST, Cornel. *Race Matters*. Nova York: Vantage, 1993.

WIREDU, Kwasi. *Philosophy and an African Culture*. Nova York: Cambridge University Press, 1980.

WONG, Aline K. "Comments on Turner's Feminist View of Copenhagen". *Signs*, v. 6, n. 4, verão de 1981.

YAI, Olabiyi. "In Praise of Metonymy: The Concepts of Tradition and Creativity in the Transmission of Yoruba Artistry over Space and Time", in ABIODUN, Rowland; DREWAL, H. J.; PEMBERTON III, J. *The Yoruba Artist: New Theoretical Perspectives on African Arts*, n.p., 1994. p. 107-115.

____. "Issues in Oral Poetry: Criticism, Teaching, and Translation", in BARBER, Karin; DE MORAES FARIAS, P. F. (eds.). *Discourse and Its Disguises: The Interpretation of African Oral Texts*. African Studies Series, n. 1. Birmingham: Birmingham University, Centre of West African Studies, 1989.

YEMITAN, Oladipo. *Madame Tinubu: Merchant and King-Maker*. Ibadan: University Press Limited, 1987.

ZACHERNUK, Phillip. "Samuel Johnson and the Victorian Image of the Yoruba", in FALOLA, Toyin (ed.). *Pioneer, Patriot and Patriarchy: Samuel Johnson and the Yoruba People*. Madison: University of Wisconsin, African Studies Program, 1993.

ÍNDICE REMISSIVO

A

Abimbola, Wande, 180
Abiodun, Rowland, 79, 176
abstinência pós-parto,
academia. *Ver* Estudos Africanos; pesquisa feminista; pesquisa
Adeeko, Adeleke, 240
Adeney, Bernard, 108
Adepegba, C. O., 175
Adotevi, Stanislas, 51
Afonja, Simi, 217-18
afrocentricidade, 58
Agiri, B. A., 141, 147, 155, 182, 292n45
agricultura, 115, 121
Ajayi, J. F. A., 114, 206
Akínṣòwón, Abíódún, 207-8
Aladura, igrejas, 208, 249
Aluko, T. M., 219, 226
Amadiume, Ifi, 283n45
antinativista, 50-51, 53-54, 57-58
antropologia, 30, 285n89
Appadurai, Arjun, 134
Appiah, Kwame Anthony, 57-59, 60
Aristóteles, 27, 35
arte, 173-83
Asiwaju, A. I., 133, 155
Atanda, J. A., 147, 148, 182
Atkins, Keletso, 23
Atkinson, Jane, 128
audição, importância na cultura iorubá, 44-45
Austin, John Langshaw, 233-34
autoridades:

categorias de gênero ocidentais e, iorubás, 137-58
mulheres iorubás como, 167-73
Awe, Bolanle, 135-36, 161-62, 167, 169, 170, 172
Awolalu, J. O., 211

B

Babayemi, S. O., 90, 155, 178, 180
Bamgbose, Ayo, 236, 237
Bankole, Madame, 224-26
Barber, Karin, 119-20, 162, 163, 164-66, 236-37, 244, 246, 255, 289n99
Barnes, Sandra T., 89
Bascom, William, 83
Beier, Ulli, 240
Belasco, B., 112
berdache, 41
Berry, Sara, 216-17
Bhutto, Benazir, 289
Biobaku, Saburi, 290
biologia:
  como base da organização ocidental da sociedade, 15-17
  como destino no pensamento ocidental, 27-28
  lógica cultural iorubá e, 75
  ordem social e, 36-39
  sociologia e, 30-31
  ver também determinismo biológico
Bloch, Marc, 62
Blyden, John, 50, 51
Bodunrin, P. O., 51

Bowen, T. J., 85, 195

Butler, Judith, 41-42

C

caça, 118

Callaway, Helen, 189, 190, 294

capitalismo, 54, 56, 188, 222

casamento:

colonialismo e as práticas africanas de, 192-94, 214

comparação entre, ocidental e iorubá, 104-12

direito consuetudinário e, 219-20

entre os iorubás, 94-100

categorialismo, 126-28, 155, 171

Chamberlin, J. Edward, 27

Chanock, Martin, 191, 220

Charlton, Ellen, 258

Chodorow, Nancy, 45

Christ, Carol, 212

Clapperton, Hugh, 85, 102, 122

Coker, G. B. A., 214, 220, 221

colonialismo:

comercialização da terra e, 212-18

direito consuetudinário e, 218-21

discriminação sexual, educação e, 195-204

gênero e, 185-88, 226-31

masculinização das divindades iorubás e, 204-212

patriarcado e, 188-94

trabalho assalariado e, 222-26

comida, 101-4

Connell, R. W., 34, 126-27

conselho de chefes, 151, 156, 172

construcionismo social:

determinismo biológico e, 36-39

feminismo, gênero e, 40-48

pesquisa feminista e, 38, 74-75

construcionismo. *Ver* construcionismo social

corpos:

como base das categorias ocidentais, 43-48

na sociedade iorubá, 42-44

noção ocidental de sociedade como construída por, 27-36

"cosmopercepção" (definição), 29, 281n8

"cosmovisão" como termo ocidental, 29

cozinhar, 101-4, 113

cristianismo:

como causa de disparidades de gênero entre os iorubás, 100

educação colonial e, 195-212

influência sobre a visão da sexualidade entre os iorubás, 111-12

Crowther, Samuel Ajayi, 196-97, 201, 206, 210, 240, 291

cultivos comerciais, 133, 216

cultura:

estudo de caso sobre a imposição ocidental de categorias de gênero sobre os iorubás, 247-55

generalizações sobre os povos africanos, 21-22

tradução do iorubá para o inglês, 240-47

D

De Coulanges, Fustel, 191-92

Década das Mulheres na ONU, 258-60

degeneração, 27

Descartes, René, 56

determinismo biológico:

construcionismo social e, 36-39

das ciências sociais, 30-36

lógica das categorias sociais ocidentais determinada pelo, 15-16

Diop, Cheikh Anta, 117-18

direito consuetudinário, 218-21

divinação-sacerdócio, 120

318

divindades. *Ver* orixás

divisão do trabalho:

entre os iorubás, 112-29

na habitação iorubá, 101-2

dote, 94-95, 96, 104-12

Drewal, H. J., 173, 176

Drewal, M. T., 173

dualismo, 29

dupla colonização, 186

Duster, Troy, 31, 282

E

Eades, J. S., 83, 93

Edholm, Felicity, 124-26, 130

educação, colonialismo e, 195-204, 229

Egúngún, 77, 182, 210, 287

Ekeh, Peter, 228

Ekejiuba, Felicia, 93

Elberg-Schwartz, Howard, 282

empréstimo, palavras de, 239, 240

Errington, Shelly, 19

escravidão. *Ver* tráfico escravagista no Atlântico

essencialismo, 74-75

estatística, 127-28

estruturalismo, 46

Estudos Africanos:

hegemonia ocidental nos, 16-17, 48-61

imposição das categorias de gênero ocidentais sobre os, 23

línguas ocidentais e, 61-66

etnografia da fala, 244, 245

Euripides, 58-59

Exu, 247-55

F

Fadipe, N. A., 52, 82, 91, 93, 97, 139, 218

Fagunwa, D. O., 236, 237-39

Falola, Toyin, 115, 116-17

Fanon, Frantz, 185, 227

Farias, P. F. de Moraes, 158, 159-60

Ferguson, Kathy, 42-43, 84-85

filosofia, 54, 55-56

flexibilidade de gênero, 283

Foucault, Michel, 17, 34

Freud, Sigmund, 36

funcionalismo, 46

Fuss, Diana, 74

G

Gãs, os, 47, 48

Gates, Henry Louis, Jr., 235-36

Gbagida, 143, 153

gêneros alternativos, 40-41

George, Olakunle, 238-39

Gilman, Richard, 234

Gilman, Sander, 27, 285

Gleason, Judith, 255

Gould, Stephen, 33, 35

Greer, Germaine, 259

Grontkowski, Christine, 45

Grosz, Elizabeth, 28

guerra, 113-14

Guyer, Jane, 112-13, 127, 193, 217

H

Hampaté Bâ, Amadou, 63

Harris, Olivia, 124, 125, 126, 130

hausá, 46, 239

Hethersett, A. L., 143, 153

hierarquias de linhagem, como instituição social, 85-93

hijra, 41

Hinderer, Anna, 198, 199, 200-1, 212

Hinderer, David, 198, 199, 200-1, 212

história:

categorias ocidentais e, africana, 133-36

construção da, africana, 49-50

319

construção ocidental da, dos governantes iorubás, 137-58

das mulheres africanas, 135-36

tradução e interpretação da, 158-66

ver também tradição

Hodder, B. W., 104, 121

Hofstadter, Douglas R., 256

homossexualidade, 111

Hountondji, Paulin J., 51, 62

Hussey, E. R. J., 202-3

I

Idowu, E. Bolaji, 51, 53, 64, 211

Ifá, 63, 78, 96, 103, 287

Ighodalo, Fola, 225

igreja católica, 205

igrejas independentes / alternativas, 207-8, 249

Imagens Èṣìẹ́, 173-83

inglês (língua):

história iorubá e, 158-66

influência sobre os estudos iorubás, 61-66

tradução da cultura iorubá para o, 240-47

tradução da língua iorubá para, 233-40

iorubá (língua):

gênero e mudanças no, 255-57

natureza não generificada do, 71-85

termos de parentesco em, 43

tradução do, para o inglês, 61-66, 158-66, 233-55

vocabulário, da cultura e do status, 80-85

Irele, Abiola, 50-51, 109

Islã, 111

itã (narrativas), 141, 158-61, 245

Iyayun, 142, 150-51

J

Johnson, Samuel, 52, 70, 76-77, 81, 91, 93, 113, 122, 136, 140-58, 163, 167-68, 181, 213, 233, 240, 287, 292

K

Kant, Immanuel, 56

Keller, Evelyn Fox, 45

Kessler, Suzanne J., 38, 41

Kitching, Gavin, 218

Kopytoff, Igor, 289

Kwame, Gyekye, 290

L

Ládùgbòlù, Aláàfin, 148-49

Landers, Richard, 102

Laqueur, Thomas, 36

Law, Robin, 141, 144, 145, 146-47, 153

Lazreg, Marnia, 263

Lévi-Strauss, Claude, 104-5

Lévy-Bruhl, L., 56

língua. *Ver* inglês (língua); iorubá (língua)

lista de reis. *Ver* listas dinásticas

listas dinásticas, 64, 137-47

literatura oral:

classificação da, iorubá, 243-47

estudo de caso da, iorubá, 247-55

gênero e, iorubá, 242-43

literatura, gênero e a tradução do iorubá, 240-47

ver também itã; *oriki*,

Lloyd, P. C., 214

Lorber, Judith, 16, 23

Lovett, M., 213, 214

Lowe, David, 44-45

M

maniqueísmo, 185, 294

Mann, Kristin, 202, 216

Mannheim, Karl, 284

marxismo, 30, 46

maternidade:

comércio e, 122-24

papeis da, 125

Matory, James, 179-80
Mazrui, Ali, 285
Mba, Nina, 193, 194, 220
Mbiti, J., 51
McKenna, Wendy, 38, 41
Memmi, Albert, 185, 227, 294
mercado, 114-17
metodistas, 205
missionários, 195-212
Mohammed, Abdul Jan, 294
motim de Los Angeles de 1992, 282
movimento dos direitos civis, 32
Mudimbe, V. Y., 59-60, 61
Mugo, Micere, 297
mulheres do mercado, 115, 171

N
Nações Unidas, conferências sobre mulheres, 156, 260
Nandy, Ashis, 193
nativistas, 50-51, 57-58
negritude, 50-51
Nicholson, Linda, 261, 283
Nzegwu, Nkiru, 52, 263, 283, 285

O
Obayemi, Ade, 65
Oduduá, 7, 64, 65, 142, 146
Òfinràn, 149
Ogum, 58-59
Ogundipe, Ayodele, 235, 247-55
Ogundipe-Leslie, Molara, 52-53
Ogunkoya, T. O., 200
Ojo, G. J. Afolabi, 116
Olajubu, Oludare, 243, 246
Olodumarê, 209, 211
Olupona, Jacob K., 90
Omi, Michael, 32
Onisile, 143, 153

oralitura, definição, 297
oriki (poesia laudatória), 63, 141, 148, 158, 161-66, 236-37, 245, 246
orixás (deuses/deusas):
  colonialismo e masculinização dos, 204-12
  cristianismo e, 209-11
  gênero dos, 111-12, 178-79
  linhagens e, 59, 90
  mercado e, 116
  ver também os nomes de divindades específicas
Oròmpòtò, Aláàfin, 113-14, 143, 152, 154
Oruka, 51
Owomoyela, Oyekan, 242, 284, 286
Oxum, 179
Oyá (divindade do rio), 178, 179, 210, 245, 255
Oyemakinde, W., 222, 223

P
paternidade, 125, 157
patriarcado:
  colonialismo e, 188-94
  crítica da pressuposição feministas do universalismo do, 45-46, 53, 105, 131
  feminismo ocidental sobre, na África, 52
  privilégio do visual e, 45-46
Pearce, Tola, 52
Pedler, F. J., 121
Peel, J. D. Y., 134, 154, 156-57, 207-8
Pemberton, John, 176, 178-79
penteados, 180-81
pesquisa:
  concentração sobre a "mulher" como categoria em, feminista, 20
  imposição das categorias ocidentais pela, 120-29
  papel da, no processo da formação de gênero, 23
  pressupostos de, sobre a África, 22-23

321

tendência hegemônica da, 47

ver também Estudos Africanos

pesquisa feminista:

    construcionismo social e, 40-48, 74-75

    crítica de alguns principais conceitos da, 18-19

    enfatizando a "mulher" como uma categoria, 20

    explicitando o gênero, 34

    sobre o dote, 104-6

    sobre o gênero como um construto social, 36-39

    universalização de categorias ocidentais e, 257-61

Platão, 35, 56

poligamia, 97-100, 101, 104-12, 125, 206-207, 225, 288

Popleslour, T. H., 197

pós-estruturalismo, 46

primitivismo, 49

pronomes, 80-81, 141-42

propriedade, 194

Q

"questão da mulher", a, 15, 131

R

    raça:

    colonialismo e, 186-87, 226-27

    formação do gênero e, 229

    na sociedade estadunidense, 32

    Senghor sobre, 51

Ramshaw, H. G., 173

Rattray, R. S., 230

religião:

    colonialismo e, iorubá, 204-12

    estudo de caso sobre a imposição ocidental de gênero sobre a, iorubá, 247-55

    ver também orixás

Riley, Denise, 231

Robertson, Claire, 47

Robinson, Cedric, 282

Rodney, Walter, 223

Rosaldo, Michelle, 88-89

Rossi, Alice, 287

Rubin, Gayle, 105

S

Salami, Adebisi, 240

Sàró, os, 196, 201, 202, 205, 215, 216, 291

Scheman, Naomi, 28

Schiebinger, Londa, 35

Schmidt, Elizabeth, 105, 294

Senghor, L., 50-51

senioridade:

    como base da organização social iorubá, 20, 43-44

    como instituição social iorubá, 80-85

Serequeberhan, Tsenay,55

Serviço Colonial, 189

serviço da noiva, 105

Sherzer, Joel, 244

Shorter, Edward, 106, 192

Sistema de Autoridade Nativa, 191

Smith, Dorothy, 16, 34

Smith, Robert, 113, 114, 141, 143, 152, 154, 286

Sociedade Missionária da Igreja, 173, 196, 201, 205

sociologia do conhecimento, 284

sociologia, 30-31, 263

Sócrates, 33

Solarin, T., 204

somatocentralidade, 30

"sororarquia", 40-48

Soyinka, Wole, 58-59

Spelman, Elizabeth, 35, 187

Spender, Dale, 253

Stevens, Philip, 174-76
sucessão, 147-58
Sudarkasa, Niara, 91-92, 102, 112, 113, 117, 121, 122, 123, 126, 288
Sulloway, Frank, 129

T

Tcherkézoff, Serge, 69
Tempels, P., 56
terceiro gênero, 40-41
termos de parentesco:
    ingleses como generificado, 83-84
    iorubá como codificado pela idade relativa, 81, 83
    iorubá como não generificados, 42-44, 233-34
    natureza cognática dos, iorubás, 93
terra, colonialismo e comercialização da, 212-18
trabalho assalariado, o, 222-26
tradição:
    gênero e tradução da, oral iorubá, 158-66
    invenção ocidental da, generificada, 133-36
"tradições inventadas", 134
tradução:
    da cultura iorubá para o inglês, 240-47

    da língua iorubá para o inglês, 233-40
    gênero e, do iorubá para o inglês, 158-66
    listas dinásticas iorubás e, 137-58
tráfico escravagista no Atlântico, 17, 283
Turner, Bryan, 30

U

Urdang, Stephanie, 186

W

Wana, povos, 128-29
Webster, J. B., 207
West, Cornel, 282n18
Williams, Morton, 182
Winant, Howard, 32
Wiredu, 51
Wong, Aline K., 260
Woolf, Virginia, 282

X

Xangô (deus do trovão), 63, 90, 149, 158, 172, 178-80, 182, 210, 292

Y

Yai, Olabiyi, 135, 239, 243
Young, Kate, 124, 125, 126, 130

Este livro foi editado pala Bazar do Tempo, na cidade de
São Sebastião do Rio de Janeiro, em março de 2021.
Ele foi composto com as tipografias Baskerville e
Aku & Kamu, e impresso em papel Pólen bold 70 g/m²
na gráfica Rotaplan.

6ª reimpressão, outubro 2023